Nicholas Faith

COGNAC
UND WEINBRAND
Über 400 Produzenten aus aller Welt

Hallwag Verlag Bern und Stuttgart

Übersetzung aus dem Englischen: Wolfgang Kissel
Lektorat: Urs Aregger, Beat Welte
Karten und Illustrationen: Andrew MacDonald
Umschlaggestaltung: Robert Buchmüller
Umschlagfoto: Eduard Rieben, Bern

© 1988 Hallwag AG Bern
Gesamtherstellung: Hallwag AG Bern

Die englische Originalausgabe ist bei Mitchell Beazley
Publishers Limited, London, unter dem Titel «The
Mitchell Beazley pocket guide to cognac and other
brandies» erschienen.

© Mitchell Beazley Publishers 1987
© Text: Nicholas Faith 1987
© Illustrationen: Mitchell Beazley Publishers 1987

ISBN 3 444 70145 4

Hallwag

INHALT

HINWEISE
ZUM GEBRAUCH

Dieses Buch gliedert sich in zwei unterschiedliche Teile. Zunächst wird in einem kurzen Abschnitt beschrieben, was unter Branntwein zu verstehen ist, wie er hergestellt wird und wie man ihn am besten trinkt; es schließen sich sodann weitere Abschnitte an, in denen zuerst der Cognac, dann der Armagnac, sonstige französische Branntweine und schließlich auch vergleichbare Erzeugnisse aus andern Ländern der Erde ausführlich besprochen werden. Wo es sich als nötig erwies, wurden Querverweise zu den Firmen und ihren Marken eingefügt.

Soweit nicht ausdrücklich anders angegeben, werden Branntweine allgemein mit 40 % Alkohol und in 0,75-l-Flaschen auf den Markt gebracht.

Die Ziffern nach den einzelnen Markennamen bedeuten das Alter, das die jeweiligen Produkte nach Angabe ihrer Hersteller haben, wenn sie zum Verkauf gelangen.

Im Text erscheinen immer wieder bestimmte Begriffe, die hier auch erläutert werden. Am häufigsten sind es die folgenden:

Aguardente — Portugiesisch für Branntwein

Aguardiente — Spanisch für Spirituosen mit hohem Alkoholgehalt

Alambic — Französisch für Brennkolben

Alquitara — Spanischer Ausdruck für im Brennkolben gewonnenen Branntwein (siehe S. 143)

Bagaceira — Portugiesischer Ausdruck für Tresterschnaps

Bonbonne — 25-l-Ballonflasche, für alte Spirituosen gebräuchlich

Brandewijn, Brandvin, Brandywijn — Holländisch: Branntwein

Brouilli — Etwa 30%iges Destillat aus dem ersten Destilliervorgang in einem Brennkolben (siehe S. 11)

Chapiteau — Wörtlich: Zirkuskuppel; der «Blasenhelm», ein kleines rundes Gefäß zum Auffangen der aus dem Brennkolben aufsteigenden Alkoholdämpfe

Coffey-Destillierapparat — Kontinuierlich arbeitender Destillierapparat (siehe S. 11), erfunden von einem irischen Steuereinnehmer namens Edmund Coffey

Col — Kurz für Col de Cygne

Col de Cygne — Schwanenhalsförmiger Kolbenhals des Brennapparats

Destilados — Spanischer Ausdruck für hochprozentigen Alkohol (s. a. Aguardiente)

Grappa — Italienischer Tresterschnaps

Holandas — In Spanien ursprünglich für den holländischen Markt destillierte 65- bis 70%ige Spirituosen

Lie — Hefe und andere Feststoffe, die nach dem Gärvorgang als Bodensatz im Faß verbleiben

4

Limousin — Eine der beiden französischen Eichenholz-arten (die andere heißt Tronçais), die bevorzugt als Faßma-terial für die Alterung von Branntwein verwendet werden (siehe S. 38ff.)

Malolaktische Gärung (le Malo) — Eine zweite Gärung, bei der die Apfelsäure im Wein sich in Milchsäure verwan-delt

Marc — Französischer Tresterschnaps

Nachlauf — Am Ende des Brennvorgangs auslaufendes Destillat

Oidium — Echter Mehltau, eine Pilzkrankheit der Reben, die um die Mitte des 19. Jh. vor allem in französischen Weinbergen großen Schaden anrichtete

Paradis — Lagerhaus (*chai*) für alten Cognac

Phylloxera Vastarix — Die Reblaus; sie verwüstete gegen Ende des 19. Jh. die Weinberge Europas

Queues — Französisch: Nachlauf

Serpentin — Kondensator oder Kühlschlange des Brenn-apparats

Tête de Maure — «Mohrenkopf» — ältere Form des Col de Cygne (siehe dort)

Têtes — Französisch: Vorlauf

Tresterschnaps — (Auch Treberschnaps), ein aus den Preß- oder Gärrückständen gebrannter Schnaps

Tronçais — Eine der beiden wichtigsten französischen Eichenholzarten für die Branntweinalterung (siehe auch Limousin)

Vorlauf — Am Anfang des Brennvorgangs auslaufendes Destillat; wird meist als zu stark oder verunreinigt (bzw. beides) ausgeschieden

EINFÜHRUNG

Branntwein ist kein eindeutiger Begriff. In der Hauptsache beinhaltet er Vorstellungen von feuriger Wärme, die alle Versuche einer Definition oder Eingrenzung als zu eng und unzutreffend erscheinen lassen. So müssen alle Begriffsbestimmungen, denen in einem kleinen Buch gewisse Grenzen gesetzt sind, zunächst einmal von persönlichen Vorstellungen ausgehen. Für mich bedeutet Branntwein ein Destillat, das seine Herkunft von der Weintraube deutlich erkennen läßt. Aus dieser Erkenntnis versuche ich stets, den Schwerpunkt auf das Ausmaß zu legen, in dem das Endprodukt den Charakter der Weintraube getreulich widerspiegelt.

Dies soll auch nicht auf neutrale Art und Weise geschehen, sondern ausgeprägten Charakter erkennen lassen — obwohl das auch übertrieben werden kann, denn der Destillationsvorgang läßt das Aroma der ihm als Ausgangsstoff dienenden Trauben konzentriert hervortreten. So entstehen beim Destillieren von Gewürztraminer oder gar Muskateller Branntweine mit solch überwältigendem Aroma, daß es gelegentlich als allzu stark empfunden wird. Je größer der Einfluß des Ausgangsmaterials auf die Qualität des Endprodukts ist, desto getreuer werden auch seine eigenen Qualitäten wiedergegeben; je weniger der Ausgangsstoff durch den Destillationsprozeß oder durch Zusatzstoffe verfälscht wird, desto besser ist der Branntwein. Für meine Begriffe kann als einzige weitere Qualität noch die des Holzes bestimmend sein, in welchem der Branntwein seine Reifezeit hinter sich gebracht hat. Doch selbst das Holz darf nur als zweitrangiger Faktor gelten. Beim Branntwein wie beim Wein gebührt der Traube der Vorrang. Als mein guter alter Freund Ted Hale sich weigerte, Rioja-Wein für seinen damaligen Arbeitgeber einzukaufen, verstand ich ihn und seine Begründung zutiefst: «Ich kaufe Wein und kein Eichenholz», erklärte er. Der Traubencharakter darf nicht, wie es leider oft und nicht nur beim Rioja geschieht, vom Holz erdrückt werden.

Ohne Traubigkeit, das heißt ohne wenigstens einen noch so entfernten Widerhall der ursprünglichen Frucht, wird Branntwein zum Wodka, will sagen zu einem neutralen Schnaps. Nicht daß der keine Daseinsberechtigung hätte — er bietet einen raschen Weg zu wohltätigem Vergessen, eignet sich gut zum Mixen, sorgt für innere Wärme oder für Linderung bei Schmerz und Schock — oder wirkt gar als Arznei, wenngleich das eher ein Euphemismus sein dürfte. Wer hätte nicht gelacht über die herrliche Szene, in der Groucho Marx flach auf dem Bauch liegend mit Stentorstimme von den Umstehenden verlangte, sie sollten ihm «Brandy in den Hals stopfen».

Selbstverständlich schließt meine Definition alle Schnäpse und «Wässerchen» aus, die von anderen Früchten als der Traube gewonnen werden. Es kann sogar mit der Forderung, daß der Traubencharakter noch zu erkennen sein müsse, einige Schwierigkeiten geben, die dem Umfang dieses Buchs weitere Beschränkungen auferlegen.

Gebrannter Wein

Historisch, linguistisch und buchstäblich ist das Wort «Branntwein» völlig eindeutig. Wie das holländische Wort «Brandywijn» bedeutet es eben Wein, der in einem Destillierapparat «gebrannt» wurde, um das Wasser und den Alkohol, der beim Erhitzen zu Dampf wird und sich im Kondensator niederschlägt und schließlich beim Abkühlen wieder in Flüssigkeit zurückverwandelt, voneinander zu scheiden.

Strenggenommen müssen also die Trauben, die zu Branntwein verarbeitet werden, zunächst zu Wein vergoren sein. Allerdings erscheint es doch übertrieben, Produkte wie beispielsweise den Tresterschnaps aus den Preßrückständen — den Kernen und Schalen der Trauben — oder aber aus dem Bodensatz, der nach dem Gärprozeß oder auch später während der Lagerung im Faß verbleibt, völlig auszuschließen. (In Deutschland wird beispielsweise Hefeschnaps oder Hefebranntwein von den Rückständen im Faß nach dem ersten Abstechen des Weins gebrannt.) Allen diesen Spirituosen sind Anklänge an den ursprünglichen Traubencharakter in weit höherem Maße eigen als vielen andern Produkten, die sich auch Branntwein nennen — also finde ich, sie gehören in dieses Buch.

Hierin steckt auch die Anerkenntnis, daß sie die alte bäuerliche Tradition des Schnapsbrennens verkörpern. Das andere Extrem bildet die industrielle Tradition, die den Branntwein von der Stelle, wo die Trauben wachsen, völlig trennt. Beispielsweise verarbeiten die deutschen Weinbrandhersteller fast ausschließlich Trauben, die nicht im eigenen Land gewachsen sind. Bei den Spaniern werden Trauben aus La Mancha zwar dort auch gebrannt, dann aber in Jerez gealtert und als Sherry Brandy verkauft. Dagegen besteht die besondere Leistung im Cognac darin, die bäuerliche Sorgfalt in der Verarbeitung mit industriellem Unternehmergeist im weltweiten Marketing kombiniert zu haben.

Die bäuerliche Tradition

Ganz anders als die Branntweinindustrie fassen Hunderttausende von Weinbauern das Brennen auf: Es würde ihnen nicht im Traum einfallen, guten Wein zu destillieren; vielmehr sammeln sie die Trester und den Bodensatz der Fässer und brennen daraus ihren Schnaps, denn jahrhundertealte Erfahrung hat sie Sparsamkeit und Genügsamkeit gelehrt. Zum Glück haben sich auch viele Verbraucher diesen gesunden Sinn bewahrt. In Italien gibt es eine Handvoll guter und tüchtiger Firmen, die aus Trauben der verschiedensten Sorten Branntwein in großen Mengen herstellen, und die Italiener konsumieren ihn gern, ohne aber große Emotionen dafür aufzubringen. Ihre Liebe gehört vielmehr der Grappa, dem Tresterschnaps, der von vielen kleineren Brennereien gebrannt wird.

Die EG erkennt inzwischen die Legitimität des «handwerklichen» Tresterbranntweins an und hat ihn in die unten wiedergegebenen Definitionsentwürfe vom Oktober 1986 mit aufgenommen. Diese Entwürfe machen den Branntweinherstellern einige bedeutende quantitative Auflagen. Die erste bezieht sich auf die alkoholische Stärke des Destillats nach dem ersten Destillieren, nach Maßgabe des Anteils der Geschmacksstoffe (artverwandter Substanzen), die sich noch im Alkohol befinden. Je stärker das erste Destillat ausfällt, desto mehr ist es gereinigt oder rektifiziert, um so kleiner ist der Anteil aromatischer Stoffe und um so weniger Ähnlichkeit hat das Endprodukt mit dem Ausgangsstoff. Die EG-Vorschrift ist durchaus nützlich. Nichtsdestoweniger dürfen die Quantitäten nicht übertrieben werden. Nach den EG-Regeln muß eine 0,7-l-Flasche Branntwein mindestens 0,56 g Geschmacksstoffe enthalten.

Industrielle Destillation

Die kontinuierlich arbeitende industrielle Destillationsanlage, wie sie auf Seiten 10 und 11 beschrieben ist, produziert üblicherweise ein Destillat mit 96,6 % Alkohol. Branntweine, die überwiegend aus Destillaten dieses Reinheitsgrads bestehen, habe ich bewußt nicht in dieses Buch aufgenommen, denn sie haben mehr Ähnlichkeit mit neutralen Spirituosen, die mit Aromastoffen angereichert sind, wie beispielsweise Johannisbeer-Wodka, als mit einem aus Trauben gewonnenen Branntwein. Die EG schlägt als Maximum 86 % vor. Diese Grenze gilt in manchen Ländern, z. B. in Italien und in Deutschland, schon länger und liegt weit unter den 95 % mancher billiger Branntweine aus Spanien. Trotzdem habe ich diese mit in mein Buch aufgenommen, nachdem ich das Rohdestillat mit dem Geruchssinn geprüft hatte. Der kleine Unterschied von nur einem Grad zwischen 95 % und 96,6 % reinem Alkohol macht sich deutlich bemerkbar: Der 95%ige Alkohol verrät noch eine Spur seines Ausgangsstoffs.

Solche Definitionen sind allein schon deshalb nur schwer aufrechtzuerhalten, weil kaum an Informationen heranzukommen ist. Branntwein ist eine geheimnisumwitterte Substanz, sogar für diejenigen, die beruflich mit ihm zu tun haben. Viele Firmen machten sich gar nicht erst die Mühe, die Fragebogen, die wir ihnen gesandt hatten, zurückzuschicken. So fielen zahlreiche Branntweinhersteller von vornherein aus, ohne daß wir es wollten — doch werden wir sie in der zweiten Ausgabe dieses Buchs gern willkommen heißen. Was uns an Antworten zuging, wies ebenfalls große Unterschiede auf. Es ist durchaus nicht übermäßig hilfreich zu erfahren, daß die Firma Ernest und Julio Gallo den meistverkauften Brandy in den USA herstellt, und doch war dies alles an Information, was die Firma Gallo herauszugeben bereit war. Niemand sonst war gar so zurückhaltend. Es kann auch sein, daß wir Branntweine ausgelassen haben, obwohl sie nach Angabe ihrer Hersteller nach der neuen EG-Vorschrift bereitet werden. Sollte uns dergleichen unterlaufen sein, dann wird dies in einer künftigen Ausgabe gern berichtigt werden.

EG-DEFINITIONSENTWURF
(10. OKTOBER 1986)

Für den menschlichen Verbrauch bestimmter Weingeist muß durch Destillation auf höchstens 86 Volumenprozent ausschließlich aus Wein oder für Destillationszwecke verstärktem Wein oder durch erneute Destillation eines Weindestillats von weniger als 86 % ohne Zugabe von Äthylalkohol gewonnen sein und muß auf je 1 Hektoliter reinen Alkohol mindestens 125 g flüchtige Substanzen außer Äthyl- und Methylalkohol enthalten, wobei der Gehalt an Methylalkohol 200 g pro Hektoliter reinen Alkohol nicht überschreiten darf.

Für Brandy oder Weinbrand gilt dieselbe Definition, jedoch muß er je Hektoliter reinen Alkohol mindestens 200 g flüchtige Substanzen außer Äthyl- und Methylalkohol enthalten und muß mindestens ein Jahr lang in Behältnissen aus Eichenholz beziehungsweise mindestens sechs Monate lang in Eichenholzfässern mit einem Fassungsvermögen von höchstens 1000 l gealtert werden.

Trauben-Marc oder Tresterbranntwein muß ausschließlich durch Destillation von Traubentrestern mit oder ohne Zugabe von Wasser gewonnen sein, wobei ein gewisser Anteil von Gärrückständen beigemischt werden darf (der genaue Anteil wird noch festgelegt); er darf bis auf höchstens 86 Volumenprozent destilliert sein, und zwar so, daß das Destillat die aromatischen Grundbestandteile des verwendeten Ausgangsmaterials eindeutig erkennen läßt; er muß je Hektoliter reinen Alkohol insgesamt über 140 g flüchtige Substanzen außer Äthyl- und Methylalkohol enthalten, wobei der Methylalkoholgehalt 1000 g pro Hektoliter reinen Alkohol nicht übersteigen darf.

Für Grappa gilt dieselbe Definition wie für Marc, jedoch muß sie je Hektoliter reinen Alkohol mindestens 240 g flüchtige Substanzen enthalten und mindestens ein Jahr lang gealtert werden, wobei nicht vorgeschrieben wird, daß das Behältnis aus Holz bestehen muß.

DIE BRANNTWEINHERSTELLUNG

Theoretisch ist die Destillation ein ganz einfacher physikalischer Vorgang. Er beruht auf der Tatsache, daß Alkohol und Wasser verschiedene Siedetemperaturen haben, Wasser 100 °C, Alkohol 78,3 °C. Wird eine vergorene Flüssigkeit erhitzt, dann verdampfen die alkoholischen Bestandteile zuerst. Diese Dämpfe können aufgefangen, abgekühlt und dadurch zu einer alkoholischen Flüssigkeit kondensiert werden.

Wahrscheinlich waren es die Araber, die dieses Phänomen als erste beobachteten. Sie waren es ja auch, die in dunkler Vorzeit die Flamme der Wissenschaft nährten. Heute noch sind Begriffe im Gebrauch, die aus der arabischen Sprache stammen. Unser Wort Alkohol geht zurück auf al-kuhl, die französische beziehungsweise englische Bezeichnung für einen Destillierapparat, nämlich *alambic* beziehungsweise *alembic*, auf al-ambiq. Ursprünglich ging es um die Herstellung medizinischer Essenzen, aber man kam bald darauf, daß man bei Verwendung eines geeigneten Ausgangsstoffs eine durchaus trinkbare Flüssigkeit, das sogenannte «Lebenswasser», *aqua vitae*, erhielt. Allerdings waren die Ausgangsstoffe meist so unrein, daß der Alkohol erst nach mehrfachem Destillieren mit Sicherheit genießbar wurde, wobei jedoch der Charakter des Ausgangsstoffs zum größten Teil verlorenging.

Der große qualitative Durchbruch kam im 16. und am Anfang des 17. Jahrhunderts, als entdeckt wurde, daß beim Destillieren der säuerlichen Weißweine aus den Weinbergen um die kleine Stadt Cognac in Westfrankreich eine Spirituose entstand, die schon nach nur zweimaligem Durchlaufen der Destillierblase einen außerordentlich gut trinkbaren Branntwein darstellte, vor allem wenn einige Jahre Reifezeit im Eichenfaß hinzukamen. Das Rezept erwies sich als unschlagbar.

Die Trauben

Der Hauptschlüssel zum Erfolg des Cognacs liegt im dafür verwendeten Wein: Die für guten Cognac benützten Trauben weisen einen gewissen Charakter auf, ergeben aber einen relativ schwachen und säuerlichen Wein. Das ideale Gleichgewicht dieser Eigenschaften findet sich in der Folle Blanche, einer an Säure und Aroma reichen weißen Traube, die im 19. Jahrhundert sowohl in Cognac als auch in Armagnac angebaut wurde. Leider erwies sie sich als ungeeignet zum Veredeln auf die nach dem Einfall der Reblaus unumgänglich gewordenen amerikanischen Unterlagen — zudem sind die für Fäule sehr anfälligen Trauben sehr dicht mit Beeren besetzt und deshalb für Spritzmittel schlecht zugänglich. Darum wurde die Folle Blanche, zuerst in Cognac, dann aber allmählich auch in Armagnac, immer mehr von der ertragreicheren, pflegefreundlicheren, aber auch charakterschwächeren Ugni-Blanc-Traube verdrängt.

Leider haben nur wenige Brennereien genug Geld oder Geduld, um Alternativen zu erproben oder daran festzuhalten, daß ein wenig Folle Blanche besser (freilich auch teurer) ist als viel Ugni Blanc. Aber es gibt auch nicht viele andere Möglichkeiten: Der im 18. Jahrhundert in Cognac sehr beliebte Colombard ist etwas zu blumig für einen idealen Grundwein. Dennoch ist da einiges mehr: In Katalonien zeigen Mascaro und Torres, was mit der sehr ausgewogenen dort heimischen Sorte Parellada möglich ist. Hier könnte die Vorherrschaft des Cognacs gebrochen werden

— allerdings brauchen alle Herausforderer, da es ja 40 Jahre dauert, bis sich die vollen Qualitäten eines Branntweins richtig herausstellen, ungeheure Reserven an Kapital und Durchstehvermögen.

Langsam und sanft

Als nächster wichtiger Faktor bei der Herstellung feinen Branntweins ist die Geschwindigkeit des Destillationsvorgangs zu nennen. Je langsamer und sanfter die Aromastoffe im Ausgangsmaterial zusammen mit den alkoholischen Dämpfen herausgelöst werden, desto besser ist es. Wie beim Kochen von Früchten werden um so mehr Aromastoffe frei, je kleiner die Flamme auf dem Herd ist, und um so gründlicher werden die Rückstände ausgelaugt. In Cognac wird das dort übliche Destillationsverfahren auch gern als eine beschleunigte Verdunstung bezeichnet.

Richtig ist auf jeden Fall, daß in den Dämpfen, die zusammen mit dem Alkohol extrahiert werden, möglichst viel von den Hunderten von organischen Verbindungen im Grundwein enthalten sein soll. Manche davon sind unerwünscht, weil sie ein scharfes oder unangenehmes Aroma mit sich bringen; sie müssen ausgeschieden werden. Das bedeutet also, daß der Destillationsvorgang genauestens überwacht werden muß. Der «Vorlauf», das zu Beginn austretende Destillat, das den größten Teil der unerwünschten Bestandteile enthält, sowie auch der zu dünne und schwache «Nachlauf» müssen entfernt werden.

Das Destillieren oder Erhitzen des Weins muß also schonend und kontrollierbar erfolgen. Freilich stehen diese Forderungen mit der wirtschaftlichen Realität im Konflikt. Das Ideal wäre die langsame und sanfte Destillierung kleiner Weinmengen. Der zu Cognac zu verarbeitende Wein wird in Destillierapparaten mit einem Fassungsvermögen von höchstens 30 Hektoliter zweimal erhitzt. Beim ersten Durchlauf wird der Wein (mit einem Alkoholgehalt von etwa 8 bis 9 %) in den sogenannten *brouilli* mit etwa 30 % und beim zweiten Durchlauf in Branntwein mit bis zu 72 % umgewandelt.

Das andere Extrem bildet die kontinuierlich arbeitende Destillieranlage, die am Anfang des 19. Jahrhunderts von einem irischen Steuereinnehmer namens Coffey erfunden und auch nach ihm benannt wurde. In dieser Apparatur (siehe S. 13) kann der Grund- oder Brennwein zehnmal und mehr konzentriert werden, und zwar bis zu dem in der Industrie üblichen Höchstwert von 96,6 %. Dieser schnelle, kontinuierliche Prozeß ist energiesparend (der normale Destillierapparat muß für jede Füllung neu beheizt werden), hochproduktiv — und kann alle Elemente, die den Branntwein interessant machen, radikal zerstören.

Der in Cognac übliche Destillierapparat (siehe S. 34ff.) ist und bleibt das ideale Mittel zum Extrahieren der wesentlichen Bestandteile des Weins. Die kontinuierliche Destillieranlage dagegen behandelt den Wein sehr viel

brutaler. In ihr dauert ein Vorgang, der im Cognac-Brennapparat bis zu acht Stunden in Anspruch nehmen kann,
nur wenige Minuten. In der Coffey-Destillieranlage wird
zudem Wasserdampf durch den erhitzten Wein geleitet, um
die Extraktion des Alkohols zu beschleunigen, wodurch
eine weitere Vergröberung des Vorgangs bewirkt wird. Zudem ist er nur schwer beherrschbar; es wird jeweils ein fe-
ster Anteil an Vorlauf ausgeschieden. Trotzdem muß nicht
unbedingt eine Alkoholstärke von 96,6 % zustande kommen. Die Stärke des endgültigen Destillats läßt sich ohne
weiteres vorausberechnen. Je größer die Anzahl der Böden
in der Destillierkolonne, in welcher Alkohol und Wasser
voneinander geschieden werden, desto höher der Rektifi-
zierungsgrad und desto stärker das resultierende Destillat.
Zur Verringerung der alkoholischen Stärke (wie es die Spanier jetzt tun müssen, um den EG-Normen zu genügen,
siehe S. 9) braucht man nur die Kolonne zu kürzen, das
heißt die Anzahl der Böden, über welche die Flüssigkeit ab-
läuft, zu verringern.

Die zum Brennen von Armagnac benutzte modifizierte
Version (siehe S. 88ff.) der kontinuierlichen Destillieranlage
ist so primitiv und rustikal, daß bei ihr das Rohdestillat
nur 52 % Alkohol aufweist, in ihm dafür aber noch weit
mehr Aroma- und Geschmacksstoffe erhalten sind als im
Cognac-Destillat; allerdings wird dadurch auch eine noch
längere Reifezeit notwendig. Darüber hinaus arbeitet dieser Apparat nicht wie die Coffey-Destillieranlage mit Wasserdampf zum Herausscheiden des Alkohols, so daß die so
wichtigen «unreinen» Rückstände in stärkerem Maß erhalten bleiben.

Die kontinuierlich arbeitende Destillieranlage

Die kontinuierliche Destillieranlage besitzt zwei Destillier-
kolonnen. Der kalte Brennwein läuft bei **1** ein und durchläuft
die Schlange im Rektifizierer, das heißt in der rechten
Kolonne, die durch von **8** aufsteigende Dämpfe beheizt wird.
Der erhitzte Wein verläßt die Rektifizierkolonne an ihrem
unteren Ende und steigt dann zum oberen Ende der zweiten
Kolonne, dem Rücklaufkondensator, bei **2** auf. Hier tropft
er auf die Siebböden der Kolonne ab. Bei **5** wird Wasserdampf eingeleitet, der beim Aufsteigen flüchtige Substanzen aus dem Wein mitnimmt, die dann als Dämpfe
bei **6** entweichen. Das Wasser des Brennweins siedet erst bei
höherer Temperatur. Es bleibt also flüssig, tropft ab und wird
durch **7** abgeführt. Die alkoholischen Dämpfe von **6** werden
in **8** am unteren Ende des Rektifikators eingeleitet. Sie steigen
auf und werden vom einlaufenden Grundwein gekühlt.
Nicht so hochflüchtige Bestandteile (unreine Rückstände) kondensieren und gehen als Flüssigkeit durch **12**
ab, werden bei **13** erneut zum oberen Ende des Rücklaufkon-
densators gepumpt und durchlaufen den Vorgang nochmals.
Nur die alkoholischen Dämpfe gelangen zum oberen Ende des
Rektifikators, werden in einem Wärmetauscher bei **9** gekühlt
und verlassen bei **10** in flüssiger Form die Destillieranlage.
Extrem hochflüchtige Bestandteile entweichen bei **11** als
Dämpfe.

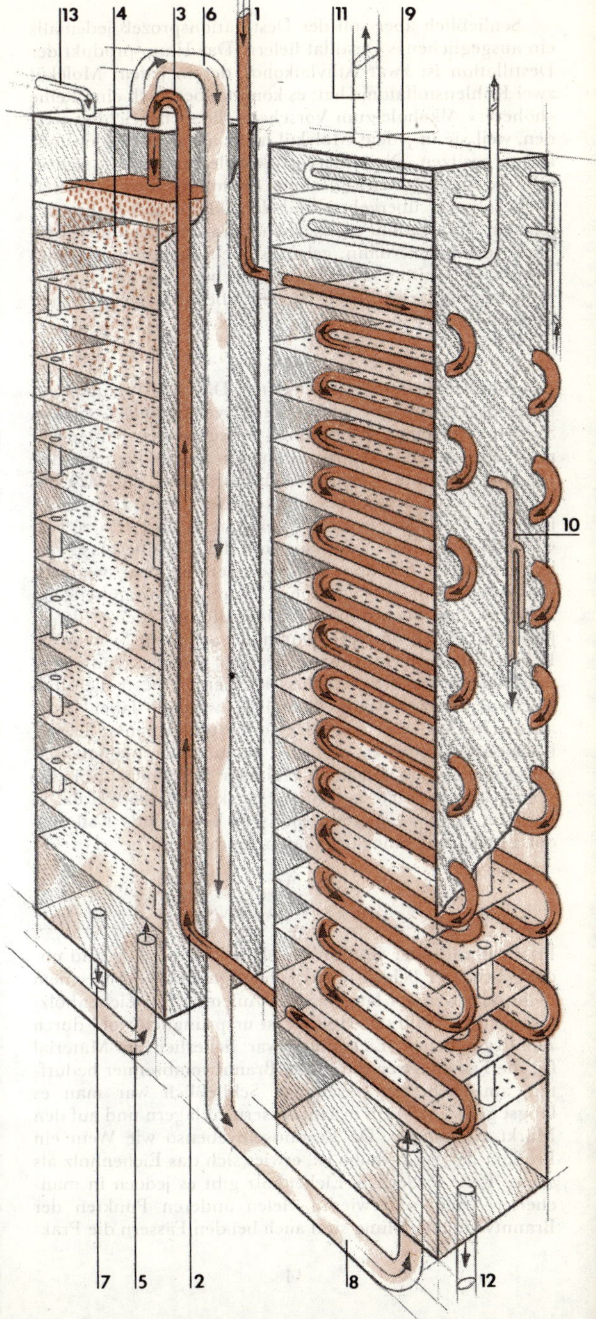
13
4
3
6
1
11
9
10
7
5
2
8
12

Schließlich aber soll der Destillationsprozeß jedenfalls ein ausgeglichenes Destillat liefern. Das Hauptprodukt der Destillation ist zwar Äthylalkohol, der in jedem Molekül zwei Kohlenstoffatome hat; es kommt aber auch eine Reihe «höherer» Alkohole zum Vorschein, die so bezeichnet werden, weil sie in jedem Molekül mehr als zwei Kohlenstoffatome besitzen. Die höheren Alkohole verwandeln sich in Öle, die sogenannten «Fuselöle», die mit der Zeit in aromatische «Ester» übergehen und den Glanz und Ruhm der feinsten Branntweine ausmachen. Sind sie jedoch im Übermaß vorhanden, dann geben sie ein harziges, scharfes Aroma ab. Weitere «Äthylester» ergeben sich im Destillationsvorgang selbst und müssen ebenfalls ausgeglichen werden.

Andere Destillierapparate

Es gibt noch weitere Möglichkeiten. Das zum Brennen von Marc de Champagne (siehe S. 130) verwendete *Calandre*-System stellt einen Kompromiß zwischen den beiden bereits besprochenen Apparaturen dar. In Spanien werden Destillierapparate (siehe S. 140ff.) verwendet, die dazu bestimmt sind, relativ alkoholstarken Wein von 12 bis 14 % in einem Durchlauf in Branntwein mit 65 bis 70 % zu verwandeln. Sie arbeiten mit einer mit der Destillierblase verbundenen Rektifikationsschlange oder -kammer, wodurch die Möglichkeit entsteht, die schwereren Bestandteile im alkoholischen Spektrum nachzudestillieren. Freilich ist in jedem für einen einzigen Durchlauf gebauten System die Beherrschbarkeit des Gesamtvorgangs geringer, und einige der öligen Ester, die ja Schlüsselelemente eines vollen und fruchtigen Branntweins darstellen, werden dabei leicht ausgeschieden. Aber auch der am besten geeignete Destillierapparat produziert zunächst einen rohen, ungenießbaren Alkohol (mit Ausnahme einiger besonders aromatischer Grappa-Arten in Italien). So kommt dem Holz, in dem der Branntwein reift, eine sehr bedeutende Rolle bei der Entstehung eines trinkbaren Produkts zu.

DIE ENTSTEHUNG DES REIFEN BRANNTWEINS

Frisch destillierter Branntwein schmeckt roh, ölig und unerfreulich. Der Schlüssel zur feinen Qualität liegt in einem mehr oder weniger langwierigen Aufenthalt in Eichenholzfässern. Die Wahl der Holzart ist ursprünglich wohl durch Zufall geschehen. Eichenholz war sicherlich als Material für die Fässer, deren die ersten Branntweinbrenner bedurften, am leichtesten verfügbar. Schließlich war man es längst gewöhnt, Wein in Holzfässern zu lagern und auf den Markt zu bringen. Da Branntwein ebenso wie Wein ein Produkt der Weintraube ist, erwies sich das Eichenholz als seiner Reife förderlich. Eichenholz gibt es jedoch in mancherlei Arten, und wie in vielen anderen Punkten der Branntweinherstellung sind auch bei den Fässern die Praktiken von Ort zu Ort derart verschieden, daß nur einige verallgemeinernde Angaben als für alle Branntweine gültig angesehen werden können.

Die meisten Eigenschaften, die der guten Eignung des Eichenholzes zugrunde liegen, sind physikalischer Art. Was auch immer im Holz an chemischen Eigenschaften stecken mag und wie auch immer sie sich bei längerer Berührung mit dem Alkohol auswirken mögen — es ist vor allem die Porosität des Faßholzes, die es dem Branntwein ermöglicht, stetig, aber in beschränktem Maße mit der Luft in Berührung zu kommen. So nimmt er allmählich Sauerstoff in sich auf, der zum Oxidieren und Mildern des rohen Alkohols unerläßlich ist.

Manche Eichenhölzer sind poröser als andere; physikalisch aber sind Art und Alter des Holzes weniger von Bedeutung als die Größe des Fasses. Je kleiner das Faß ist, desto mehr hat der Branntwein Berührung mit dem Holz und mit der Luft. Noch mehr Berührung mit Luft haben die spanischen Branntweine, die im Solera-System reifen und dabei öfter von Faß zu Faß umgefüllt werden.

Es ist kein Zufall, daß die besten Branntweine in Fässern mit bis zu 400 l Inhalt reifen. Ein seriöser Branntweinhersteller, der ein Produkt mit individueller Qualität bieten will, darf auf keinen Fall die riesigen Fässer mit 100 Hektoliter Fassungsvermögen benutzen, die man in vielen Brennereien sieht. Deren Inhalt muß notwendigerweise mit Zusatzstoffen angereichert werden, um die nichtssagende Art und den Mangel an Individualität auszugleichen; das geschieht vermutlich meist durch ein *boisé* genanntes Verfahren, bei dem in altem Alkohol getränkte Eichenholzspäne einige Monate lang in frischen Branntwein eingetaucht werden, um einen echten Alterungsvorgang vorzutäuschen. Es läßt sich nicht vermeiden, daß ein so behandelter Branntwein rauher schmeckt als einer, bei dem die Berührung mit dem Holz nicht künstlich beschleunigt wurde.

Die Wirkung des Eichenholzes

Allerdings spielen auch die chemischen Bestandteile des Eichenholzes im Reifeprozeß eine Rolle, und zwar bei verschiedenen Branntweinen eine recht unterschiedliche. Branntweine, die in großen alten Fässern, aus deren Holz das Tannin und Lignin längst ausgelaugt ist, gelagert werden, erfahren nicht soviel Anreicherung wie solche (beispielsweise die meisten Cognacs), die unmittelbar nach dem Destillieren eine Zeitlang in kleinen frischen Fässern liegen.

Ein Branntwein enthält derart viele chemische Elemente — es sind rund dreihundert entdeckt worden —, daß reichlich Gelegenheit zum Reagieren mit den Tanninen und Ligninen im Eichenholz besteht. Die löslichen Lignine bringen das liebliche, nachhaltige Vanillearoma mit sich, das die feinsten Branntweine auszeichnet. Die Tannine verleihen dem Branntwein Farbe und ein Holzaroma, das gelegentlich übermäßig stark ausfallen kann, wenn das ursprüngliche Destillat nicht fruchtig genug war.

Es gelten dieselben Prinzipien wie beim Ausbau von Wein im Faß, nur verbleiben Branntweine traditionell bis zu 40 Jahre darin, das heißt zehnmal solange wie ein Rioja oder Barolo. Tradition aber ist stets kostspielig. Sie setzt voraus, daß der Branntweinhersteller Zeit im Überfluß, keine Geldsorgen und keinen dringenden Wunsch nach Amortisierung der im Branntwein und den immer teurer werdenden Fässern investierten Mittel hat. Glücklicherweise gibt es genug gewissenhafte Firmen und anspruchsvolle Liebhaber, um alldem eine lohnende Seite abzugewinnen.

WIE MAN BRANNTWEIN AM BESTEN GENIESST:
KIPPEN — MIXEN — NIPPEN

Das klassische Bild des Branntweinliebhabers ist der meist gesetzte, bejahrte Herr, der eine recht umfangreiche Nase in ein enorm großes Ballonglas versenkt, in dem sich eine etwas ölig aussehende dunkelbraune Flüssigkeit befindet, vermutlich Cognac. Das ist schöne Werbung für das Image des Branntweins, jedoch durchaus irreführend.

Zunächst einmal wird der allergrößte Teil des Branntweins (auch des Tresterbranntweins) von Leuten «gekippt», die sich aufwärmen möchten — je wärmer, desto besser. Ein bißchen Süße kann dabei nicht schaden; dem Trinkenden kommt es vor allem auf rasche Hilfe gegen die Kälte durch eine Mischung von Samt und Feuer an. So verstehen sich insbesondere die spanischen Schnapsbrenner sehr wohl darauf, was ein Hafenarbeiter an einem naßkalten Januarmorgen auf dem Weg zum Kai nötig hat; darum ist auch der Fundador, der in angelsächsischen Ländern zum Synonym für spanischen Brandy geworden ist, so populär.

Ein ebenfalls sehr großer Teil aller Branntweine wird in Cocktails und Longdrinks gemixt.

Nur ganz wenige Branntweine sind von so großem Interesse, daß sie gehätschelt, geschnuppert und genippt und nicht gekippt oder vermischt werden dürfen. Die allermeisten Branntweine sind wie die einfachen Weine nichts weiter als angenehme Zutaten zur Lebensqualität, keine wirklich bedeutenden Erscheinungen aus sich selbst heraus. Feiner Armagnac aber oder die besten spanischen Brandys, feinster Cognac und einige andere Spitzenprodukte, beispielsweise aus Portugal, den USA und anderen Weltgegenden, sind es wert, mit Sorgfalt und Rücksicht behandelt zu werden.

Der Duft
Der Schlüssel zum Branntwein ist die Nase, denn wirklich zu sich nehmen kann selbst der Trinkfesteste nur begrenzte Mengen. Der Mäßige kann sich an endlosem Schnuppern erfreuen, den fruchtigen Subtilitäten auf den Grund gehen,

das Alter schätzen, das Faßholz zu erraten versuchen, das ganze Phänomen gründlich zu genießen, bevor er auch nur das erste Schlückchen tut.

Zum größtmöglichen Genuß braucht man ein geeignetes Glas, gleichgesinnte Gesellschaft und Zeit. Branntwein gilt zwar als ein Getränk für Männer, doch sind Frauen mit ihrem empfindlicheren Geruchssinn meist im Beurteilen besser, weil es auf das Aroma viel mehr ankommt als auf den Geschmack.

Gläser

Der rechte Geschmack am Branntwein hängt zum Teil vom richtigen Glas ab. Im Prinzip ist das ganz einfach: Das Glas muß eine Form haben, die es dem Aroma ermöglicht, sich der Nase konzentriert darzubieten, und es muß auch genügend Raum zur Entfaltung des Aromas bieten. Zu groß aber darf es auch wieder nicht sein, sonst ist allzuviel Branntwein nötig, um den Luftraum im Glas mit Aroma zu durchsetzen. Sofern man nicht die Absicht hat, seinen Gästen sehr reichliche Mengen einzuflößen, sind die großen Ballongläser natürlich auf keinen Fall anzuraten. Anderseits aber soll man auch jene winzigen Fingerhüte vermeiden, in denen sich das Aroma nicht entfalten kann. Alle diese einschränkenden Bemerkungen geben jedoch nur den Rahmen vor. Professionelle Koster in Cognac benützen tulpenförmige Gläser; ich selbst verwende manchmal ein Weinglas oder wenn ich nur eine sehr kleine Probe nehmen will, einen Sektkelch. Kleine Ballongläser, die man ihrem Namen Schwenker entsprechend in kreisenden Bewegungen schwenken kann, sind sehr gut geeignet. Am besten ist freilich das von Jacques Pascot in Burgund entworfene und hergestellte «Impitoyable»-Glas. *Impitoyable* heißt «erbarmungslos», und tatsächlich läßt dieses Glas alle Elemente seines Inhalts so klar und scharf hervortreten, daß Mängel, die in einem anderen Behältnis gar nicht zum Vorschein gekommen wären, ohne Erbarmen ans Licht gebracht werden. Mit dem Glas aber ist allein schon der halbe Genuß verbunden.

Mixen und Genießen

Das Bild des traditionellen Brandyliebhabers hält viel zu viele Menschen davon ab, Branntwein zum Mixen zu nehmen, obwohl er sich dafür eigentlich besser eignet als Whisky. Genehmigt man sich einen gemixten Aperitif vor einem Essen, bei dem Wein serviert werden soll, dann ist es auch vernünftiger, Branntwein anstatt Whisky als Grundlage zu verwenden, denn Trauben und Korn soll man nicht mischen.

Natürlich wäre es verfehlt, dafür einen feinen Brandy zu verschwenden, aber jeder einfache Branntwein bis zum VSOP-Niveau eignet sich hervorragend. Zu beachten ist lediglich der Süßegrad. Will man den Branntwein mit etwas Saurem mixen, zum Beispiel mit Zitronensaft, dann nimmt man dafür am besten einen süßeren, etwa einen spanischen Brandy, und braucht dann weniger Zucker. Verlangt das Rezept «Cream», dann kommt natürlich nur ein trockener Brandy, etwa ein einfacher junger Cognac, in Frage. Ich persönlich mag diese cremigen Gemixe wie den in jüngster Zeit berühmt gewordenen Brandy Alexander ganz und gar nicht. Ich finde, ein Brandy ist sowieso schon voll und ölig und gehört mit etwas Saurem aufgelockert.

In seinem unschätzbaren «Larousse des Cocktails» unterteilt Jacques Sallé seine Rezepte auf sehr vernünftige Weise in verschiedene Typen, die auf einer Handvoll Grundgemischen beruhen. Zwei davon sind einfache Longdrinks: der gute alte Brandy mit Soda, auch mit Perrier herstellbar, wodurch eine angenehme Spur Salzigkeit hinzukommt und einen weit erfrischenderen Drink entstehen läßt als mit normalem Mineralwasser; und dann der andere altbewährte Drink, vor allem für kalte Winterabende: Horse's Neck, bestehend aus Brandy und Ginger Ale mit einem Tropfen Angostura Bitters und einem Stückchen Zitronenschale. (Nimmt man dazu das süßere amerikanische Ginger Ale, dann braucht man einen trockenen Brandy.)

Bei der Beschreibung des Brandy Alexander, der mit Schokolade und Cream zurechtgemixt wird, und seiner Varianten (Alexander's Sister oder Alexandra mit Kaffee anstatt Schokolade) dreht sich mir der Magen etwas um. Aber noch mehr revoltiert er mir (wieso aber soll ich maßgeblich sein?) beim Gedanken an die vielen Cocktails, die aus Brandy und Banana Cream als Grundlage durch Beimixen von Crème fraîche oder gar Royal-Mint-Schokolade (wie bei dem 1969 von Bryan Ruddy erfundenen Ross Royal) bereitet werden.

Brandy und Zitronen

Sehr viel schmackhafter erscheinen mir da schon die vielen Drinks, die aus der Affinität des Brandys zu frischer Zitrone Nutzen ziehen (vor allem süßere Brandy-Sorten lassen sich gut damit auflockern) oder auf die von Orangen gewonnenen oder nach Orangen schmeckenden Liköre wie Cointreau und Grand Marnier zurückgreifen. Beide sind im klassischen Side Car vereint, der aus zwei Teilen Brandy und je einem Teil Cointreau und Grand Marnier mit frischem Zitronensaft gemixt wird. Läßt man die Orangenliköre weg und nimmt statt dessen Zucker, dann erhält man den köstlichen Brandy Sour. Ebensogut läßt sich Brandy mit frischem Orangensaft mit und ohne Grand Marnier/Cointreau kombinieren; ganz hervorragend ist auch die Verbindung mit Zitronensaft und Mandarine Napoléon, letzteres ziemlich klebrig, aber großartig zum Mixen geeignet.

Es gibt Drinks auf Brandy-Grundlage für jede Tageszeit. Selbst zum Frühstück braucht man sich nicht mit einem Gläschen Brandy pur zu bescheiden. Vielmehr hat Sallé auch ein Rezept für Breakfast Nog vorrätig: Brandy, Grand Marnier/Cointreau, Milch und ein Ei. Einen recht schönen guten Morgen!

COGNAC

Mensch und Natur in voller Harmonie

Seit drei Jahrhunderten ist der Cognac so gut wie überall in der Welt als die feinste von Weintrauben destillierte Spirituose anerkannt. In Tiefe und Intensität, in Fruchtigkeit, in der Subtilität des Buketts, in Wärme und Komplexität des Aromas und Nachhaltigkeit des Geschmacks ist und bleibt der Cognac unvergleichlich. Die Fähigkeit, der Weintraube so viel an Geschmacksstoffen abzugewinnen, kommt in der Region Cognac nicht von ungefähr. In ihr treffen der richtige Boden und das richtige Klima, die Wahl der richtigen Traubensorte, die Anwendung der geeignetsten Brennmethoden und schließlich der Ausbau der im Kern vorhandenen Qualitäten in Fässern der bestgeeigneten Art und Größe und in der richtigen (feuchten und dunklen) Umgebung zusammen.

Und dennoch hätte selbst dieses überaus komplizierte Rezept wohl nicht ausgereicht, wären nicht die Cognaçais — übrigens ein in sich gekehrter, eingezogen lebender Menschenschlag, dessen Eigenheiten in dem Spitznamen *Cagouillards*, Schnecken, recht gut zum Ausdruck kommen — bereit gewesen, ihren historischen Zutritt zu Märkten, in denen das feine und demzufolge teure Erzeugnis ihres Landes gewürdigt wird, voll zu nützen. Dazu brauchten sie Glück und Geschick.

Die historischen Hintergründe

In den letzten 40 Jahren des 17. Jahrhunderts lebte in der Restauration das modebewußte London — wie vorher und später die Welt auch anderswo — vorwiegend in der Öffentlichkeit. Die «Café-Gesellschaft», die sich in den zahllosen Kaffeehäusern der Hauptstadt traf, experimentierte mit neuen Getränken. Manche davon — Tee, Kaffee, Schokolade — waren alkoholfrei. Die meisten waren Weine: Claret (Bordeaux-Wein), Port, Sherry, mehr oder weniger aufgespritet, um den Transport nach England besser zu überstehen und um dem englischen Geschmack für robuste Getränke entgegenzukommen. An Spirituosen war nur eine dabei: der Cognac — und er hat seitdem unbeirrbar seinen Weg gemacht.

Aus Zeitungsanzeigen von der Wende zum 18. Jahrhundert weiß man genau (anhand der genannten Preise), daß der Brandy aus «Coniac» mindestens ein Zehntel mehr wert war als der aus Nantes, La Rochelle oder Bordeaux. Im Abschnitt über Cognac-Herstellung gehe ich ausführlich auf die einzigartigen Qualitäten ein, die dem Cognac seine beherrschende Stellung gewährleisten, auf den geografischen und geologischen Hintergrund und auf die damals wie heute bei der Bereitung des Cognacs üblichen Methoden. Doch auch die Geschichte hat das Ihrige dazugetan, der Stadt und zu helfen.

Noch heute ist Cognac mit seinen 20 000 Einwohnern relativ klein. Im 17. und 18. Jahrhundert, bevor es seine mittelalterlichen Mauern sprengte, betrug die Einwohnerzahl gerade 5000. Die Altstadt an den Ufern der Charente ist noch immer ein reizvolles mittelalterliches Gewirr von behäbigen, ansehnlichen Häusern, die erst jetzt allmählich gereinigt und modernisiert werden (nachdem ein paar bei Cognac-Firmen beschäftigte Engländer ein Beispiel gegeben haben).

Ursprünglich hatte die Stadt als Flußübergang Bedeutung, im Mittelalter aber wurde sie zu einem großen Handelsplatz für Salz, das den ersten Exportartikel der Region darstellte, und dann für Wein. Aus beiden zog Cognac mit einem unvergleichlichen Netz an Handelsverbindungen mit ganz Nordeuropa Vorteil, denn sowohl das Salz als auch der Wein wurden vor allem auf Märkten in England, den Niederlanden und Skandinavien abgesetzt. Zwar wurde dann im 11. und 12. Jahrhundert England zum weitaus bedeutendsten Absatzmarkt für Wein, die Verbindungen mit den anderen Märkten gingen darüber aber nicht verloren. Der Handel war gut durchorganisiert. Im Saintonge — der Gegend zwischen Angoulême und dem Meer — ansässige Makler kauften Salz oder Wein für ausländische Abnehmer ein. Die Fässer wurden dann auf den *gabares,* den 700 Jahre lang bis in das 20. Jahrhundert hinein gebräuchlichen Flußbarken, die Charente abwärts bis Tonnay-Charente an der Gezeitengrenze gebracht. Im Hafen von La Rochelle wurden sie von Vertretern der ausländischen Abnehmer übernommen. Dieses Schema erhielt sich unverändert, als schließlich der Cognac das Salz und den Wein verdrängte. Erst gegen Ende des 19. Jahrhunderts wurden die Händler reich genug, um einen Vorrat an Cognac für mehr als ein bis zwei Jahre unterhalten zu können. Bis zu diesem Zeitpunkt blieben sie im eigentlichen Sinne Makler. Die Erzeuger lagerten den Cognac während der Reifezeit, brachten ihn dann faßweise zum Versand, wobei die Abnehmer für die Finanzierung sorgten und die Abfüllung unter eigenem Namen durchführten.

Schließlich hatten die Cognaçais das Glück, durch die Franzosen im 14. Jahrhundert, fast hundert Jahre vor ihren großen Rivalen in Bordeaux, von der englischen Herrschaft befreit zu werden. Zwar verloren sie dadurch erst einmal ihren bedeutendsten Absatzmarkt und waren daher gezwungen, ihr Absatzsystem und am Ende auch ihr Produktangebot zu erweitern. Das aber schlug ihnen auf lange Sicht zum Vorteil aus, denn zweihundert Jahre später waren sie bestens imstande, eine neue Nachfrage nach *brandywijn* zu befriedigen. Diese Absatzchance ergab sich in der zweiten Hälfte des 16. Jahrhunderts, als die Holländer rasch zur größten Handelsmacht Westeuropas avancierten und konzentrierte Weine brauchten, um das gewöhnlich faule Trinkwasser in den Schiffen für die Seeleute genießbar zu machen. Zuerst wurde der Wein aus dem Saintonge nach Holland gebracht und dort in kupfernen Brenngefä-

Rebfläche und Gesamtproduktion Cognac 1878 — 1985

Jahr	Rebfläche ha	Gesamtproduktion Mio Flaschen
1878	285 150	107,6
1879	—	29,8
1880	233 110	43,7
1881	201 219	63,3
1882	171 001	42,6
1883	153 623	50,0
1884	116 217	63,0
1885	85 240	28,9
1886	75 061	26,6
1887	65 399	26,6
1888	65 390	22,2
1889	60 518	16,4
1890	53 963	18,7
1891 — 1900	46 589*	22,2
1901 — 10	62 088*	32,2
1911 — 20	73 854*	31,0
1921 — 30	76 540*	39,9
1931 — 40	69 051*	38,4
1941 — 50	59 843*	29,7
1951 — 60	63 041*	49,0
1961 — 70	77 666*	126,5
1971	78 411	150,6
1972	79 948	145,2
1973	84 765	264,3
1974	89 995	194,4
1975	102 460	257,1
1976	107 613	159,7
1977	107 727	126,6
1978	106 761	179,6
1979	106 328	234,0
1980	104 208	161,3
1981	100 622	145,5
1982	98 250	194,9
1983	96 113	157,9
1984	93 495	154,7
1985	91 887	—

Anm.: * Die Zahlen geben jeweils den Durchschnitt für 10 Jahre an
Quelle: BNIC

ßen aus Schweden gebrannt. Die holländischen Behörden hatten eine Abneigung gegen das Destillieren von kostbarem Korn, der einzigen Alternative, weil sie es als Nahrungsmittel dringender benötigten. Bei wachsender Nachfrage begannen die Holländer schließlich, den Wein an der Quelle zu brennen.

Bis zur Mitte des 17. Jahrhunderts kam der dabei verwendete Wein vorwiegend von den *Bois*, also — wie der Name schon sagt — von vormals bewaldeten Hängen. Sie waren mit Reben bepflanzt worden, weil sie sich für Getreide nicht so gut eigneten wie die *Champagnes*, die sich als Hügelland im Halbkreis südlich um Cognac erstrecken. Die Einheimischen schauten den Holländern bald die Brenntechnik ab, wobei sie die holländischen Destillierapparate über ein Jahrhundert lang höher schätzten als ihre eigenen. Inzwischen wurde das, was für die Holländer eine praktische Notwendigkeit war, im modebewußten London zu einem hochgeschätzten Luxus. Von dieser Zeit an stand die Reputation des Cognacs auf sicherem Grund, solange nur die ursprünglichen Herstellungsmethoden und die Qualitäten, die ihn berühmt gemacht hatten, unverändert blieben. Diese Kriterien, die noch heute so ziemlich dieselben sind wie damals, werden auf den Seiten 31 bis 44 näher untersucht. Die Kontinuität wurde durch jene Mischung von Konservatismus und Solidität, wie sie dem Charentais eigen ist, gewährleistet.

Die Qualitätstradition entwickelte sich, dem Lokaltemperament gemäß, allmählich, aber stetig. Im 17. Jahrhundert wurden auch die Champagnes mit Reben bepflanzt, und es stellte sich heraus, daß hier nicht nur besseres Korn, sondern auch eine bessere Traubenqualität gedieh als in den Bois. Etwa um die Zeit der Französischen Revolution wurde dann auch das letzte Stück Land, das bis dahin noch der Weinerzeugung diente, ein langgezogenes Gebiet nördlich von Cognac namens *Borderies*, den Zwecken der Branntweinproduktion unterworfen. Die süßen Weine, die hier vorher wuchsen, hatten eine große Anhängerschaft; nach einem schlimmen Frost im Jahr 1766 aber bot sich der Konkurrenz in Sauternes, südlich von Bordeaux, die Gelegenheit, diesen Markt zu erobern.

Vor der Französischen Revolution wurden die Cognaçais und ihr Handel von dem damals noch herrschenden Adel nicht übermäßig beeinträchtigt. Im 13. Jahrhundert hatte der glücklose König Johann, Herrscher in England und Westfrankreich, der Stadt ihre Freiheit gewährt (einer der Gründe dafür, weshalb Cognac und nicht das 10 km weiter flußaufwärts gelegene Jarnac dem großen Getränk der Region den Namen gab). Dreihundert Jahre später wurden die Freiheitsrechte der Stadt Cognac von ihrem größten Sohn, König Franz I., dem 1493 in Cognac geborenen Musterbild eines Renaissance-Monarchen, erneut bestätigt.

Nach seinem Tod wurde die Region durch die Religionskriege schwer getroffen, denn vor allem Jarnac war

ein Zentrum des Protestantismus und Schauplatz einer
Entscheidungsschlacht. Durch die Reputation, eine pro-
testantische Hochburg zu sein, eröffneten sich wiederum
natürliche Verbindungen zu der Hugenotten-«Mafia», die
damals im Handel Westeuropas eine bedeutende Rolle
spielte. Noch im 18. Jahrhundert, als die Protestanten offiziell nicht mehr geduldet wurden, weigerten sich die Cognaçais, den Verfolgern bei der Suche nach ihnen zu helfen.
Nach französischen Begriffen des 18. Jahrhunderts war die
Region in sozialer Hinsicht homogen und relativ wohlha-
bend. Berühmte Firmen wie Martell, Delamain und Hennessy werden noch heute von den Familien betrieben, die
sie damals im 18. Jahrhundert begründeten.

So kam es, daß im Jahr 1789 die Einwohner nicht in erster Linie durch die Nachrichten aus Paris über das Ende
des Ancien Régime beunruhigt waren als vielmehr über
den Frost des vorausgegangenen Winters, der sie wohl an
den Bettelstab gebracht hätte, wären ihnen nicht die rei-
cheren Handelsherren, an ihrer Spitze M. Martell, mit
wohltätiger Hilfe beigesprungen. Da sie mit dem französischen Adel seit eh und je nicht viel zu schaffen gehabt hatten, blieben die Cognaçais von den Auswirkungen der
Französischen Revolution weitgehend verschont, und während der Napoleonischen Zeit taten ihnen lediglich die
mehrfachen Versuche, den Handel mit England, ihrem besten Absatzmarkt, zu blockieren, einigen Abbruch. Es war
auch während der Napoleonischen Ära, daß Martell und
Hennessy zu der Vormachtstellung gelangten, die sie sich
seither bewahren konnten.

Wohlstand im 19. Jahrhundert

Die endgültige Niederlage Napoleons im Jahr 1815 kam
wie eine große Erleichterung — es mutet wie Ironie an,
wenn man bedenkt, daß die Cognac-Industrie hundert
Jahre später so großen Nutzen aus seinem Namen zog. In
den folgenden Jahrzehnten dehnte sich die Stadt erstmals
über die mittelalterlichen Mauern aus; neuerdings reich
gewordene Händler wie Otard und Dupuy bauten große
Häuser in den Wäldern der Neustadt. Martell und Hennessy behielten jedoch ihre Vormachtstellung. Sie beein-
flußten auch entscheidend den Preis, den die Erzeuger
den Händlern abverlangten. Das Grundschema hatte sich
nämlich nicht verändert: Erzeuger und Händler standen
zueinander in überkommenem Verhältnis. Sie waren nicht
etwa durch Verträge aneinander gebunden, sondern durch
die von einer Generation zur anderen vererbte Gewohnheit, miteinander Geschäfte zu machen; so wollte es in
Cognac die Tradition. 1857 wurde die Stellung der Händler dadurch gestärkt, daß ein neues Gesetz ihnen die Regi-
strierung ihrer Handelsmarken gestattete, so daß sie die eigene Individualität festigen konnten. Zuvor war der Cognac vor allem in England zum größten Teil unter dem
Namen des jeweiligen Importeurs, der wie heute noch die
Hausmarken faßweise kaufte, auf den Markt gekommen.

Insbesondere aber leitete der Freihandel oder vielmehr eine kräftige Zollsenkung in England 1861/62 eine kurze, glorreiche Epoche ein, in deren Verlauf sich der Absatz innerhalb von 15 Jahren auf 450 000 hl — fast 65 Millionen Flaschen — jährlich verdreifachte. Der größte Markt war England, aber in aller Welt, von Lateinamerika bis ins zaristische Rußland, wurde der Cognac damals zur populärsten Spirituose überhaupt. Doch die Prosperität trug ihr Verhängnis in sich, denn die Produktion stieg noch stärker als der Verbrauch. Für kurze Zeit hatte die Charente die größte Rebfläche in Frankreich; viele tausend Hektar weniger gutes Land wurden ebenfalls mit Reben bestockt. Die drohende Krise durch Überproduktion wurde jedoch durch eine noch größere Katastrophe abgewendet, nämlich durch den Einfall der schrecklichen Reblaus *Phylloxera vastarix,* die 1871 an der Charente anlangte und bis zum Ende des Jahrzehnts den gesamten Rebenbestand erfaßte.

Die Plage machte der hundertjährigen Selbständigkeit der Erzeuger vor allem in den Champagnes ein Ende. Zwar stieg der Wert ihrer Vorräte mit wachsender Verwüstung der Weinberge an, doch die rund 20 Jahre, die es dauerte, bis die Wiederbepflanzung ihre Früchte trug, konnten sie damit nicht überstehen. Diese Zeitspanne hatte zum Teil weinbautechnische Gründe: Es dauerte über zehn Jahre, bis amerikanische Unterlagsreben gefunden waren, die sich für den Kreideboden der Charente eigneten. Erst gegen Ende der 80er Jahre stieß man auf die richtige Bezugsquelle, und zwar in Texas, wo T. V. Munson in seiner Baumschule die Wildreben vom Red River kultivierte. Aber auch psychologische Gründe spielten mit: Wie anderswo in Frankreich hofften auch die Winzer an der Charente, ihre kostbaren französischen Reben durch Behandlung mit chemischen Mitteln retten zu können. Außerdem konnten sie sich die neuen Pflanzen nicht leisten.

Dadurch behielten die finanziell besser gestellten Händler die Oberhand. Allerdings nutzten sie ihren Vorteil nicht aus; sie hätten ja selbst die besten Lagen zu Preisen aufkaufen können, die höchstens ein Zehntel dessen betragen hätten, was in den goldenen 60er Jahren dafür gezahlt wurde. Vielmehr übernahmen sie die Führung beim Veredeln auf reblausfeste Unterlagen und halfen den Winzern mit Rat, Pflanzenmaterial und Düngemitteln. Allerdings hatten auch sie ihre eigenen Kämpfe zu bestehen, insbesondere gegen die Nachahmungen, die in den Jahren der Knappheit dem Cognac viel Abtrag getan hatten. Zusammen mit den Champagner-Handelshäusern in Reims und Epernay standen sie in der vordersten Reihe im Feldzug zum Schutz des guten Namens in Frankreich und im Ausland. Für den Cognac wurde der Kampf gegen die Nachahmer schon 1905 durch ein Gesetz entschieden, das 1929 durch den besonderen *Acquit Jaune d'Or,* das offizielle goldfarbene Zertifikat, das alle Cognac-Lieferungen auf öffentlichen Transportwegen begleitet, noch verbessert wurde.

Wiederbestockung und Schutz vor Nachahmern allein aber konnten den Wohlstand nicht wiederherstellen. Nach dem Ersten Weltkrieg kam die Prohibition in den Vereinigten Staaten. In Kanada und Skandinavien wurden Staatsmonopole und in England (freilich nur vorübergehend) einschneidende Zölle eingeführt. Die Zukunftsaussichten waren so schlecht, daß Martell und Hennessy 1922 einen Pakt auf 25jährige Zusammenarbeit schlossen, gegenseitig Firmenanteile erwarben und sich praktisch die größeren Märkte der Welt teilten.

Eigenartigerweise war es die deutsche Besetzung von 1940 bis 1945, die das Sprungbrett für Zusammenarbeit und Wohlstand in der Nachkriegszeit schuf. Natürlich war auch die Stadt Cognac besetzt, doch unterstand sie einem verständnisvollen Mann, einem Herrn Klaebisch, der vor dem Ersten Weltkrieg in Cognac zur Schule gegangen war. Damals hatte seine Familie beherrschenden Anteil an der bekannten Firma Meukow, die sich als eine von vielen dem lukrativen Handel mit Skandinavien und Osteuropa über die hanseatischen Häfen widmete. Klaebisch tat sein Bestes, um alle Unbilden von den Cognaçais abzuwenden; dennoch mußten sie die Besatzer mit Branntwein in enormen Mengen beliefern, wobei sie freilich mogelten, indem sie viel Schnaps aus Knollengemüsen unterschoben, um ihre Vorräte an echtem Cognac zu schonen.

In der Kriegszeit folgten Maurice Hennessy und ein bekannter Winzer namens Pierre Verneuil dem Beispiel der Champagner-Erzeuger und -Händler, indem sie gemeinsam einen Verband bildeten, der sich nach dem Krieg als Bureau Interprofessionnel du Cognac konstituierte. Das BNIC ist paritätisch mit Erzeugern und Händlern besetzt und erlangte in der Formulierung und Überwachung der für den Cognac geltenden, schon vor dem Krieg erlassenen Regeln und Vorschriften weitgehende De-facto-Unabhängigkeit gegenüber dem Staat (siehe Cognac-Definitionen Seite 44ff.). Innerhalb von Cognac übernahm das BNIC die früher von Martell und Hennessy ausgeübte Rolle, den Preis der neuen Branntweine aus den verschiedenen *crus* festzulegen. Die Aufteilung der Region in *crus* war in den 30er Jahren unseres Jahrhunderts als natürliche Folge des Systems der *Appellations d'Origine Contrôlées* — der Regelung zum Schutz regionaler Bezeichnungen, die 1905 zum Gesetz erhoben wurde — vorgenommen worden. Diese Festlegungen, die in der Champagne beinahe zu einem Bürgerkrieg geführt hätten, gingen in Cognac ohne Widerspruch über die Bühne, vor allem wohl deshalb, weil die Aufteilung im allgemeinen sich schon in den Marktverhältnissen seit dem 18. Jahrhundert abgezeichnet hatte.

Das Ende des Zweiten Weltkriegs bildete zugleich den Anfang einer 30jährigen Zeit der Prosperität. Das BNIC brachte in das Verhältnis zwischen Erzeugern und Händlern große Verbesserungen und kam seinerseits ebenfalls in den Genuß der neuerlichen Blüte. Die größten Veränderungen ergaben sich in der Struktur der Handelshäuser.

1947 erneuerten Martell und Hennessy ihren Partnerschaftsvertrag nicht wieder. Martell blieb selbständig, Hennessy dagegen verband sich 1971 mit dem ChampagnerHaus Moët & Chandon. Aus den Großen Zwei wurden durch das Wachstum der Firmen Courvoisier und Rémy Martin die Großen Vier. Courvoisier wurde gegen Ende des 18. Jahrhunderts gegründet und machte sich vor dem Ersten Weltkrieg einen Namen durch die Benützung der Insignien Napoleons. Im Boom der Zeit nach dem Zweiten Weltkrieg lief der Absatz den Vorräten davon, und 1964 wurde die Firma von dem kanadischen Spirituosenkonzern Hiram Walker übernommen, der damit als erster Outsider in Cognac festen Fuß faßte. Wie aus den Details über die einzelnen Häuser hervorgeht, sind bald weitere fremde Firmen gefolgt; am bedeutendsten war wohl die Distillers Company, die 1971 Hine übernahm. Rémy Martin (siehe S. 78f.) wuchs auch ohne fremdes Kapital sehr rasch. Gegründet wurde dieses Haus von zwei mächtigen Gestalten in Cognac, von André Renaud, dem Schwiegersohn eines bedeutenden Winzers, und von seinem Schwiegersohn, André Hériard-Dubreuil. Sie kamen mit der neuen Idee heraus, ihre Werbung ganz und gar auf Cognac abzustellen, der ausschließlich aus den beiden Champagnes stammte.

Für den meisterlichen Taktiker Hériard-Dubreuil war es eine Selbstverständlichkeit, die Winzer in den beiden Champagnes im «Cognac-Krieg» von 1970, der von den Einheimischen viel ernster genommen wurde als von der Welt draußen, zu unterstützen. Er entzündete sich am Beschluß der anderen Cognac-Firmen, die Bezeichnung «Champagne» selbst bei besseren Cognacs nicht mehr zu verwenden. Die Begründung dafür war einfach: Ihre Rezepte beruhten sowieso weitgehend auf Cognacs aus den Borderies (die durchaus nicht billiger waren als die aus der Petite Champagne), und sie wollten nun der überaus wirkungsvollen Werbung von Rémy entgegentreten, die vor allem die überlegene Qualität von Cognac aus den Champagnes in den Vordergrund stellte. Schließlich gaben die Großen Drei ihre Werbung auf. Doch der «Krieg» hatte eine tiefgehende Spaltung unter den Winzern hervorgerufen, so daß nun die Erzeuger in den Champagnes einen eigenen Verband gründeten.

Ganz unvorbereitet waren die Winzer auf die Krise, die dann in den 70er Jahren über die Region kam. In der Euphorie der Nachkriegsjahre war die Produktion stark gestiegen. Die Rebfläche blieb zwar unter 110 000 ha und betrug damit nicht einmal die Hälfte der Fläche von 1870, doch hatte der Weinbau inzwischen solche Fortschritte gemacht, daß um 1973 der doppelte Ertrag erzielt wurde wie vor der Reblauszeit, nämlich 264 Millionen Flaschen, und damit mehr als das Doppelte des Jahresabsatzes von 1973. Dasselbe Jahr brachte auch die Ölkrise; zwar blieb der Cognac-Absatz in Frankreich noch freundlich (bis zu der scharfen Steuererhöhung im Jahr 1983), doch von den Großen Vier kam das nur Martell und Courvoisier zugute, denn Rémy Martin und Hennessy waren mit 95 % ihrer Umsätze vom Export abhängig.

Der chinesische Markt

Die Rettung kam zum großen Teil durch den wachsenden Wohlstand der chinesischen Bevölkerung Südostasiens, die es sich immer mehr leisten konnte, ihr Verlangen nach den feinen braunen Cognacs zu stillen, die dort so gern zum Essen getrunken werden. Hennessy hatte auf diesem Absatzmarkt Pionierdienste geleistet, Rémy Martin war schon vor dem Zweiten Weltkrieg gefolgt, und in den 70er Jahren machten es ihnen alle anderen Häuser nach. Auch das Wachstum des amerikanischen Markts stützte den Absatz. Das in den Vereinigten Staaten durch die Werbung verbreitete Image des Cognacs ließ ihn als das bevorzugte Getränk nach dem Essen für eine gebildete und betuchte Schicht erscheinen. Ein weiterer Zuwachs, den man allerdings nicht so sehr in den Vordergrund stellte, kam durch den steigenden Brandy-Konsum der schwarzen Bevölkerung in den großen Städten wie Detroit und Cleveland. Nur eine Handvoll Handelshäuser, vor allem Hennessy, verfügte über ausreichende finanzielle Mittel, um sich im amerikanischen Markt durchzusetzen; der stagnierende Absatz in anderen Ländern traf daher viele kleine Händler schwer. Bis Anfang der 80er Jahre hatten die Großen vier rund vier Fünftel des Exports unter ihrer Kontrolle, während die Konkurrenz auf dem Inlandmarkt mörderisch war. An ausländischen Käufern für die angeschlagenen kleineren Firmen mangelte es nicht. Allein 1986/87 kaufte die englische Brauerei Bass die Firma Otard, und der japanische Spirituosenkonzern Suntory erwarb Louis Royer.

Unvermeidlich war, daß in den schwierigen Jahren die größeren Firmen (sogar Rémy) ihre Käufe bei den Winzern einschränken mußten. Die Europäische Gemeinschaft half vor allem den Winzern in den Randgebieten mit Prämien, wenn sie ihre Weinberge rodeten — das wird der Qualität in den 90er Jahren sicher zugute kommen. Allerdings mußten sich diejenigen, die überleben wollten, oft selbst helfen. Die Liste der Cognac-Firmen ist voll von den Namen solcher Winzer, die früher stets die großen Firmen beliefert hatten, von ihnen aber in den 70er Jahren teilweise oder ganz im Stich gelassen worden waren. Sie verlegten sich auf eigenen Vertrieb und begannen damit bei Kunden in Frankreich, die immer gern eine eigene Lieferquelle haben. Da aber nur wenige Privatkunden Cognac gleich kistenweise kaufen, mußten die Winzer entweder auf den zahllosen Messen und Märkten auf dem Land ihre Tour machen, oder sie verkauften über Sammelbestellungen in Fabriken und Büros. Manche gingen noch weiter, und so sind inzwischen derartige Einzellagen-Cognacs in wachsender Zahl auch im Ausland zu haben, am meisten in Holland, der Bundesrepublik Deutschland und in England.

Der Anpassungsprozeß ist zwar schmerzhaft gewesen, das Resultat aber ist gesund. Eines der schwierigsten Probleme des Cognacs war nämlich, daß Martell und Hennessy die Maßstäbe setzten und Rémy Martin ihrem Beispiel folgte. Für die kleinen Spezialisten und Individualisten, die zu Glanz und Ruhm anderer französischer Weinund Spirituosen-Regionen so viel beitragen, schien hier kein Raum zu sein. Jetzt aber kommen sie wieder auf und mit ihnen eine wachsende Anerkennung für die individuellen Qualitäten des Cognacs aus verschiedenen Gegenden und Altersstufen. In der Theorie mußte sich das Interesse an der Individualität zugunsten der Champagnes auswirken. Wie aber auf den Seiten 39/40 erläutert, finden sich Stellen mit Qualitätspotential auch in den Borderies, den Fins Bois und den Bons Bois. So ist also jetzt im Cognac-Angebot mehr Individualität möglich als je zuvor.

DIE INGREDIENZEN

Geografie

Auf der Landkarte erscheint die Region Cognac als kleines Viereck im mittleren Westfrankreich. Bei genauerer Betrachtung zeigt es sich, daß die Lage eher zentral zu nennen ist, denn sie befindet sich genau auf der Grenze, die traditionell als Trennungslinie zwischen dem Norden und dem Süden Frankreichs gilt, dort wo im Mittelalter die nördliche Sprachform Langue d'Oïl in die südliche Langue d'Oc überging. Cognac liegt auch in der Mitte zwischen der sandigen, marschigen Küste des Golfs von Biskaya und dem bewaldeten Hochland des Massif Central.

Auch das Klima darf zentral genannt werden. Cognac liegt ein gutes Stück südlich der Loire, also dort, wo die Witterung ihre nördliche Strenge verliert und in ein milderes südlicheres Klima übergeht. Frost gibt es hier selten (1987 schneite es seit über zehn Jahren zum erstenmal wieder), und wenn es auch im Sommer in Cognac recht heiß und schwül werden kann, so doch nicht derart heiß und trocken, daß die Weinrebe hier beeinträchtigt würde.

Klimatisch wie geografisch liegt Cognac auf jenem weiten Halbkreisbogen, der von Bordeaux nordwärts zur Loire und dann nach Osten zur Champagne und nach Burgund verläuft und die Grenze des modernen Weinbaus in Frankreich bezeichnet.

Da die Qualität einer Frucht und die Intensität ihres Geschmacks davon abhängt, in welchem Maß die Pflanze an allzu üppigem Wuchs gehindert ist, hat diese Randlage auch entscheidenden Einfluß auf die Qualität der Traube sowie der von ihr gewonnenen Weine und Spirituosen. Doch es kommt dabei auf vielerlei an. So wirken sich die frischen Meeresbrisen auf die Qualität der aus der breiten Küstenebene zwischen Cognac und dem Golf von Biskaya stammenden Spirituosen aus, während nach Osten hin in den Ausläufern des Massif Central die Witterung schon extremer und kontinentaler wird. Unabhängig von den geologischen Faktoren begrenzt das Klima daher die günstigsten Voraussetzungen auf einen Halbkreis um Cognac und

Jarnac. In Cognac wie in anderen Gegenden mit gemäßigtem Klima stammen die feinsten Weine oder Spirituosen von Trauben, die in Hanglagen wachsen. In Cognac sind die Hänge meist ausgesprochen sanft, aber es gibt sie dennoch, auch wenn sie hier weniger ausmachen als in anderen nördlichen Weinbaugebieten. Übrigens können nur in kalten Jahren gewisse nördliche Einflüsse der Reife der Trauben Abtrag tun.

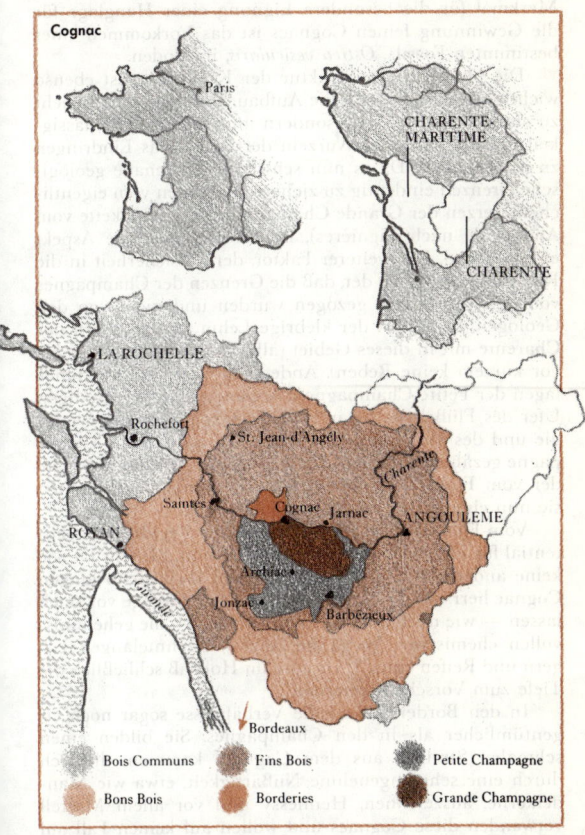

Cognac

Paris

CHARENTE-MARITIME

CHARENTE

LA ROCHELLE

Rochefort

St. Jean-d'Angély

Saintes

Cognac Jarnac ANGOULÊME

ROYAN

Archiac

Jonzac

Barbézieux

Bordeaux

Bois Communs Fins Bois Petite Champagne

Bons Bois Borderies Grande Champagne

Geologie

Trotz der großen Bedeutung der Witterung kommt doch vor allem der Geologie die entscheidende Rolle für die Qualität des Cognacs zu. Sein großer Ruf beruht in erster Linie auf dem Kreideboden, und zwar auf ganz eigenen Arten von Kreide. Die Grande Champagne, ein unregelmäßig geformtes Viereck südlich der Charente, besteht aus

Kreide so besonderer Art, daß die Geologen ihr den Namen der Region gegeben haben. So setzt sich der Boden der Kammlagen des Hügellands aus einer Kreide zusammen, die nach der lateinischen Ursprungsform des Namens Champagne als Campanium bezeichnet wurde. Darunter (und daher etwas weiter unten an den Häusern) liegt eine zweite ungewöhnliche Kreideschicht, das Santonium (nach der Region Saintonge benannt), und schließlich die um Cognac gefundene Kreideart Coniacium. Ein weiteres Merkmal für die besondere Eignung einer Hanglage für die Gewinnung feinen Cognacs ist das Vorkommen eines bestimmten Fossils, *Ostrea vesicularis*, im Boden.

Die physikalische Struktur der Kreide ist fast ebenso wichtig wie der geologische Aufbau. Der Boden darf nicht zu stark verdichtet sein, sondern muß genug Durchlässigkeit besitzen, um den Wurzeln der Reben das Eindringen zu ermöglichen. Da es nun schwierig ist, genaue geologische Grenzen eindeutig zu ziehen (abgesehen vom eigentlichen Herzen der Grande Champagne, der Hügelkette vom Ambleville nach Lignières), ist der physikalische Aspekt entscheidend. Ein weiterer Faktor, der Unsicherheit in die Rechnung bringt, ist der, daß die Grenzen der Champagnes von der Verwaltung gezogen wurden und nicht von den Geologen. So gehört der klebrige Lehm an den Ufern der Charente mit in dieses Gebiet (allerdings wuchsen hier bis vor kurzem keine Reben). Anderseits wären es die Hanglagen der Petite Champagne d'Archiac auf dem jenseitigen Ufer des Flüßchens Né unter Gesichtspunkten der Geologie und des Weinbaus durchaus wert, zur Grande Champagne gezählt zu werden. Da sie aber auf der falschen Seite der vom Fluß bezeichneten Kantonsgrenze liegen, gelten sie nun einmal nur als Petite Champagne.

Vom Flußtal abgesehen, haben beide Regionen das Potential für feinen Cognac mit einer Tiefe und Intensität wie keine andere Spirituose in der ganzen Welt. Beim jungen Cognac herrscht die Intensität als feurige Strenge vor, doch lassen — wie noch erläutert werden wird — die geheimnisvollen chemischen Vorgänge beim jahrzehntelangen Lagern und Reifen einer Spirituose im Holzfaß schließlich die Tiefe zum Vorschein kommen.

In den Borderies sind die Verhältnisse sogar noch eigentümlicher als in den Champagnes. Sie bilden einen schmalen Streifen, aus dem Cognacs kommen, die sich durch eine sehr angenehme Nußartigkeit, etwa wie Mandelkerne, auszeichnen. Hennessy und vor allem Martell verwenden diese Cognacs und wollen auf keinen Fall auf die besondere Note verzichten, die sie selbst in ihre Spitzenerzeugnisse einbringen (deshalb können diese praktisch in keinem Fall als Champagne bezeichnet werden). Auch die Borderies sind geologisch nicht homogen. Ihr Boden ist ein durchgeknetetes Gemisch aus Kreide und Lehm, ein geologisches Durcheinander, das aber sehr feinen Cognac hervorbringen kann.

Es verwundert nicht, daß der Ring der *Bois* um die drei inneren Landschaften herum noch mehr Unterschiedlichkeit aufweist. Nördlich und östlich von Jarnac erstreckt sich ein Streifen guten Kreidebodens, der den Namen Premiers Fins Bois de Jarnac trägt. Von hier kommen delikate, blumige Cognacs, die schon nach 10 bis 12 Jahren ausgereift sind. Dieselbe Finesse findet sich, wenn auch in etwas geringerem Ausmaß, im schmalen östlichen und südöstlichen Gürtel der Fins Bois um Blanzac sowie auch in den Fins Bois (und einem unregelmäßigen Kreidestreifen der Bons Bois) südlich von Barbézieux. Es ist kein Zufall, daß man in diesen Gegenden auf die dichteste Konzentration direkt vermarktender Erzeuger außerhalb der Champagnes trifft. Hier tätigen auch die Einkäufer der renommiertesten Häuser ihre Käufe; nur wenige gehen über die Fins Bois hinaus und kaufen dann auch nur in den Bons Bois im Süden.

Der große westliche Streifen der Region bringt nur recht einfache Cognacs hervor. Leider finden die allerdünnsten und schärfsten Produkte, nämlich die von den Inseln vor der Küste, bei den Hunderttausenden von Touristen reißenden Absatz, die im Sommer die Strände bevölkern. Trotz dieser starken Touristennachfrage geht zum Glück ein scharfer Ausleseprozeß den Rebenbeständen westlich von Cognac zu Leibe. Das begann schon 100 Jahre zuvor nach den Verheerungen durch die Reblaus, als die Winzer in den weniger guten Lagen, vor allem im Norden und Westen, ihre Reben rodeten und sich lieber der Milchwirtschaft widmeten. Ihre großartigen Genossenschaften produzieren heute die berühmte Charentais-Butter.

Obgleich nun also der Boden sandiger und ungünstiger wird, je weiter man nach Westen zur Küste voranschreitet, gibt es doch an manchen Stellen, vor allem im oberen Mündungsbereich um St-Tomas-de-Cognac, Vorkommen von Kreideboden. Auch in dieser Gegend haben viele direkt vermarktende Erzeuger ihre Weinberge, aber dem Kenner bleibt der Einfluß der jodhaltigen und nach Seegras riechenden Salzluft des Meeres in ihren Produkten nicht verborgen.

Rebsorten

Den Gesetzesvorschriften gemäß darf für Cognac eine ganze Reihe von Rebsorten angebaut werden, aber das ist weitgehend Theorie. Über 90 % der Rebfläche entfallen auf Ugni Blanc. Der Rest ist ganz mit Folle Blanche und Colombard besetzt. Andere Rebsorten wurden von keinem Erzeuger und von keiner Firma bei der Antwort auf unsere Fragen erwähnt. Diese Konzentration ist unmittelbar auf die Reblaus zurückzuführen. Der Aufstieg des Cognacs zu weltweitem Ruhm beruhte auf zwei Rebsorten, Balzac und Folle (später Folle Blanche genannt); beide wurden von den Winzern, die damals nur an feinem Wein interessiert waren, völlig verachtet. Im 18. Jahrhundert kam auch der

Colombard, von dem in den Borderies wundervoller süßer Weißwein gewonnen wurde, zu großen Ehren. Nach einem in Kalifornien* gekosteten reinen Colombard zu urteilen, reift er rasch zu schöner, an Butterscotch erinnernder Wärme heran, ist aber außerordentlich kurz im Abgang und verweilt nicht, wie die besseren Cognacs es tun, lange auf der Zunge.

Die Folle Blanche gab den Grundstoff zu den Cognacs ab, die in der großen Zeit vor dem Einfall der Reblaus überall Verehrung genossen. Der Wein dieser Traube war so sauer, daß man ihn praktisch nicht trinken konnte — das aber war kein Hinderungsgrund für das Entstehen eines feinen, aromatischen Cognacs mit unvergleichlicher Geschmackstiefe. Es wird nicht verwundern, daß noch heute mit Liebe an die Folle Blanche gedacht wird. Unglücklicherweise neigte sie nach dem Veredeln auf amerikanische Unterlagen zu übermäßiger Wuchskraft. Die Trauben waren so dicht mit Beeren besetzt, daß die inneren mit Spritzmitteln nicht vor der Graufäule zu schützen waren.

Damit war der Triumph des Ugni Blanc gesichert. Wie schon der Name vermuten läßt, kommt diese Rebsorte ursprünglich aus Italien; es ist nämlich der Trebbiano Toscano aus den Bergen der Emilia Romagna bei Piacenza. Er hat sich inzwischen so ausgebreitet, daß er Jancis Robinson zufolge heute wahrscheinlich mehr Wein produziert als irgendeine andere Rebsorte. In Frankreich ist der Ugni Blanc die meistangebaute Rebsorte, wozu die rund 100 000 ha, die er an der Charente innehat, kräftig beitragen. Seine Popularität steht in eigenartigem Gegensatz zu seinen Qualitäten. Jancis Robinson faßt sie knapp, aber treffend wie folgt zusammen: «Er bringt überaus charakterlosen Wein hervor... hell zitronengelb, wenig Bukett, sehr kräftige Säure, Alkohol und Körper mittelmäßig, kurz im Abgang. Das sagt wohl alles... Die einzigen Tugenden dieser Rebe bestehen darin, daß sie in ihren Trauben die kräftige Säure außer in sehr warmem Klima bis zur vollen Reife behält und daß sie ungeheure Erträge abwirft.»** Diese beiden Qualitäten lassen den Ugni Blanc als ideale Rebsorte für einen ausreichend neutralen und ausreichend säurehaltigen Brennwein für feinen Cognac erscheinen.

Nach der Reblauszeit wurden die Rebstöcke, die früher bunt durcheinander gesetzt worden waren, in Reihen gepflanzt und alle 35 Jahre erneuert. Bis noch vor kurzem wurden sie stark zurückgeschnitten; jetzt allerdings werden sie an Spanndrähten etwa 1 m bis 1,50 m hoch erzogen, damit sie leichter mit Maschinen bearbeitet werden können. Aus demselben Grund wird auch ein ziemlich großer Reihenabstand, nämlich etwa 2,80 m, eingehalten. Es wird noch immer stark zurückgeschnitten, um die Erträge niedrig zu halten, die aber trotzdem infolge der verbesserten

---

* In der von Rémy Martin (siehe S. 78f.) betriebenen RMS Distillery.
** *Reben, Trauben, Weine*, Hallwag, 1987.

Weinbautechnik seit 1945 kräftig gestiegen sind und 1973 mit über 3000 Flaschen Cognac pro Hektar ihren Höchststand erreichten. Die neuen Kultivierungsmethoden haben einen großen Nachteil: Die am höchsten über dem Boden hängenden Trauben können nicht mehr von der im Kreidenboden gespeicherten Wärme profitieren und reifen deshalb langsamer.

Der Ugni Blanc kommt nun einmal aus dem Süden, und so wurden auch schon vor diesen technischen Neuerungen seine Trauben nicht vollreif, obwohl die Lese immer erst Ende Oktober stattfand. Auf jeden Fall bringt er einen schwachen säuerlichen Wein mit 7 bis 10° Alkohol hervor. Die Trauben liefern lediglich die Grundlage zur Destillation, und die anderswo so überaus wichtigen Unterschiede zwischen den einzelnen Jahrgängen machen hier nicht viel aus, da es auf dem langen Weg von der Weinlese bis zum Endverbraucher so viele sonstigen Variablen gibt. Eigentlich kommt es nur auf gesunde Trauben an. Daß hierauf schärfstens geachtet werden muß, versteht man, wenn man an die Grundregel denkt, daß die geringste Unreinheit im Ausgangsstoff sich im Destillationsprozeß unweigerlich vervielfacht.

Da der Wein stets auf eine Konzentration von 70° Alkohol gebrannt wird, gilt theoretisch: je dünner der Wein, desto konzentrierter das Aroma und um so besser das Endprodukt. Das aber stimmt nur zum Teil. In einem heißen Sommer besteht die Gefahr, daß die Trauben (relativ) zu gehaltvoll ausreifen und der Cognac dann flau ausfällt — das war 1976, als die Trauben 12° erreichten, deutlich zu beobachten. Vier Jahre danach fand die Lese dagegen spät statt, die Trauben waren fast gefroren, und ihr potentielles Aroma hatte unter der Kälte stark gelitten. Müssen die Trauben mit einem potentiellen Alkoholgehalt von unter 7° gelesen werden, dann sind sie schlecht geeignet oder gar nur halb reif. Am liebsten haben es die Winzer, wenn zwischen 8 und 9° erreicht sind.

Wein

Die Weinbereitung ist darauf abgestellt, nicht etwa einen guten Wein, sondern vielmehr ein brauchbares, reines Ausgangsmaterial herzustellen. Das ist schwerer, als es sich anhört. Bevor der Wein gebrannt werden kann, sollte er seine malolaktische Gärung hinter sich haben, wobei die scharfe Apfelsäure in die viel mildere Milchsäure umgewandelt wird. Eigentlich ist es nicht so wichtig, ob der Wein diesen von den Franzosen le malo genannten Prozeß durchlaufen hat oder nicht, nur darf er sich nicht mitten darin befinden.

Dagegen kommt es sehr darauf an, die Verwendung von Schwefeldioxid (SO_2) zu vermeiden, das sonst routinemäßig als Desinfektionsmittel bei Weißweinen verwendet wird, um Bakterien abzutöten und Oxidation zu verhindern. Die Hefen produzieren im Verein mit dem SO_2 eine große Zahl von Aldehyden; die Verbindung, die das SO_2 mit den Aldehyden eingeht, ist im Wein stabil, wird beim

Erhitzen im Destillationsapparat aber aufgelöst. Die so entstehende Mischung gibt einen scharfen Azetalgeruch von sich, der unangenehm an Desinfektionsmittel in Krankenhäusern erinnert. Glücklicherweise besteht kein großer Anlaß zur Verwendung von SO_2, weil der Wein so säurereich ist und schon bald destilliert wird.

Destillation

Für den direkt vermarktenden Erzeuger stellt der Cognac das Produkt eines integrierten Betriebsablaufs, bestehend aus Traubenanbau, Weinbereitung, Destillierung, Alterung und Verkauf, alles unter eigener Regie, dar. Allerdings ist dies die Ausnahme, denn die meisten Erzeuger verkaufen auch einen Teil ihres Cognacs an die größeren Handelshäuser. Von diesen wiederum haben einige auch eigene Weinberge, und die meisten besitzen umfangreiche Destillationsanlagen, in denen weitgehend zugekaufte Weine gebrannt werden. So wird allerdings in keinem Fall mehr als etwa die Hälfte des Bedarfs eines Handelshauses gedeckt, denn der größte Teil des Weins wird entweder von den wenigen *bouilleurs de profession,* die ausschließlich das Destillieren für Erzeuger und Handelshäuser ausführen, oder von den Tausenden von *bouilleurs de crus,* Erzeugern mit eigenen Brenneinrichtungen, verarbeitet. Deren Rolle und Status ist höchst unterschiedlich. Einige hundert von ihnen verkaufen einen Teil der eigenen Produktion; die weitaus meisten der 250 000 *bouilleurs* jedoch stehen in irgendeiner Form unter Vertrag zur Lieferung eines Teils bzw. der Gesamtheit ihrer Produktion entweder sofort nach dem Destillieren oder nach ein bis zehn Jahren Faßreife an einen Händler, der durch Mischen mit anderen Zulieferproduktion ein Endprodukt daraus herstellt und verkauft. In vielen Fällen wird die Art des zu liefernden Cognacs durch die Forderungen des Handelshauses bestimmt, mit dem ein Erzeuger vertraglich verbunden ist.

Alle Brennereibetriebe arbeiten nach den gleichen strengen Regeln. Der Wein muß zweimal destilliert werden, und zwar auf maximal 72 Volumenprozent; die Brennapparate müssen die historische Form haben; das Brenngefäß muß aus Kupfer — dem einzigen wirklichen neutralen und garantiert nicht mit der zu brennenden Flüssigkeit reagierenden Material — hergestellt sein und durch eine offene Flamme von außen beheizt werden.

Der für die erste Destillation verwendete Brennapparat darf ein Fassungsvermögen von 130 hl haben; der für die *bonne chauffe,* die zweite Destillierung, darf dagegen höchstens 30 hl Fassungsvermögen haben und mit höchstens 25 hl Flüssigkeit gefüllt werden. Das Destillieren beginnt im November, knapp einen Monat nach dem üblichen Lesetermin, und geht bis in das Frühjahr hinein. Natürlich ist es um so besser, je früher der Wein destilliert wird. Der Ausgangsstoff ist dann frischer; bei einem Wein, der bis zum Frühjahr auf das Brennen warten muß, können sich bereits Mängel bemerkbar machen, weil ja nicht geschwe-

felt werden soll. Außerdem besteht die Gefahr, daß der
Wein erneut zu gären beginnt. (Cognacs, die später als am
31. März nach dem Erntetermin gebrannt werden, erhalten
ein Jahr ihres Alters abgestrichen, wie aus den Regeln auf
S. 44f. hervorgeht.)

Die Grundkonstruktion des *alambic charentais,*, des im
Cognac üblichen Brennapparats also, stammt noch von
den Holländern aus dem 17. Jahrhundert und hat sich seither nicht wesentlich verändert. Sie ist so ausgelegt, daß ein
stetiger Alkoholfluß beim schonenden Erhitzen des Weins
entsteht. Der Wein wird also zum Verdampfen gebracht,
und seine Essenzen werden so sanft wie nur irgend möglich herausgetrennt. Früher, als die Brennapparate noch
mit Holz oder Kohle beheizt wurden, war es ziemlich
schwierig, eine stetige regulierbare Flamme zu erzielen.
Seit den 50er Jahren ist nun durch Erdgas aus dem Feld
bei Lacq in den Pyrenäen das Problem einer sauberen, zu-
verlässigen und regelbaren Befeuerung gelöst.

Über dem zwiebelförmigen Behältnis (*cucurbite*), in
dem der Wein erhitzt wird, sitzt ein kleineres Gefäß (Helm)
von gleicher Form, das hier *chapiteau* (wörtlich: Zirkuskuppel) heißt; es soll nur etwa ein Zehntel der Größe des *alambic* (Brenngefäß) haben. Das Ganze erinnert an den doppelten Zwiebelhelm einer russischen Kirche. Im *chapiteau*
werden die alkoholischen Dämpfe aufgefangen und durch
den *bec* (Schnabel) in den *serpentin* (Kühlschlange oder
Kondensator) abgeleitet, wo die Dämpfe kondensieren und
als Flüssigkeit (Kondensat) in einen doppelbödigen *bassiot*
(Behälter) abtropfen.

Trotz der weitgehenden Normung hat der Destillateur
noch viele Wahlmöglichkeiten, die sich auf die Qualität des
Endprodukts auswirken. Der Traubenanbau für Cognac ist
zwar hauptsächlich Routinearbeit, fast ein industrieller
Prozeß, die Kunst der Cognac-Herstellung beginnt aber
schon mit dem Destillieren. Die Wahlmöglichkeiten beziehen sich im großen und ganzen auf den Aufbau der Brenn-
apparatur: Variieren läßt sich zunächst einmal die Größe
der Anlage. Je kleiner der Brennkolben, desto ausdrucks-
voller das Produkt; je größer das Gefäß ist, desto neutraler
fällt das Aroma aus (ursprünglich faßten Destillierblasen
höchstens 3 hl; manche älteren, noch heute in Gebrauch
befindlichen Apparate haben ein Fassungsvermögen von
höchstens 10 hl, also weniger als die Hälfte einer modernen Standard-Destillieranlage).

Dasselbe gilt für den *chapiteau;* je größer er im Verhältnis zum Destilliergefäß ist, desto wirksamer rektifiziert er
den Alkohol.

Auch die Form des *bec* hat sich im Lauf der Zeit geändert. Ursprünglich hieß er *tête de Maure* (Mohrenkopf) und
war recht verwinkelt. Der moderne *bec* ist schön glatt und
geschwungen, wie schon der Name *col de cygne* (Schwanen-
hals) erkennen läßt. Die Höhe des *col de cygne* hat unmittel-
baren Einfluß auf den Rektifikationsgrad und trägt mit
dazu bei, daß moderner Cognac mit größter Sicherheit ge-

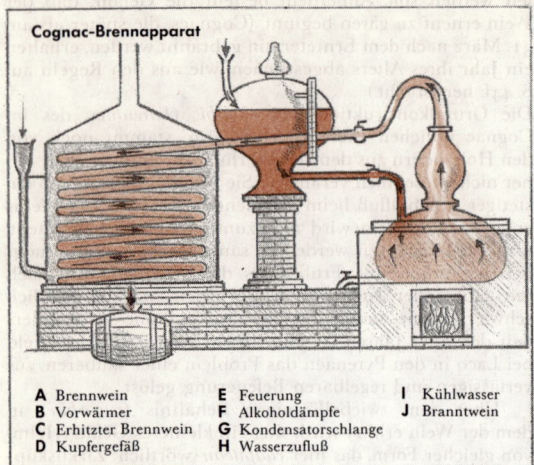

Cognac-Brennapparat

A Brennwein	E Feuerung	I Kühlwasser
B Vorwärmer	F Alkoholdämpfe	J Branntwein
C Erhitzter Brennwein	G Kondensatorschlange	
D Kupfergefäß	H Wasserzufluß	

fälliger, aber auch charakterschwächer ist, als er es noch vor 1914 war.

Als nächste Wahlmöglichkeit kann sich der Destillateur für oder gegen einen *chauffe-vin* entscheiden. Dabei handelt es sich um einen Kessel, in dem die heißen Dämpfe zum Vorwärmen des Brennweins ausgenutzt werden. Mit diesem lassen sich hohe Einsparungen bei den Brennstoffkosten erzielen. Die Befürworter dieser Methode sagen, daß es bei diesem Wärmetauscher lediglich um einen physikalischen Prozeß gehe, müssen aber doch zugeben, daß der Brennwein oxidieren kann, wenn er auf über 40 °C erhitzt wird. Diese Gefahr erhöht sich noch, wenn eine Rohrverstopfung vorkommt, und deshalb lehnt Martell den *chauffe-vin* mit der Bemerkung ab, Reinheit sei wichtiger als eine billigere Brennstoffrechnung.

Es gibt auch Meinungsverschiedenheiten darüber, ob der Brennwein beim Brennen auf dem Bodensatz aus Hefen und Trub verbleiben oder von ihm getrennt werden soll. Rémy Martin erreicht eine schnellere Reife der Cognacs aus den Champagnes durch Brennen *sur lie,* das heißt mit dem Bodensatz, und ebenso verfahren noch viele der gewissenhaftesten Erzeuger. Das hat seine guten Gründe. Die Hefen im Bodensatz enthalten verschiedene Ester, die dem Aroma mehr Fülle verleihen. Übrigens ist derselbe Grund auch für die Beheizungsdauer bestimmend, die zwischen 8 und 12 Stunden liegt. Wie schon ausgeführt, werden die essentiellen Qualitäten der Frucht um so gründlicher extrahiert, je langsamer die Flüssigkeit gebrannt wird. Man könnte nun meinen, daß die erste *chauffe,* die zur drei- bis vierfachen Konzentration des Brennweins zu *brouillis* mit 26 bis 32 % führt, nicht so wichtig sei wie die zweite *chauffe,* bei der dann das Endprodukt entsteht. Das ist aber nicht der Fall. Zwar sind die *brouillis* völlig ungenießbar, so daß der Destillateur keine Möglichkeit hat, ihre Qualität zu beurteilen, doch die wichtigen chemischen Reaktionen finden größtenteils beim ersten Erhitzen des Brennweins statt.

Die Unterschiede zwischen den einzelnen Cognacs können dann durch Variieren der Abstichpunkte in der zweiten *chauffe* betont werden. Bei der ersten *chauffe* ergeben sich die Abstichpunkte automatisch. Die ersten Abgänge mit etwa 55 % sind einfach zu stark und auch zu sehr mit Unreinheiten aus der Kondensatorschlange behaftet, als daß sie verwendet werden könnten. Der Nachlauf am Ende wird dann abgesperrt, wenn er zu schwach und daher nicht mehr brauchbar ist. Zu Beginn der *bonne chauffe*, also der zweiten Durchlaufs, ist ebenfalls der Vorlauf sehr trübe und wird ausgeschieden. Die Flüssigkeit muß klar sein, doch die Entscheidung, ab wann sie ins Faß geleitet werden soll, hängt nicht allein von dieser physikalischen Eigenschaft ab.

Wenn man wie bei Martell auf ein relativ neutrales Basisprodukt aus ist, dann läßt man auch die ersten Abdämpfe dabei, selbst wenn sie für manche Arten von Cognac zu stark wären. Der Abstichpunkt am Ende, wenn die *secondes* für sich aufgefangen werden, hat noch mehr Bedeutung. Er kann früh vorgenommen werden, um eine relativ neutrale Art zu gewährleisten, wenn dies gewünscht wird (wie bei Martell), oder wenn der Cognac mehrere Jahrzehnte lang reifen und seinen Charakter aus dem Faßholz ziehen soll. Wird (wie bei Bisquit) ein Höchstmaß an Fruchtigkeit gewünscht und dabei auch eine gewisse Herbheit in Kauf genommen, dann wird der Abstichpunkt spät, das heißt bei 67 % und darunter, vorgesehen. Der Spielraum beträgt nur 5 %, das heißt zwischen 67 und 72 %; der dabei eintretende Unterschied im Stil ist jedoch außerordentlich groß.

Noch eine reine Geschmacksfrage ist schließlich zu lösen. Werden die getrennt gehaltenen *secondes* dem zur *première chauffe* anstehenden Brennwein beigemischt, wird das Ausgangsmaterial stärker und das Endprodukt neutraler (da ja dann ein Teil des Weins viermal destilliert wurde). Werden die *secondes* den *brouillis* zugesetzt, fällt das Endprodukt aromatischer aus, weil ihm die maximale Fruchtigkeit der Trauben zugute kommt.

Eichenholz und Reifezeit

Cognac hätte nie Weltruhm erlangt, wäre es nicht so günstig flußabwärts von den Eichenwäldern des Limousin östlich von Angoulême gelegen. Eichenfässer spielen bei der Entstehung des Cognacs eine zweifache Rolle. Frisch gebrannter Cognac ist nur ein Zwischenprodukt; seine endgültigen Qualitäten hängen entscheidend von den chemischen Reaktionen des Branntweins mit Holz und Luftsauerstoff ab.

Dies findet seinen Ausdruck in der offenbaren Furcht der großen Cognac-Firmen vor Qualitätseinbußen (und Verlusten an Cognac) durch unvollkommene Fässer. Deshalb unterhält Martell eine eigene Küferei. Hennessy und Rémy Martin haben (seit 1945) zwei der größten Faßbaubetriebe Frankreichs aufgekauft, Taransaud und Séguin-Moreau. Beide Firmen verkaufen einen großen Teil ihrer Produktion auch an andere Abnehmer in Frankreich und Kalifornien. Vor kurzem erwarb Hennessy sogar einen eigenen Eichenwald.

Physikalisch zeichnet sich Eichenholz durch Zähigkeit, Wasserundurchlässigkeit und mäßige Porosität aus. Noch wichtiger aber ist seine chemische Beschaffenheit. Zum Glück gibt es da nichts Negatives zu beachten, denn Eichenholz enthält nur wenig Harz, das dem Cognac einen unangenehmen Beigeschmack verleihen würde. Die Zellulose, die rund 70 % des Holzes ausmacht, nimmt im Verlauf des Reifeprozesses einen gewissen Teil Zucker auf, doch ihre Rolle ist weitgehend physikalischer Art, denn sie verleiht vor allem dem Holz die Festigkeit. Der wichtigste Bestandteil ist wohl das Lignin, auf das 23 % entfallen. Es gibt ein angenehmes Balsamaroma ab, und beim Aufbrechen lassen seine Moleküle jene Untertöne von Vanille und Zimt entstehen, die manchen älteren Cognacs einen so denkwürdigen Charakter verleihen. Das Lignin hat größere Bedeutung als die bekannteren Tannine, auf die 5 % der Holzmasse entfallen. Allerdings bringen die Tannine die Farbe in den ursprünglich farblosen Cognac; zwar geht dies anfänglich mit einem bitteren Beigeschmack einher, mit der Zeit aber mildern sich die Tannine im Branntwein ebenso wie im Rotwein.

Limousin und Tronçais

Das Limousin war und ist ein natürliches Waldland, wo die Bäume genug Raum um sich herum haben, um groß und dick aufzuwachsen. Das Holz ist ziemlich porös und enthält mehr Tannin als das andere in Cognac heute viel verwendete Faßmaterial, das Eichenholz aus den künstlich angelegten Wäldern im Tronçais, westlich von Burgund. Diese Wälder waren auf Anordnung des großen französischen Staatsmanns Colbert im 17. Jahrhundert angepflanzt worden, um Holz für die französische Flotte zu gewinnen, damit diese es mit den britischen Kriegsschiffen und ihren berühmten «Herzen aus Eiche» aufnehmen könnten. Im Tronçais sind die Bäume eng gepflanzt, so daß sie hoch und schlank aufwachsen; ihr Holz hat eine dichtere Struktur als das der Eichen aus den frei wachsenden Wäldern im Limousin. Tronçais-Eiche ist, da sie mehr Lignin und weniger Tannin enthält, ideal für kürzere Reifeperioden, da der Cognac nicht soviel Tannin abbekommt wie in Limousin-Eiche.

Das Faßholz wird mit größter Sorgfalt ausgewählt. Die Dauben müssen frei sein von Astknoten und anderen Unvollkommenheiten und werden nur aus Stämmen von Bäumen herausgesägt, die über 50 Jahre alt sind. Das Gesetz schreibt eine Trockenzeit von mindestens drei Jahren vor, doch werden meist wenigstens fünf Jahre eingehalten. Dabei lagert das Holz im Freien, damit Wind und Regen die bittersten Tannine herauswaschen können. Die eigentliche Herstellung der Fässer ist ein faszinierender, nie ganz allein durch Maschinen ausführbarer Vorgang. Ein Besuch in einer Küferei ist ein unvergeßliches Erlebnis — der Duft des gesägten, gehobelten und gekohlten Holzes durchsetzt sich mit dem Geruch des flackernden Feuers, über dem die Faßdauben gebogen werden.

In der Theorie wird Cognac immer nur in Fässern aus diesen klassischen Eichenhölzern gelagert. Ursprünglich war ihr Fassungsvermögen 205 l; diese Größe erbrachte Cognacs von höherer Intensität und mit stärkerem Holzaroma. Als günstigste Faßgröße für den Reifeprozeß wurden jedoch durch Erfahrung 350 l ausgemacht, und Fässer dieser Größe bekommt der Besucher auch zu sehen. In fast allen Fällen erhielten wir jedoch auf unsere Fragen zur Antwort, daß gewisse Mengen Cognac auch in größeren *tonneaux* gelagert würden. Viele davon dienen als Mischfässer und zur Lagerung der *petites eaux,* mit denen der Cognac verdünnt wird, bevor er zum Verkauf gelangt. Nicht aller Cognac lagert über die gesamte Reifezeit in den klassischen *barriques,* obwohl er in großen Fässern natürlich bei weitem nicht soviel Berührung mit Holz und dem Sauerstoff der Luft hat wie in kleineren.

Wie aus den auf S. 44ff. wiedergegebenen gesetzlichen Bestimmungen hervorgeht, gibt es Mindestaltersgrenzen, unterhalb deren ein Cognac nicht zum Verkauf gelangen darf, doch gelten diese nur für die einfacheren Qualitäten. Das BNIC gibt übrigens zu, daß es unmöglich ist, das Alter eines Cognacs noch genau zu erkennen, wenn es einmal über sechs bis acht Jahre hinausgeht. Danach muß man sich schon auf seine Zunge oder, was meist zuverlässiger ist, auf das Wort und den guten Namen des Hauses verlassen, aus dem der Cognac kommt.

Alle Cognacs haben eine Entwicklungskurve. Die Qualität steigt mit der Zeit an, und wenn sie einen gewissen Punkt erreicht hat, flacht sich die Kurve ab — der Reifeprozeß verlangsamt sich und hört schließlich ganz auf. Die Kurven für Cognac verschiedener *crus* sehen selbstverständlich unterschiedlich aus. Die Cognacs aus dem äußeren Ring, den Bois Ordinaires, und aus praktisch den ganzen Bons Bois sowie aus einem Teil der Fins Bois im Westen erlangen nie Tiefe oder Komplexität, auch wenn man sie noch so lange und liebevoll lagert. Sie sind nach ihrem vierten Geburtstag trinkreif (nur wenige renommierte Firmen verkaufen «Blends», in denen Branntweine enthalten sind, deren Alter nicht wenigstens ein Jahr über dem gesetzlich vorgeschriebenen Mindestalter von zweieinhalb Jahren liegt).

Nichts ist in Cognac verwirrender als die große Zahl von Bezeichnungen, die das Alter der verschiedenen Pro-

dukte beschreiben. Man kann vier bis fünf Gruppen unterscheiden: VS oder ★ ★ ★ bedeutet fast immer ein Alter
von unter 5 Jahren; VSOP zwischen 5 und 10, obwohl die
Bezeichnung VSOP bei einem Durchschnittsalter der Mi-
schungsbestandteile von 5 bis 6 Jahren erlaubt ist, was allgemein nur für ganz einfachen Cognac ausreicht. Hier
dürfte das für den Rémy Martin VSOP, den meistverkauften Cognac dieser Qualität in der ganzen Welt, geltende
Minimum von sieben Jahren ein Richtwert sein (vor allem,
weil das Haus mit Stolz auf seine besonderen Methoden
zur Beschleunigung des Reifeprozesses bei Cognacs aus
den Champagnes hinweist). Es schließt sich das üblicherweise als Napoléon bezeichnete Mittelfeld zwischen 7 und
15 Jahren an. Die besten «Cognacs ordinaires», die XO
(darunter auch der Cordon Bleu von Martell), sind feine,
über 20 Jahre alte Produkte — in diesem Alter hatten alle
crus genügend Zeit, ihre Bestform zu erlangen.

Es bleibt zu berücksichtigen, daß solche Bezeichnungen nur ungefähr gelten. Eine renommierte Firma wird nur
Cognacs verwenden, die weit älter sind, als das Gesetz es
vorschreibt, und die Altersangabe bezieht sich auch nur auf
den jüngsten Bestandteil des Rezepts; das Durchschnittsalter dürfte viel höher liegen.

Die direkt vermarktenden Erzeuger aus den Fins Bois
bringen ihre Spitzenprodukte mit einem Alter von 15 Jahren zum Verkauf. Obzwar diese nach dem zehnten Jahr
noch merklich an Finesse und Eleganz zulegen, wäre es
vergebliche Liebesmühe, sie länger als 20 Jahre lagern zu
wollen. Mit den Borderies steht es anders. Die Rothschilds
von Château Lafite bieten einen echten Borderies an, der
etwa 50 Jahre alt sein soll. Für meinen Geschmack hat er
etwas zuviel Holzaroma, doch beweist er eindeutig, daß der
Nußcharakter und die Wärme, die diesen Cognacs eigen
sind, durch einige Jahrzehnte im Faß schön herausgebracht
werden.

Cognacs aus den Champagnes können jung auf den
Markt kommen, wie die Qualität der VSOP von Rémy beweist. Erst nach zwei Jahrzehnten im Faß allerdings mildert sich das Tannin in ihnen, und es entfaltet sich eine
neue Dimension — der berühmte, als *rancio* bezeichnete
und von vielen Kennern gepriesene käsige Vollgeschmack.
Es dauert dann nochmals zwei Jahrzehnte, bis das Ganze
voll ausgereift ist, so daß nach 40 Jahren die Entwicklungskurve flach wird und nach meinem Dafürhalten (auch nach
dem einiger Hersteller) der Punkt erreicht ist, über den
hinaus nichts Besseres mehr zu erwarten steht. Ein solcher
Cognac vereint in sich alle die Wärme, Tiefe und Fruchtigkeit und die Komplexität, die man sich nur wünschen
kann.

Die ganz wenigen Cognacs, die auch noch über das
vierzigste Jahr hinaus im Faß verbleiben, werden dann
doch bald in große Glasflaschen *(bonbonnes)* mit 25 l Inhalt
umgefüllt. Das Glas ist neutral; die Luft hat keinen Zutritt
mehr zum Inhalt. Seltsamerweise verleiht das Alter diesen

Cognacs eine gewisse Anonymität. Sie können zwar ganz außergewöhnlich sein, doch sind die ältesten Blends auf dem Markt, z. B. Louis XIII von Rémy Martin und Paradis von Hennessy, nicht einmal so charaktervoll wie die jüngeren XO dieser Firmen.

Während nun also das Alter eines Cognacs an sich schon große Bedeutung hat, spielt auch die Dauer der Lagerung in frischen Eichenfässern sowie das Verhältnis der Reifezeit in frischen und alten Fässern für das Endprodukt eine große Rolle. Alte Fässer sind natürlich neutraler, sie haben schon viel Tannin abgegeben und können ihrem Inhalt nicht mehr so viel vermitteln. Die meisten Firmen lagern ihre besseren Cognacs etwa 6 bis 9 Monate in frischem Eichenholz. Die bedeutendsten Ausnahmen von dieser Regel werden in der Grande Champagne gemacht, und zwar von Delamain und von Château de Fontpinot, einem Gut zwischen Ambleville und Lignières, dessen Vertrieb durch die Familie Cointreau erfolgt, der auch die Firma Frapin gehört. Delamain kauft bei Erzeugern, die niemals frische Fässer verwenden; Frapin läßt die Erzeugnisse von Château Fontpinot zwei Jahre lang in frischen Fässern lagern, und sie wären dann wohl kaum genießbar, wenn sie nicht noch weitere zehn Jahre lagern würden, damit sich die kräftige Dosis Tannin, die sie aus dem frischen Holz aufgenommen haben, mildern kann. Die Cognacs von Delamain dagegen leben ganz von der ihnen eigenen Tiefe und Fruchtigkeit und erweisen sich als delikater und eleganter als die von Fontpinot, denen das Tannin unweigerlich größere Robustheit verleiht. Zwischen diesen beiden Extremen zu wählen ist wahrhaftig vor allem eine Frage des persönlichen Geschmacks.

Lagerung
Ebenso wichtig wie die Holzart sind die Lagerbedingungen. Cognac profitiert von seiner Lage am Fluß, nicht nur wegen der günstigen Transportmöglichkeiten, sondern auch wegen der Feuchte in den Lagerkellern. Je feuchter der Keller ist, desto höher ist der Rückgang der alkoholischen Stärke über eine bestimmte Zeit. Ein trocken gelagerter Cognac ist immer stärker und strenger. Man weiß dies in Cognac. Als Bisquit seine Keller vom Flußufer in Jarnac auf einen 30 km entfernten Hügel verlegte, mußte dort eine Klimaanlage eingebaut werden, um die Verhältnisse im Lager am Flußufer zu reproduzieren.

Feuchte Keller und altes Holz waren zwei Faktoren, die unter anderem zur Entstehung der aristokratischen englischen Tradition beitrugen, die heute noch von Delamain und Hine beispielhaft vertreten wird. Freilich war diese Tradition — wie so manche andere — eine Erfindung des späten 19. Jahrhunderts. Bis dahin mochten die Engländer, wie die Chinesen heute, den Cognac warm und braun, und deshalb stellten sich die Händler mit großzügiger Beimischung von Karamel darauf ein. Irgendwie jedoch kam dies in den Ruf, vulgär zu sein. Und schließlich setzte sich (zumindest unter den «besseren» Liebhabern) eine Art durch, die mit «early-landed, late-bottled» bezeichnet wurde. Es waren dies Cognacs, die etwa ein Jahr nach dem Destillieren nach England gebracht, in Lagerhäusern an den Docks in Bristol, London oder Leith (dem Hafen von Edinburgh) aufbewahrt und später unter dem Namen des Importeurs verkauft wurden.

Diese Tradition wird heute noch von einer Reihe englischer Händler aufrechterhalten. Sie hat auch einen besonderen Vorteil: Die französischen Bestimmungen untersagen es mit wenigen Ausnahmen, auf Cognac-Etiketten eine bestimmte Jahrgangsangabe zu machen. Wird ein Cognac unmittelbar nach dem Brennen verschifft und in einem Lagerhaus unter Zollverschluß aufbewahrt, bis er Jahrzehnte später in Flaschen gefüllt wird, bilden die Zollbelege einen ausreichenden Beweis dafür, daß er aus einem bestimmten Jahrgang stammt. Als die Londoner Docks aufgegeben wurden, schaffte man unglücklicherweise einige Cognacs in trockenere Lagerhäuser, und nun sieht sich eine Reihe von Firmen sehr viel stärkeren und strengeren Brandys gegenüber, als sie und ihre Kunden sie wünschten.

Englische Importeure haben es stets mit Einzelposten Cognac zu tun. Traditionsgemäß ist der Cognac jedoch Mischung, und der Stil des Hauses, auf den im nächsten Abschnitt näher eingegangen wird, beruht nicht nur auf der Art des Cognacs, den verwendeten Hölzern und dem Alter der in dieser Mischung verwendeten Produkte, sondern auch auf den persönlichen Vorstellungen des Firmeninhabers oder seines «Blenders». Diese Vorstellungen richten sich natürlich im allgemeinen nach den Forderungen des Markts; es gibt aber auch Spezialisten (wie Alain Braastad bei Delamain), die ihre «Blends» ganz nach freiem Ermessen zusammenstellen.

Allen gemeinsam sind allerdings gewisse Probleme bei der Vorbereitung der Produkte für den Markt. Sie müssen nämlich jetzt auf die richtige Alkoholstärke gebracht werden, und es gilt zu entscheiden, welche Zusatzstoffe verwendet werden sollen. Nach dem Brennen hat ein Cognac 67 bis 70 % Alkohol, verkauft aber wird er mit 40 %. Diese Alkoholstärke erreicht er, wenn er 35 bis 50 Jahre im Faß liegengelassen wird, von selbst. Manche kleinere Firmen verkaufen auch ihren alten Cognac zum Teil mit seiner natürlichen Stärke (daher sind sie teurer, denn Zölle und Abgaben richten sich nach dem Alkoholgehalt).

Die allermeisten Cognacs aber müssen verdünnt werden; und je jünger sie sind, wenn sie zum Verkauf gelangen, desto hochprozentiger sind sie und um so mehr Verdünnung erfordern sie. Das geht sehr allmählich vor sich. Niemand, der etwas auf sich hält, würde die ganze Verdünnungsmenge auf einmal zusetzen oder kurz vor dem Abfüllen einbringen. Das Verfahren dauert vielmehr üblicherweise 6 Monate bis 5 Jahre.

Zum Verdünnen dient destilliertes Wasser; nur besonders Gewissenhafte nehmen *petites eaux*, eine schwache Mischung aus Branntwein und Wasser.

Die Hersteller sind recht freimütig mit Auskünften über die Zeiträume, innerhalb deren sie ihre Produkte auf marktgängige Alkoholstärken reduzieren, und auch zu den drei übrigen erlaubten Zusatzstoffen äußern sie sich ohne Zurückhaltung: $1/1000$ Raumteil Karamel zur Abtönung der Farbe; bis zu 8 g/l Zucker zum Mildern; sowie *boisé* (in altem Cognac getränkte Eichenholzspäne) zum Vortäuschen eines höheren Alters.

Karamel wird zugesetzt, um die gewünschte Einheitlichkeit in der Farbe des Cognacs zu erreichen, und hat keine erkennbare Wirkung auf den Geschmack — allerdings gibt es Puristen, die Karamel ablehnen. Im übrigen scheint aber allgemein stillschweigende Übereinstimmung in der Ansicht zu bestehen, daß Karamel und Zuckersirup ganz natürliche Dinge sind. Ein typischer Vertreter ist Jean-Luc Pasquet aus Eraville (wie alle hier zitierten Erzeuger ist er in einer besonders begünstigten Ecke der Champagnes beheimatet). Er verdünnt seinen Cognac höchst gewissenhaft mit Wasser, das er Tropfen für Tropfen im Verlauf von drei Jahren hinzufügt, aber er mischt auch 0,3 % Zuckersirup und 1 % Karamel aus Gründen der Einheitlichkeit bei. Paul Giraud in Bouteville ist stolz auf die Feuchtigkeit seiner Keller, die lange Reifezeit und die natürliche Süße seines Cognacs; *boisé* ist ihm zuwider, und er benützt auch kein Karamel, sondern behält die natürliche Farbe bei. Nichtsdestoweniger setzt er $3/4$ % Zuckersirup zu.

Karamel und Zuckersirup werden entweder beim Herstellen der endgültigen Mischung oder gemeinsam beim Verdünnen des Cognacs beigegeben. Anders ausgedrückt kann man diese beiden Zusatzstoffe als letzten Schliff ansehen, der mit dem Charakter des Cognacs an sich nichts weiter zu tun hat. *Boisé* ist dagegen etwas anderes. Die Beimengung erfolgt meist in den ersten beiden Jahren nach dem Brennen und soll die Alterung des Cognacs beschleunigen, d. h. den Eindruck vermitteln, er sei älter, als er wirklich ist. Boisé ist auch dann nützlich, wenn Mängel im Charakter ausgeglichen werden müssen, die auf Lagerung in zu großen Fässern während des größten Teils der Reifezeit zurückzuführen sind. Nur sehr wenige waren so ehrlich wie Guy Testaud in Lamerac, der mit Karamel und *boisé* arbeitet, wenn sein VSOP und sein Napoléon zwei Jahre alt sind: «um sie künstlich zu altern». Paul Bonnin in Challignac bei Barbézieux setzt *boisé* zu, wenn der Cognac jung ist: «um das Alter zu verbessern». M. Clair aus Archiac arbeitet mit 2 % *boisé*: «um den Süßegrad zu steigern». M. Forgeron in Segonzac setzt den jüngeren Cognac $1/2$ % zu: «um den Tanninmangel älterer Fässer oder *tonneaux* auszugleichen».

Das Bemühen um Standardisierung, das sich in der verbreiteten Anwendung von Karamel niederschlägt, ist

dem Cognac auf den meisten Märkten nützlich gewesen.
Das ist auch der Grund dafür, weshalb der Absatz von
Cognac das Zehnfache der Absatzmengen von Armagnac
als der einzigen Konkurrenz auf diesem Qualitätsniveau
beträgt. In den letzten 20 Jahren hat diese Konkurrenz in
Frankreich selbst schon unter Einsatz von zwei Waffen die
höchsten Höhen erobert — mit Jahrgangsangaben und mit
der exakten Bezeichnung der Herkunft aus einem ganz bestimmten Weingut, meist gekoppelt mit dem Namen eines
Châteaus oder einer Domaine. Der Cognac darf gewöhnlich keine Jahrgangsangabe tragen, und der Gebrauch der
Worte Château oder Domaine ist ihm untersagt, sofern er
nicht nachweisbar von einem bestimmten Ort stammt. Da
der Cognac immer ein gutes Geschäft war und die Erzeuger bis 1973 ihre Produktion stets glatt und zu immer höheren Preisen absetzen konnten, bestand auch kein An-
sporn zu besonderer Originalität. Jetzt, in einer Zeit offenbar zu einer permanenten Plage gewordener Überschüsse,
in der selbst die größten Handelshäuser ihre Einkäufe beschränken müssen, stellen die Erzeuger immer mehr fest,
welch hohen Wert anspruchsvolle (oder auch nur snobisti-
sche) Kunden auf einen deutlichen Hinweis auf eine Per-
son oder den Herkunftort oder, wie die Franzosen sagen,
auf das *artisanal* legen. Bedenkt man, wieviel an ausgeprägten individuellen Qualitäten an vielen bevorzugten Stellen
überall in der Region Cognac möglich ist, kann man diesen
Trend nur begrüßen, und er wird sich wahrscheinlich auch
beschleunigen. In der Vergangenheit war die hohe Qualität
des von Martell und Hennessy angebotenen Cognacs zugleich ein Segen und ein Fluch. Ein Segen, weil es für Cognac wichtig war, daß die beiden Firmen, auf die zusammen 40 % des Absatzes entfielen, ein Image hoher Qualität verbreiteten; und ein Fluch deswegen, weil ihr Quali-
tätsbild anscheinend für Spezialistentum keinen Raum
mehr ließ. Rémy Martin eröffnete mit dem Beharren auf
der besonderen Qualität seiner Cognacs aus den Champagnes einen anderen Weg. Und ihm folgen nun zahlreiche kleine Erzeuger, die zwar nicht so sehr auf ihren eigenen Bereich, sondern vielmehr auf die besonderen Eigenschaften ihrer individuellen Lagen stolz sind. Vive la
différence!

Die gesetzlichen Bestimmungen für Cognac

Cognac wird überwacht vom Bureau National Interprofessionnel du Cognac (BNIC), in dem alle beteiligten Gruppen sowie ein Commissaire du Gouvernement vertreten
sind. Es erläßt alle Bestimmungen über die Produktion,
Destillation, Alterung und den Verkauf von Cognac und
sorgt für deren Durchführung; es erfaßt die statistischen
Daten über die Produktion von Wein und Cognac.

Der Begriff «Cognac» darf nur angewendet werden
auf Spirituosen aus Trauben, welche in der auf der Karte
Seite 29 definierten Region mit den Sub-Appellationen

Grande Champagne, Petite Champagne, Borderies, Fins Bois, Bons Bois angebaut, vergoren und destilliert wurden.

Der Begriff «fine» darf in Verbindung mit allen diesen Bezeichnungen benutzt werden, dagegen ist die Bezeichnung «Fine Champagne» nur zulässig für Spirituosen, die ganz aus den Champagnes und dabei zu mindestens 50 % aus der Grande Champagne stammen. Bezeichnungen wie «Clos», «Château» oder «Domaine», welche die Herkunft einer Spirituose von einer bestimmten geografischen Stelle beinhalten, dürfen nur mit Zustimmung des BNIC benutzt werden.

Die hauptsächlichen zugelassenen Rebsorten sind Folle Blanche, St-Emilion-des-Charentes (auch als Ugni Blanc bekannt) und Colombard. Theoretisch dürfen fünf weitere Rebsorten bis zu einem Anteil von 10 % an der Gesamtmenge verwendet werden, jedoch werden sie praktisch nicht angebaut.

Die Weinbereitung muß entsprechend dem ortsüblichen Verfahren erfolgen. Die Verwendung von Schneckenpressen sowie die Zugabe von Zucker zum Most sind ausdrücklich untersagt. Cognac darf auf öffentlichen Transportwegen nur befördert werden, wenn ihm das goldgelbe Zertifikat *(Acquit Jaune d'Or)* beigefügt ist.

Der Branntwein muß zweimal destilliert sein, und zwar auf eine alkoholische Stärke von höchstens 72 %. Der für den ersten Destillationsvorgang benutzte Brennapparat darf ein Fassungsvermögen von 130 hl haben; der Brennapparat für den zweiten Destillationsvorgang darf lediglich ein Fassungsvermögen von 30 hl besitzen und nur mit höchstens 25 hl gefüllt werden.

Vor dem Verkauf muß Cognac durch Zugabe von destilliertem Wasser oder schwächerem Branntwein (petites eaux), der ebenfalls aus der Region Cognac stammen muß, auf eine alkoholische Stärke von 40 bis 45 % eingestellt werden. Als Zusatzstoffe sind nur Karamel, Zucker und Eichenholzspäne erlaubt. Zuckerbeimischung darf bis zu einem Volumenanteil von 2 % in Form von Sirup oder von in 20- bis 30%igem Branntwein aufgelöstem Zucker erfolgen. Karamel darf zur Farbkräftigung im Verhältnis von 2:1000 Volumenteilen beigegeben werden.

Alle Cognacs werden dem Alter nach offiziell registriert — die Zählung beginnt jeweils mit dem 31. März.

Compte 00 ist die Bezeichnung für einen zwischen dem Lesezeitpunkt und dem darauffolgenden 31. März gebrannten Cognac; zum 31. März verändert sich die Bezeichnung in *Compte* 0. Nach dem 1. April gebrannte Cognacs behalten die Bezeichnung 00 bis zum 31. März des folgenden Jahres.

Compte 1: Cognacs, die am 1. April eines gegebenen Jahres das Alter von 1 Jahr überschreiten.

Compte 2, 3, 4 und 5: Cognacs im Alter von 2 bis 5 Jahren.

Compte 6: Cognacs mit einem Alter von mehr als 6 Jahren.

Cognac darf in Frankreich erst mit einem Mindestalter von *Compte* 2 zum Verkauf gelangen. Die Bezeichnung dafür

darf lediglich VS oder ★ ★ ★ lauten — manche Länder
(z. B. England, Irland, Malaysia, Hongkong, Südkorea und
Neuseeland) fordern ein Mindestalter von 3 Jahren.
Für die Bezeichnungen Réserve, VO oder VSOP muß der
jüngste in einem Cognac enthaltene Branntwein ein Mindestalter von $4^{1}/_{2}$ Jahren haben (d. h. *Compte* 4).
Die Bezeichnungen Extra, Napoléon, Vieux, Vieille Réserve usw. erfordern ein Mindestalter des jüngsten Bestandteils von *Compte* 6. Für Cognacs mit einem Alter über
Compte 6 bestehen keine amtlichen Vorschriften.

COGNAC

Die Liste ist auf Firmen beschränkt, die ihre Produkte auch
außerhalb der Region selbst verkaufen. Die Ziffern nach
den jeweiligen Cognac-Bezeichnungen bedeuten das vom
Hersteller angegebene Alter. Cognac wird allgemein mit 40
Volumen-% Alkohol verkauft; auf Ausnahmen wird ausdrücklich hingewiesen. Bei den meisten Firmen sind Besucher nach Anmeldung willkommen; Öffnungszeiten sind
nur dort angegeben, wo Führungen durch den Betrieb ver-
anstaltet werden. Cognacs aus den einzelnen Subregionen
sind wie folgt bezeichnet:

GC Grande Champagne
PC Petite Champagne
FC Fine Champagne (mindestens die Hälfte Grande, der
    Rest Petite Champagne)
B   Borderies
FB Fins Bois
BB Bons Bois

Außer bei Fine Champagne ist der Begriff «Fine» auf einer
Cognac-Flasche ohne Bedeutung.

ANSAC
Siehe Unicognac.

AUGIER
Place de la Salle Verte, 16102 Cognac   Tel. (45) 82 00 01
Die älteste Firma in Cognac. Gegründet 1643. 1968 an
Seagram verkauft und jetzt nur noch eine leere Hülse.

BALLUET
J. Balluet, Neuvicq-le-Château, 17490 Beauvais-sur-Matha
Tel. (46) 26 64 74
Fine Cognac VSOP 8 · Cognac Très Vieille Réserve 20
Typischer alteingesessener Erzeuger. Seit 1845 brennt die
Familie den Wein aus ihren 35 ha Besitz in den Fins Bois
und stützt sich ganz auf die Produktion ihrer beiden De-
stillieranlagen, einer modernen und einer winzigen histori-
schen für nur 300 l Brennwein.
Das Haus lagert seine Erzeugnisse über beträchtlich lange
Zeit, z. T. in klassischen kleinen Fässern, z. T. in größeren.
In Frankreich verkauft Balluet nur an Privatkunden; Ex-
porte gehen nach England, Belgien und Deutschland. Vom
Hof aus hat man einen schönen Blick auf Cognac.

MICHEL BARLAAM
«Les Landes», Rioux Martin, 16210 Chalais Tel. (45) 98 17 75
Michel Barlaam 10 + · Michel Barlaam VSOP 2 +
M. Barlaam stützt sich ganz auf seine 12 ha Besitz in den
Bons Bois, davon 7 ha Ugni Blanc für Cognac. Er besitzt
eine große, 10 Jahre alte Destillieranlage (15 hl). 90 % sei-

ner Erzeugung werden an Privatkunden in Frankreich abgesetzt, der Rest geht nach Deutschland, England und Belgien. Er setzt seinen Stolz darein, seinen Cognac länger zu lagern, als es das Gesetz verlangt.

MADAME GABRIEL DE BELLABRE

Philippe Lajoumard de Bellabré, L'Essart, La Chapelle des Pots, 17100 Saintes   Tel. (46) 91 54 56
Vieille Réserve (FB) 55 % 12
M. Bellabré verkauft nur einen einzigen Cognac, einen 12jährigen Fins Bois mit einer natürlichen Alkoholstärke von 55 % (nach 12 Jahren Faßlagerung).

JEAN BERGIER

Brivée-sur-Charente, 17800 Pons   Tel. (46) 96 40 73
VSOP (PC) 8 · Vieille Réserve (PC) 18 — 20
Die Winzerfamilie verkauft seit 1842 nur Cognac vom eigenen Weinbergsbesitz (12 ha) in der Petite Champagne. Relativ neue 14-hl-Destillieranlage, einige kleine Limousin-Eichenholzfässer, aber auch größere *tonneaux*. Jean Bergier ist stolz auf den Charakter seines VSOP, «der vom Alter kommt», sowie auf die «subtile Finesse und das Bukett» seiner Vieille Réserve.

BISQUIT

Société Ricard, Domaine de Lignières, 16170 Rouillac Tel. (46) 21 88 88
XXX 3 — 5 · VSOP 8 — 10 · Napoléon 20 — 25 · Extra Vieille 50 + · Privilège d'Alexandre Bisquit 100
Im Sommer Betriebsführungen um 10.00, 15.00 und 16.30 Uhr.
1819 in Jarnac gegründet von Alexandre Bisquit, einem unternehmungslustigen, damals gerade 20 Jahre jungen Mann, der sich schon vorher im Handel mit dem früheren Hauptprodukt der Region, nämlich Salz, versucht hatte. Als überzeugter Republikaner war er nach der Revolution von 1848 eine Zeitlang Bürgermeister von Jarnac. Seine Tochter heiratete Adrien Dubouché, der seinen Namen in die Firma einbrachte. Ihre Tochter wiederum heiratete den am Ort sehr bekannten Maurice Laporte, der später Senator wurde. Er betätigte sich aber auch sehr aktiv im Geschäft und steigerte den Umsatz mit China und dem Fernen Osten überhaupt.
1965 verkaufte die Familie das Unternehmen an Paul Ricard, Besitzer von Ricard Pastis. Dieser erstand auch Château Lignières in den Fins Bois bei Rouillac, 30 km nordöstlich von Cognac. Dieses Gut ist mit 200 ha Land das größte in der Region Cognac. M. Ricard hat den gesamten Besitz mit Reben besetzt; doch die Trauben decken nur 12 bis 18 % des Bedarfs der Firma. Er verlegte auch die Brennerei und die Keller der Firma von ihrer alten Stelle neben Hine am Ufer in Jarnac nach Lignières, wo er die größte Brennerei der Region baute, eine enorme moderne Anlage mit 64 Destillierapparaturen. Das neue Lagerhaus hat rie-

sige Schornsteine, und jedes Faß sitzt einzeln in einer «Zelle», so daß es ohne weiteres mit einem Gabelstapler herausgeholt werden kann. Die Gebäude sind sorgfältig isoliert, und die Luftfeuchtigkeit wird so reguliert, daß sie genau den Verhältnissen in den alten Kellern an der Charente entspricht.

Bisquit pflegt einen sehr fruchtigen Stil des Hauses und ist bereit, einen größeren Anteil der *secondes* mitzuverwenden als andere Firmen, nur um möglichst viel Frucht in seinem Cognac zu bewahren. Dadurch erhält der junge Cognac einigen Charakter, und der Bisquit XXX ist denn auch ein sehr viel befriedigenderer Cognac als der größte Teil der vergleichbaren Konkurrenzprodukte.

PAUL BOCUSE
Siehe Polignac.

DANIEL BOUJU
Lafont de St-Preuil, 16130 Segonzac   Tel. (45) 83 41 27
XXX (GC) 4 · VSOP (GC) 7 · Napoléon (GC) 10 ·
Empereur (GC) 15 · Extra (GC) 25 · Très Vieux (GC) 32
Die Familie Bouju baut sei 1805 in Segonzac im Herzen der Grande Champagne Wein an und verkauft nur, was ihr 20-ha-Besitz an Cognac hervorbringt. Daniel Bouju ist sehr stolz auf seine kleine Destillerie und darauf, daß seine Cognacs völlig rein, unvermischt und ohne jegliche Zusatzstoffe sind. Er hält nichts von Marktforschung; trotzdem setzt er 85 % seiner Produktion im Ausland ausschließlich an Restaurants und den Fachhandel ab.

BOURON
SA Château de La Grange, BP 80, 17400 Saint-Jean-d'Angély   Tel. (46) 32 00 12 und in Paris (1 43) 06 49 97
Bouron:
VSOP 10 (Durchschnitt) · Blason d'Or 15 (Durchschnitt) ·
Grande Réserve 30 (Durchschnitt) · Très Vieille Réserve 40 (Durchschnitt) · Réserve Personnelle Limitée
Bouron/Maxim's de Paris:
VSOP 10 (Durchschnitt) · Napoléon 25 (Durchschnitt) ·
XO 35 +
Die Firma hat ihren Sitz in einem der malerischsten alten Gebäude der Region, im Château de la Grange aus dem 13. Jh., dem einst König Ludwig XIII. einen Besuch abstattete. Die Familie Bouron verkauft seit 1832 Cognac, im Château aber wohnt sie erst seit 1867. Heute umfaßt ihr Weinbergbesitz 90 ha, davon je 40 in Borderies und der Petite Champagne sowie 10 in den Fins Bois; aller Wein wird im Château gekeltert und zu Cognac gebrannt und dieser dann auch hier gelagert. Die zehn Destillieranlagen für je 25 hl wurden nach 1945 installiert; es existieren 1500 Limousin-Eichenfässer zu je 400 l.

Bis noch vor kurzem verkaufte die Familie ihren sämtlichen Cognac an Handelshäuser, neuerdings aber setzen Bernard Parias und seine Frau Monique (geborene Bouron) ihre Produkte auch unter eigenem Namen vorwiegend in Deutschland, Japan, den USA und Südkorea ab. Unter dem Etikett Maxim und unter dem eigenen Namen beliefert Bouron inzwischen auch den Fachhandel in Frankreich. Alle Cognacs stammen von den eigenen Trauben der Familie. Keiner, auch nicht die teuerste Sorte, kommt rein aus den Champagnes; die Reifezeit ist länger, als die Bestimmungen verlangen.

BOUTELLEAU
Früher Besitz der Familie des Schriftstellers Jacques Chardonne; sein Name war eigentlich Boutelleau. Siehe Tiffon.

PIERRE BOUTINET
Bernard Boutinet, Le Bissonneau, Breville, 16370 Cherves de Cognac   Tel. (45) 80 86 63
Fine (FB) VSOP 6 · Vieille Fine Fins Bois (Napoléon)
12 — 14
26-ha-Gut nördlich von Cognac in einer guten Gegend der Fins Bois, seit Generationen im Besitz der gleichen Familie. Es ist stolz darauf, zu den wenigen Erzeugern zu gehören, die reine Fins-Bois-Cognacs direkt vermarkten. M. Boutinet erklärt, seine Fine Fins Bois seien einem VSOP gleichwertig mit «goldener Farbe, geschmeidig und doch fest auf der Zunge, nachhaltig und kräftig im Abgang». Die Vieille Fine Fins Bois entsprechen in der Qualität seiner Meinung nach einem Napoléon, sind aber dunkler und haben leichten Vanilleduft bei großer Fülle und Nachhaltigkeit.

J.-R. BRILLET
«Les Aireaux» Graves, 16120 Châteauneuf Charente, BP 37
Tel. (45) 97 05 06
Sélection (PC) 3/4 · Grand Réserve (PC) 6/7 · Napoléon (FC) 10 · Hors d'Âge (FC) 15 — 20 · Très Rare Héritage 45 % 35 — 40 · Très Rare Réserve Limitée 80
Die Familie Brillet treibt seit dem 17. Jh. in der Grande und Petite Champagne Weinbau und hat sich 1850 in Graves niedergelassen. Heute wird der Betrieb von Jean-Louis Brillet geführt; er verarbeitet überwiegend Trauben aus dem Familienbesitz von 80 ha in den Champagnes; es wird allerdings auch Cognac im Alter zwischen 3 und 80 Jahren zugekauft.
Die Destillation erfolgt in vier Anlagen *sur lie* zur Gewährleistung größtmöglicher Fruchtigkeit. Ehrlicherweise wird zugegeben, daß dem Sélection (besonders für Cognac-Cocktails empfohlen) im ersten Monat der Faßreifezeit etwas *boisé* zugesetzt wird, um die Ausgewogenheit zu verbessern. Besonders stolz ist das Haus auf seine älteren Cognacs: Héritage wird in antik aufgemachten Flaschen mit seiner nach 30jähriger Faßreife erreichten natürlichen Alkoholstärke verkauft.

BRUGEROLLE

Cognac Brugerolle, 17160 Matha   Tel. (46) 58 50 60
XXX 3—4 · VSOP 6—7 · Napoléon Aigle Rouge 10—12 ·
XO Napoléon Aigle d'Or 15—20 · Très Vieille Réserve
25—30

Typischer kleiner Familienbetrieb, 1812 von Jean Cornet aus der Auvergne gegründet. 18 Jahre später schloß sich ihm ein Verwandter, Jean Brugerolle, an, und heute noch wird die Firma von den Nachkommen seines Neffen Etienne betrieben. Der verehrungswürdige André Brugerolle, 30 Jahre lang Bürgermeister von Matha und 20 Jahre lang Abgeordneter der Nationalversammlung, steht der Firma vor, die heute von seinem Sohn François und seinem Enkel Claude geleitet wird.

Die Familie — nicht die Firma — verfügt über Weinbergbesitz und hat auch vier Destillierapparate, die aber alle über 130 Jahre alt und historische Relikte sind. Deshalb wird der größte Teil des Cognacs bei Erzeugern in den Fins Bois, Bon Bois und den Champagnes eingekauft und in Fässern verschiedener Größe ausgebaut. Die Erzeugnisse des Hauses gehen weit in die Welt hinaus, z. B. wurde der Aigle Rouge speziell für Thailand entwickelt.

CAMUS

Camus «La Grande Marque»,
29, rue Marguerite-de-Navarre, B.P. 19, 16101 Cognac
Tel. (45) 32 28 28
Célébration · Napoléon · XO
Im Sommer Besichtigung möglich

Das fünftgrößte Cognac-Haus und die größte in Familienbesitz befindliche Destillerie; Gesamtumsatz 350 Mio Francs, zu 87 % im Ausland. 1863 gegründet als «La Grande Marquise» von einem Winzerkonsortium unter der Führung von Jean-Baptiste Camus, der vor seinem Tod 1898 der Gruppe seinen Namen anfügte. Camus stützte sich weitgehend auf den Absatz in Rußland und war exklusiver Lieferant für den Zaren. Die Russische Revolution versetzte der Firma einen schweren Schlag, so daß sie ihre Absatzbemühungen auf die Belieferung von Restaurants mit Cognac in Flaschen anstatt wie früher im Faß umstellen mußte.

Der heutige Status ist dem inzwischen verstorbenen Michel Camus, dem Enkel des Gründers, zu verdanken, der die Firma 1934 im Alter von 23 Jahren übernahm. Nach 1945 stand es schlecht um sie, doch in den 60er Jahren war M. Camus als einziger in Cognac bereit, zwei jungen Amerikanern, die im Besitz der Konzession für den Duty-Free-Verkauf im Flughafen Hongkong waren, Kapital vorzustrecken. Ihre Firma «Duty-Free Shoppers» beherrscht heute diese Verkaufsstellen im ganzen pazifischen Raum und ist Camus treu geblieben, insbesondere der speziell für den Duty-Free-Verkauf entwickelten Marke Célébration. Michel Camus hat auch die Verbindung mit Rußland wiederaufgebaut (die Firma verfügt heute noch über den Alleinvertrieb von russischem Wodka in Frankreich). Ferner kaufte er zwei bedeutende Armagnac-Marken auf, und seine beiden Söhne führen heute, nach seinem Tod im Jahr 1985, die Familientradition würdig weiter.

Die Familie verfügt noch über 100 ha Weinbergbesitz, insbesondere in Château d'Uffaut (unmittelbar bei Cognac), in Bonneuil in der Grande Champagne, in Vignolles und Château de Plessis in den Borderies. Damit können knapp 8 % des Traubenbedarfs gedeckt werden. Als Familienunternehmen hat Camus nie so große finanzielle Mittel für die Vorratshaltung verfügbar gehabt wie die Konkurrenz und stützt sich deshalb weitgehend auf Zukäufe bei Erzeugern und Großhändlern in der Grande Champagne, den Borderies, Fins Bois und Bons Bois.

CASTELBAJAC
Siehe Logis de la Montagne.

CASTEL-SABLONS
Le Bourg, 17520 St-Maigrin   Tel. (46) 70 00 30
Crystal Dry (FB) 3 · VSOP (FB) 8 · Napoléon (FB) 15
Der Familie Roux gehören 26 ha Weinberge in bevorzugten Gegenden der Fins Bois südlich der Petite Champagne. Seit 1976 liefert sie direkt an Privatkunden und ist stets auf der Suche nach neuen Produkten. Der sehr junge und praktisch farblose Crystal Dry ist als Grundlage für Cocktails gedacht. Der Cognac mit dem furchterregenden Namen Brûlot Charentais ist ein mit 58 % sehr starkes Feuerwasser, das angeblich bei Hochzeiten, Taufen und ähnlichen Festivitäten großen Anklang findet.

CASTILLON-RENAULT
Siehe Renault.

GOURRY DE CHADEVILLE
16130 Segonzac   Tel. (45) 83 40 54
VSOP (GC) 5 · Napoléon (GC) 10 — 12 · Très Vieux (GC) 18 — 20
Das Gut Chadeville im Herzen der Grande Champagne gehört der Familie Gourry seit 1619.

CLAUDE CHARAUD
St-Léger, 17800 Pons   Tel. (46) 96 90 77
XXX (FB) 3 · VSOP (FB) 6 · VR (FB) 18
Der klassische kleine Erzeugerbetrieb mit 10 ha Weinbergen in den Fins Bois verkauft seit 20 Jahren seine Produkte fast ausschließlich direkt an Privatkunden in Frankreich.

BERNARD CHARDEVOINES
Expiremont, 17130 Montendre   Tel. (46) 49 21 29
XXX (FB) 45° 5 · VSOP (FB) 45° 10 · Fine Cognac (FB) 45° 15
Kleiner Familienbetrieb mit 14 ha Weinbergbesitz, davon 12 ha Ugni Blanc, in den wenig günstigen Bons Bois zwi-

schen Cognac und der Gironde. Die Chardevoines begannen 1962 als Jungverheiratete, kaum über 20, mit einer ganz kleinen Brennerei und installierten in den 70er Jahren eine 18-hl-Anlage. Seit 1980 füllen sie ihren Cognac selbst ab. Die Traubenlese wird bei ihnen noch von Hand ausgeführt, und die Cognacs werden mit einer natürlichen Alkoholstärke von 45° verkauft.

CHATEAU DE BEAULON
Christian Thomas, Château de Beaulon,
17240 Saint-Dizant-du-Gua   Tel. (46) 49 96 13
XXX 7 · VSOP 10 · Napoléon 20 + · Grande Fine Extra
40 +
Der leidenschaftliche ökologische Weinbrenner in Cognac stützt sich auf ein historisches Weingut, das früher den Bischöfen von Bordeaux gehörte, wo auch seit 1712 die Trauben gebrannt wurden. Christian Thomas hat 90 ha Weinberg auf reinem Kreideboden am Gironde-Ufer. Zur Qualitätsverbesserung kultiviert er noch einen gewissen Anteil an Folle-Blanche- und Colombard-Reben. Als Dünger verwendet er nur Fischmehl, Kunstdünger lehnt er ab, und den Rebschnitt führt er zur Ertragsbeschränkung sehr stark aus. Seine vier Destillieranlagen sind groß (25 hl) und modern; zum Reifen des Cognacs werden nur kleine Eichenholzfässer verwendet. M. Thomas betont, daß er keine Zusatzstoffe verwendet.

CHATEAU DE FONTPINOT
Siehe Frapin.

CHATEAU PAULET
Château Paulet, Domaine de la Couronne, Route de
Segonzac, B. P. 24, 16101 Cognac   Tel. (45) 32 07 00
Paulet Ecusson Rouge · Paulet VSOP · Paulet Napoléon ·
Paulet Vieille (FC) XO · Extra Vieille Réserve Louis XVI
(FC) · Borderies Très Vieilles · Château Paulet Age
Inconnu
1848 in dem schönen Château gegründet. Am Ende des 19. Jh. begann Jean-Maurice Lacroux den Namen des Châteaus für seine Produkte zu verwenden. Heute führt sein Nachkomme Bernard Lacroux den Betrieb, der über keine eigenen Weinberge verfügt und nur sieben kleine, relativ neue Destillieranlagen besitzt. Es werden nur Cognacs aus den Champagnes, Borderies und Fins Bois eingekauft. Das Haus hat eine sehr gute Reputation und beliefert höchst anspruchsvolle Abnehmer wie Harrods.

CHATEAU SAINT-SORLIN
Madame Castelnau-Gros, St-Sorlin-de-Cognac,
17150 Mirambeau   Tel. (46) 86 01 27
XXX (FB) 3 + · Napoléon (FB) 6 + · Hors d'Age (FB)
15 +
M. Carrière, der Urgroßvater vom Mme Castelnau-Gros, war Rebzüchter und gehörte zu der Gruppe, die nach dem

Einfall der Reblaus in die USA fuhr, um dort geeignete Veredelungsunterlagen aufzuspüren. Die 20 ha Weinbergbesitz seiner Urenkelin liegen auf dem Kreideboden an der Gironde, gegenüber Château Loudenne. Mme Castelnau-Gros ist eine Enthusiastin; ihre Cognacs verkauft sie an 5000 Privatkunden und 200 Sammelbesteller in Fabriken. Sie achtet auf gute Farbe ihrer Produkte und fügt deshalb Karamel und ein wenig Sirup hinzu.

CHOLLET

Jacques Chollet, Le Planty, Boutiers-Saint-Trijan, 16100 Cognac   Tel. (45) 32 12 93
VS 3 · VSOP 5 · Napoléon 8 · XO 13 · Marquis de Vallade

M. Chollet belieferte anfänglich Salignac mit Wein von seinem 18-ha-Besitz in bester Lage der Fins Bois. Dann baute er vier größere Destillieranlagen und lieferte fertigen Cognac. Nachdem Salignac von Courvoisier übernommen worden war, gingen die Einkäufe zurück, und deshalb verkauft M. Chollet seine Cognacs seit 1977 direkt an Privatkunden. Inzwischen arbeiten vier von seinen acht Kindern im Betrieb mit.

Sein Erfolg hat es mit sich gebracht, daß er inzwischen nur noch ein Fünftel seines Bedarfs mit eigenen Trauben decken kann. M. Chollet bevorzugt milden Cognac. Der Direktverkauf in Frankreich macht den größten Teil des Absatzes aus; Exporte gehen unter den Namen Chollet und Marquis de Vallade nach den USA.

CLAIR

P. Clair, Neuillac, 17520 Archiac   Tel. (46) 48 15 43
XXX (PC) 6 · VSOP (PC) 15 · Hors d'Age (PC)

Kleines Familiengut mit 13 ha in allerbester Lage der Petite Champagne d'Archiac. Die Familie Clair verkauft seit 1935 ihren Cognac direkt; damals wurde eine kleine (15,5 hl) Destillieranlage installiert. 90 % des Absatzes kommen noch heute aus der eigenen Produktion, zumeist VSOP, an Privatkunden und Sammelbesteller. Traditionelle Methoden ohne Verwendung von Unkrautvernichtungsmitteln erbringen geschmeidigen und milden Cognac, dem beim Mischen bis zu 2 % *boisé* zugesetzt werden.

PASCAL COMBEAU

Siehe Gemaco.

COMPAGNIE COMMERCIALE DE GUYENNE (CCG)

26, rue Pascal-Combeau, Cognac   Tel. (45) 82 32 10
1976 von einem bemerkenswerten Mann, Michel Coste, früher Leiter von Otard, gegründet. Er kaufte nach und nach eine Reihe alteingeführter Firmen auf, u. a. Lucien-Foucault und Meukow, und beliefert heute vor allem Supermärkte in Frankreich.

COMTE DE DAMPIERRE
Château de Plassac, 17240 St-Genis-de-Saintonge
Tel. (46) 49 81 85
VSOP (BB) 7 · Napoléon (BB) 11 · XO (BB) 15
Das 30-ha-Gut im besten Teil der Bons Bois westlich von
Jonzac ist in Familienbesitz seit 1769, als das Château er-
baut wurde.

GILLES COSSON
La Grange Neuve, Guimps, 16300 Barbézieux
Tel. (45) 78 90 37
VSOP (FC) 7 · VSOP Blason (FC) 10 · Vieille Réserve
(FC) 25 · XO (FC)
Die alteingesessene Familie verkauft nur Cognacs von den
eigenen 50 ha in beiden Champagnes.

COURVOISIER
Place du Château, 16200 Jarnac   Tel. (45) 81 04 11
XXX bis zu 7 · VSOP (FC) bis zu 15 · Napoléon (FC) bis
zu 30 · XO bis zu 60
Im Sommer Besichtigung von 8.30 bis 11.30 Uhr und von
14 bis 17 Uhr.
Das Haus war von den Großen Vier in Cognac immer ein
wenig der Außenseiter, denn es war nie eine wirklich einheimische Firma, verfügte nie über eigene Weinberge (oder
größere Cognac-Vorräte) und spielte auch im sozialen oder
politischen Leben der Region nie eine bedeutende Rolle.
Gegründet wurde es von Emmanuel Courvoisier, der aus
dem Jura kam und sich am meisten um seine Lagerhäuser
von Bercy, einem Vorort von Paris, kümmerte. Nichtsdestoweniger faßte er als Cognac-Lieferant am Hof des Kaisers Napoleon I. festen Fuß. Sein Sohn Felix erweiterte das
Geschäft seines Vaters, wurde aber erst 1869, drei Jahre
nach seinem Tod (und ein Jahr vor der Absetzung Napoleons III.), als Hoflieferant anerkannt.
Felix Courvoisier hinterließ das Unternehmen zwei
Neffen, den Gebrüdern Curlier, die in Cognac ansässig waren. Sie aber verkauften es 1909 wiederum an Ortsfremde,
nämlich an die englisch-französischen Gebrüder Simon,
die größere Weinhandlungen in Paris und London hatten.
Sie nutzten die Verbindung des Unternehmens mit der Familie Napoleons auf kluge Weise: Der Schatten des großen
Kaisers auf den Courvoisier-Etiketten wurde zum bekanntesten Markenzeichen Cognacs in einer Zeit, als viele Spi-
rituosenproduzenten zweifelhafter Herkunft den guten Namen Cognac mißbrauchten.
Während der Besatzungszeit wurde Courvoisier von
den Deutschen konfisziert. In den 50er Jahren machte
Christian Braastad, Mitglied einer einflußreichen norwegi-
schen Familie (siehe auch Delamain), das Unternehmen zu
einem der größten des Industriezweigs, das mit Martell um
die Spitzenstellung auf dem französischen Markt konkur-
rierte. In den 60er Jahren hatte es unter der althergebrach-
ten Firmenpolitik, möglichst geringe Vorräte zu halten,

schwer zu leiden; 1964 wurde es an den kanadischen Getränkekonzern Hiram Walker verkauft, der seinerseits 1986 von der englischen Allied-Lyons-Gruppe übernommen wurde. In den 70er Jahren war Courvoisier dank Hiram Walkers weltweitem Vertriebsnetz eine Zeitlang der meistverkaufte Cognac, doch inzwischen hat er die Spitze wieder abgeben müssen.

Der Stil des Hauses ist unverkennbar: voller, geschmeidiger, «karamelliger» als alle anderen — dabei verwendet Courvoisier weniger als 1 % Karamel als Zusatzstoff, ausschließlich zur Abstimmung des Farbtons. Die «Blends» sind interessant. Couvoisier verfügt über nur 100 Destillieranlagen, einschließlich der unter Vertrag stehenden Lohnbrennereien. Für die einfachste Qualität kommen Trauben aus den Fins Bois zur Verwendung. Die nächsten Qualitätsstufen sind Fine Champagne (der Napoléon enthält weit mehr als die gesetzlich vorgeschriebene Mindestmenge von 50 % Grande Champagne); der relativ neue und ziemlich teure XO hat mehr Wucht als die anderen Cognacs des Hauses, vermutlich weil er einen gewissen Anteil von Branntwein aus den Borderies enthält.

CROIZET

B. P. 3, 16720 Saint-Même-les-Carrières   Tel. (45) 81 90 11
XXX · VSOP · Napoléon · XO · Réserve des Héritiers
40 + · 25 Ans · 50 Ans · Millésimes: 1960, 1963, 1966, 1967
Das Haus wurde 1805 gegründet, die Familie Croizet baut aber schon seit dem 17. Jh. Wein in der Gegend an. Die Firma ist seit jeher bedeutend — Léon Croizet wurde in Anerkennung seiner Verdienste um die Erneuerung der Weinberge mit auf amerikanische Veredelungsunterlagen aufgepfropften Reben in die Légion d'Honneur aufgenommen. 1892 heiratete eine Mlle Croizet einen M. Eymard (auf dem Etikett der Réserve des Héritiers ist das Hochzeitsbild zu sehen), und heute steht das Haus unter der Leitung von Philippe Eymard.

Die Firma vertreibt eine ganze Reihe relativ einfacher Cognacs, zum Teil aus den Bois Ordinaires. Besonders stolz aber ist sie auf ihre besseren Produkte aus den familieneigenen Weinbergen, 150 ha in der Grande Champagne, die drei Fünftel des Traubenbedarfs für die fünf modernen Destillieranlagen liefern. Zu den beträchtlichen Cognac-Vorräten zählen auch 4000 Flaschen aus der Zeit vor der Reblaus, nicht nur aus der Grande Champagne, sondern auch aus den allerbesten Lagen der Fins Bois nördlich vom Firmensitz. Alle, auch die feinsten Erzeugnisse des Hauses, stellen eine ungewöhnliche Mischung aus Grande Champagne und feinen Fins Bois dar. Die Lagerkontrollen sind nach Angaben der Firma so exakt, daß sie das genaue Alter ihrer 25 und 50 Jahre alten Cognacs garantieren kann. Die Behörden sind von M. Eymards Buchhaltung derart beeindruckt, daß er Erlaubnis bekam, bestimmte Cognacs mit Jahrgangsangabe zu versehen.

CRYSTAL DRY
Siehe Castel Sablons.

DE LAAGE
Siehe Gemaco.

DELAMAIN
Rue J. & R. Delamain, PO Box 16, 16200 Jarnac
Tel. (45) 81 08 24
Pale & Dry (GC) 25 · Vesper (GC) 35 · Très Vieux (GC) 50 ·
Réserve de la Famille (GC) 55

Sowohl die Firma als auch die von ihr angebotenen Cognacs sind einmalig. 1625 kam Nicolas Delamain aus Jarnac im Gefolge von Henrietta Maria, der Schwester des französischen Königs Ludwig XIII. und Gattin des englischen Königs Charles I., nach England. Später wanderte er mit seiner Familie nach Irland aus und gründete dort eine berühmte Porzellanmanufaktur; 1759 schließlich kehrte James Delamain in das Land seiner Vorfahren zurück und tat sich drei Jahre später mit seinem Schwiegervater Isaac Ranson, dem Inhaber eines alten Handelshauses in Cognac, zusammen.

Im 19. Jh. traten Cousins der Delamains namens Roullet in die Firma ein, die nun Roullet & Delamain hieß. 1920 wurde der Name Delamain wiedereingeführt. Da die Mutter des heutigen Generaldirektors Alain Braastad eine geborene Delamain war, handelt es sich unverändert um ein Familienunternehmen. Beide Seiten der Familien haben sich schon sehr hervorgetan: Alain Braastads Vater leitete früher Courvoisier (s. dort), und in der ersten Hälfte des Jahrhunderts zeichneten sich die Delamains auf schriftstellerischem Gebiet, als Archäologen, Entomologen und Verleger aus.

Alain Braastad bringt getreu der Familientradition Cognacs hervor, die auf aristokratische englische Kenner zugeschnitten sind. Die Firma kauft bei einigen Erzeugern nur in der Grande Champagne mindestens 15jährige Cognacs an und läßt sie dann nochmals ein Jahrzehnt in einem der malerischsten Lagerhäuser reifen. Dabei ist keiner dieser Cognacs jemals mit frischem Eichenholz in Berührung gekommen. Sie sind alle Pale & Dry, wie auch der Name der Marke lautet, auf die vier Fünftel des Umsatzes entfallen. Alle Delamain-Cognacs besitzen die Intensität und Eleganz feiner Bordeaux-Rotweine.

DELPECH FOUGERAT
S. à r. l. J. Delpech & Fils, Barret, 16300 Barbezieux
Tel. (45) 78 06 01
Delpech-Fougerat: VS 4 · VSOP 7 · Napoléon 15 · XO 25 ·
Vieille Réserve (PC)
Saunier de Longchamps: VS (FB) 3 · VSOP (FB) 5
Logis de La Fontaine: Grande Champagne

Delpech Fougerat, Erzeuger seit 1777, erhebt Anspruch auf die Ehre, zu den ersten Cognac-Brennereien in der Gegend von Barbezieux gehört zu haben. Das Haus ist stolzer Eigentümer von drei bedeutenden Gütern in der Petite Champagne, aus denen alle unter dem Familiennamen verkauften Cognacs kommen. Der Stil des Hauses ist ausgeprägt trocken, was zum Teil der Tatsache zu verdanken sein dürfte, daß in den Weinbergen noch ziemlich viel Folle-Blanche- und Colombard-Reben stehen. Die Trauben für die Marke Saunier werden bei einem einzigen Erzeuger in den Fins Bois eingekauft.

DENIS-MOUNIE

BP 14, 16200 Jarnac   Tel. (45) 81 05 38
XXX 5 · VSOP (FC) 10 · Napoléon · XO · Edouard VII
Très Vieille (FC) 25 · Extra Très Vieille (GC) 40
1838 von zwei Weingutsbesitzern, Justin Denis und Henri Mounié, gegründet. Als der große Feinschmecker, König Edward VII., eine besondere Vorliebe für ihren 1865er Grande Champagne faßte, kamen sie zu Ruhm und Reichtum. Die Firma blieb im Familienbesitz, und ihre Reputation erhielt sich unvermindert, bis sie 1969 von Bénédictine übernommen wurde. Seit 1982, als Hine (s. dort) die Firma kaufte, erlebt sie nun wieder ein Comeback.

DOMAINE DES BRISSONS DE LAAGE

S. à r. l. Bertrand et Fils, Domaine des Brissons de Laage, Reaux, 17500 Jonzac   Tel. (46) 48 09 03
XXX (PC) 5—8 · VSOP (PC) 10—15 · Napoléon (PC) 20 · Vieille Réserve (PC) 25
Der Besitzer Raymond Bertrand stammt aus einer alten Winzer-, Makler- und Händlerfamilie. Alle seine Cognacs kommen aus seinem schönen 72-ha-Gut, der historischen Domaine des Brissons de Laage im Herzen der Petite Champagne. Die Hälfte seiner Produktion wird in Frankreich, die andere Hälfte im europäischen Ausland abgesetzt. Der Stil des Hauses ist bewußt dunkler und intensiver als üblich gehalten, was aber nicht von Zusatzstoffen, sondern von der ungewöhnlich langen Reifezeit der Cognacs herrührt.

DOMAINE DE FAUCAUDAT

Gilbert Ricard, Juillac Le Coq, 16130 Segonzac
Tel. (45) 83 00 35
VSOP (GC) 6 · Hors d'Age («Alter unbekannt»)
M. Ricard verkauft seit 1958 die Produktion aus seinen 11 ha Weinbergen in der Grande Champagne.

DOMAINE DE MONTIFAUD

17520 Archiac   Tel. (46) 49 50 77
XXX (PC) 4 · VSOP (PC) 8 · Napoléon (PC) 15 · Hors d'Age (PC) 30
Die Familie verkauft ausschließlich Cognacs aus ihren 50 ha Weinbergen in der berühmten Petite Champagne d'Archiac.

DOR
4bis, rue Jacques-Moreau, 16200 Jarnac   Tel. (45) 81 03 26
Hors d'Age (GC) Réserve · Réserve No. 7 42° · Extra No. 9
1914 · Age d'Or 1893 36° · Excellence 1889 35° · Prince
Impérial 1875 36° · Napoléon III Empereur 1858 37° ·
Louis Philippe 1840 34° · Roi de Rome 1811 31° · The
Oldest 1805 31°
Die Firma besitzt heute noch einige der Cognacs aus der
Zeit vor der Reblaus, die Amadée-Edouard Dor kurz nach
der Gründung 1858 einkaufte. Heute werden diese Co-
gnacs in Ballonflaschen aufbewahrt — ihr Alkoholgehalt
liegt zwischen 37 und 30°. Die Familie hat eine ganze
Reihe dieser alten guten Tropfen anzubieten und hat sogar
Sondergenehmigung für die Angabe von Jahreszahlen. Die
Vorräte werden aus 20 ha Weinbergbesitz in der Petite
Champagne aufgefüllt.

L'ENCLOUSE DES VIGNES
Famille Renou-Bourreau, Mageloup, Floirac, 17120 Cozes
Tel. (46) 90 63 29
XXX 8 — 10 · Spécial 65° 8 — 10 · VSOP 15 · Réserve
Familiale 25 — 30
Unternehmungslustige Familie in einer weltabgeschiede-
nen Ecke der Region Cognac, südlich von Royan, jedoch
mit 30 ha Weinbergbesitz in den Fins Bois, der Petite
Champagne und in den Bons Bois. Die Firma verkauft seit
1935 ihre eigenen Produkte vorwiegend an Privatkunden
in Frankreich.

EXSHAW
127, boulevard Denfert-Rochereau, 16100 Cognac
Tel. (45) 82 40 00
No. 1 (GC) · Age d'Or (GC) 40 — 50
Bis vor kurzem ein berühmter Name, insbesondere in England, wo Exshaw gleichauf neben Hine und Delamain
stand. Das 1805 gegründete Haus war jedoch nicht nur in
England, sondern auch in Indien sehr bekannt (vor dem
Bau des Suezkanals beförderte es seine Cognacs per Ka-
melkarawane über den Isthmus von Suez). Nach 1945
schwand die Bedeutung der Firma immer mehr. 1975
wurde sie von Otard (s. dort) aufgekauft und soll nun durch
exklusive Konzentration auf Cognacs aus der Grande
Champagne (mit viel *rancio*) neu belebt werden.

FALANDY-LIANDRY
6, rue de Barbezieux, 16100 Cognac   Tel. (45) 35 02 25
Napoléon · VR · XO · Très Vieille Réserve
Die Familienfirma ist vor allem dadurch berühmt geworden, daß ihre Très Vieille Réserve mit rund 300 £ pro Flasche der teuerste Cognac auf dem höchst einträglichen
Markt in Hongkong ist.

FAUCON D'OR
Siehe Gemaco.

PIERRE FERRAND

La Nérolle, 16130 Segonzac   Tel. (45) 83 41 82
Réserve de la Propriété (GC) 12 · Sélection des Anges
(GC) 25 · Réserve Ancestrale (GC) 50

«Es ist, als ob der Liebe Gott höchstpersönlich in Samt-
pantoffeln die Kehle hinuntersteigen würde», so beschreibt
M. Ferrand seine Cognacs. Er hat mehr Recht zu derarti-
gen Übertreibungen als viele seiner Konkurrenten. Die Familie brennt seit 1702 Cognac von eigenen Trauben — in
Gebäuden, die von einem typischen Charentais-Gehöft
umgeben sind. Heute bietet M. Ferrand nur noch Cognacs
von Trauben aus seinen eigenen 27 ha Weinbergen in besten Lagen der Grande Champagne an, die ein seltenes
Maß an Tiefe und Intensität garantieren. Er setzt zwei
Drittel seiner Produktion außerhalb Frankreichs ab, manche der besten Cognacs in besonderen Flaschen als Ge-
schenke zum neuen Jahr.

JEAN FILLIOUX

Le Pouyade, Juillac-le-Coq, 16130 Segonzac
Tel. (45) 83 04 09
Coq (CG) 3 · Spéciale Amateur (GC) 44° 3 · Napoléon
(GC) 7 + · Cep d'Or (GC) 7 + · Spéciale Amateur (GC)
42° 7 + · Très Vieux (GC) 7 +

Gegründet 1880 von Honoré Fillioux, einem einzelgänge-
rischen Mitglied der Familie, die seit sieben Generationen
die Cognac-Rezepte für Hennessy (s. dort) zusammenstellt.
Die von ihm geschaffene Tradition, vor allem Cognacs aus
den eigenen Weinbergen, 16 ha in der Grande Champagne,
zu liefern, wird heute von Honorés Urenkel Pascal aufrechterhalten. Doch vertreibt die Firma auch die Produkte
von zwei weiteren Familiengütern.

LA FINE GOULE

Le Patis, 17520 Archiac   Tel. (46) 49 10 14
Junior (PC) 5 · VSOP (PC) 8 · Napoléon (PC) 12 · Hors
d'Age (FC) 25 · Très Vieux (PC) 40

Seit zehn Jahren verkaufen die Familien Larquier und
Magnand Cognac von 41 ha Weinbergbesitz in der Petite
Champagne d'Archiac. Besonders stolz ist das Haus auf die
außerordentlich lange Reifezeit ihrer Produkte sowie auf
alten Cognac in numerierten Flaschen, der inzwischen eine
natürliche Stärke von 43,7° hat (er dürfte etwa 50 Jahre alt
sein).

MICHEL FORGERON

Chez Richon, 16130 Segonzac   Tel. (45) 83 43 05
XXX (GC) 4 · VSOP (GC) 43° 10 · Vieille Réserve (GC)
45° 15 · Hors d'Age Spéciale (GC) 50°

Vor zwanzig Jahren übernahmen Michel Forgeron und
seine Frau den Hof der Familie mit 11 ha in der Grande
Champagne, installierten eine Brennerei und konzentrierten sich ganz auf Pineau de Charentes und Cognac aus den
eigenen Trauben. 1977 begannen sie mit dem Verkauf

ihres Cognacs. Mme Forgeron meint: «Die Ausweitung unseres Absatzes leidet sicherlich unter unserer Begeisterung für unsere Reben und unseren Cognac, denen wir soviel Zeit opfern.» Den jüngeren Qualitäten werden zugegebenermaßen bis zu 0,5 % *boisé* beigefügt. Die älteren Cognacs werden mit mehr Alkoholgehalt als üblich angeboten, und zwar in der Annahme, daß die feurigsten Ester sich verflüchtigt haben, bis die Cognacs zur Abfüllung gelangen, so daß ein wahrhaft intensives Bukett verbleibt.

FOUGERAT
Siehe Delpech Fougerat.

FRANÇOIS DE MARTIGNAC
Siehe Guy de Bersac.

FRAPIN
Rue Pierre-Frapin, 16130 Segonzac   Tel. (45) 83 40 03
XXX · Flamme Royale (GC) 60° · VSOP (GC) ·
Napoléon (GC) · XO (GC) · Domaine Frapin (GC) ·
Château de Fontpinot (GC)

Eine in Cognac einmalige Geschichte: Das in Segonzac im Herzen der Grande Champagne beheimatete Haus gründete Ruhm und Reichtum auf die Familiengüter mit zusammen 350 ha in der Grande Champagne, die das Erbteil der Frau von André Renaud, dem Gründer von Rémy Martin (s. dort), waren. Schließlich gingen sie alle auf seine jüngere Tochter, Mme Max Cointreau, Teilhaberin an Rémy Martin, über.

In der Mitte der 70er Jahre stellte nach einem bitteren Familienzwist Rémy-Martin die Käufe bei Frapin ein, und seither nutzen die Cointreaus ihr Erbe selbst. Das Programm beginnt mit einem für Cocktails empfohlenen Drei-Sterne-Cognac und mit einem Flamme Royale mit besonders hohem Alkoholgehalt — daher zum Flambieren geeignet. Die besseren Cognacs des Hauses stammen alle von den familieneigenen Gütern. Alle verbringen relativ lange Zeit in frischen Eichenholzfässern und sind voller und intensiver als viele andere. Die besten — wie etwa der Château de Fontpinot, ein seltener Einzeldomänen-Cognac ausschließlich aus den 137 ha Weinbergen um das Château — sind so fruchtig, daß sie das Tannin aus dem frischen Holz ohne weiteres vertragen und eine beträchtliche, jedoch schön ausgewogene Wucht dadurch erlangen. Leider sagen die Cointreaus nichts über das Alter ihrer Cognacs.

A. DE FUSSIGNY
Alain & Anne-Marie Royer, 60, rue des Moulins,
16200 Jarnac   Tel. (45) 81 62 59
Vieille Réserves Séries Rares (FC) · XO Lot 099 · Très
Vieille Grande Champagne Séries Rares

Unternehmungsfreudiges neues Haus im Besitz von Alain Royer, der für die Einführung einiger hochinteressanter alter Cognacs bei seiner Familienfirma Louis Royer (s. dort) verantwortlich zeichnete. Jetzt vermarktet er eine Reihe alter Cognacs, die er bei Erzeugern in der Grande Champagne, Petite Champagne d'Archiac und den Fins Bois de Jarnac einkauft. Seine «Blends» sind stets altmodisch, mit Eleganz und Intensität, die ohne jeden Zusatzstoff zustandekommen. Ist ein Einzelposten erschöpft, dann geht er zum nächsten über und betont dabei, daß alte Cognacs nicht in einen Stil des Hauses eingepreßt werden dürfen.

GAUTIER

29, rue des Ponts, 16140 Aigre   Tel. (45) 21 10 02
XXX · VSOP · Napoléon · XO · Royale · Extra
(Die besseren Sorten werden in besonders geformten Behältnissen angeboten, darunter eines, das wie eine Schiffsglocke aussieht, sowie eines aus Limoges-Porzellan in der Form der Concord.)
1644 heiratete Charles Gautier die Tochter eines Winzers in dem damals bedeutenden Handelsplatz Aigre. Die Firma wurde 100 Jahre später gegründet und blieb Familienbesitz bis 1970, als sie schließlich an die Berger-Gruppe verkauft wurde, die durch ihren Pastis bekannt geworden ist und auch die Mehrheit an Gemaco (s. dort) innehat.

HENRI GEFFARD

Verrières, 16130 Segonzac   Tel. (45) 83 02 74
XXX (GC) 6 · VSOP (GC) 10 · Vieille Réserve (GC) 13
M. Geffard hält das Gleichgewicht zwischen Tradition und Modernität, indem er mit einer modernen Destillieranlage arbeitet, seine Reben aber nicht mit Unkrautvertilgern behandelt. Die Familie treibt seit 1880 Weinbau, doch den Vertrieb seiner Cognacs von zwei Gütern in der Grande Champagne (in Verrières und Juillac-le-Coq) führt M. Geffard erst seit zehn Jahren selbst durch.

GEMACO

28, rue des Ponts, 16140 Aigre   Tel. (45) 21 10 02
Pascal Combeau: VSOP · Napoléon · XO
DeLaage Faucon d'Or: XXX · VSOP
Girard: VSOP (FC)
Normandin: XXX · Napoléon · Fine Champagne ·
Réserve Spéciale (GC)
Beteiligungsgesellschaft im Besitz der Pastis-Gruppe Berger, zu der auch Gautier (s. dort) gehört. In Gemaco sind andere alteingesessene Cognac-Firmen zusammengefaßt, die ebenfalls von Berger aufgekauft wurden und deren Marken auf bestimmten Märkten verwendet werden. Zu den Tochtergesellschaften zählen Pascal Combeau, gegründet 1838 von einem Einheimischen; die Produkte dieses Hauses werden oft in besonderen Flaschen in Duty-Free-Shops verkauft; ferner Faucon d'Or, eine Marke von de Laage (gegründet 1856 und von Berger 1971 übernom-

men); sowie E. Normandin (1844 gegründet) und Girard (1884 gegründet).

GIRARD

Siehe Gemaco.

PAUL GIRAUD

Bouteville, 16120 Châteauneuf-sur-Charente
Tel. (45) 97 03 93
VSOP (GC) 6 · Napoléon (GC) 12 · Vieille Réserve (GC) 20
Die Girauds treiben in Bouteville in der Grande Champagne schon seit 1650 Weinbau, verkaufen aber die Produkte ihrer 28 ha Weinberge und ihrer zwei modernen Destillieranlagen erst seit etwa zehn Jahren selbst an private Kunden.

Die Firma hat das Glück, besonders feuchte Keller zu besitzen, die ihren schon oft prämierten Cognacs eine Milde verleihen, wie man sie sonst bei einem Grande Champagne nicht oft antrifft. Auf die Begriffe Reinheit und Tradition wird viel Wert gelegt und deshalb möglichst wenig mit Schädlingsbekämpfungsmitteln gearbeitet. Zwar setzt Giraud bis zu 0,75 % Zucker zu, aber von Karamelisieren hält er nichts; er ist stolz auf seine auffallend hellen Cognacs.

GODET

1, rue du Duc, 17000 La Rochelle   Tel. (46) 41 10 66
XXX 2 · Gastronome (FC) 7—8 · Napoléon 15 · EX (FC) 10 · XO (FC) 20
Die Godets gehören untrennbar zur Geschichte des Cognacs. Sie stammen von einer holländischen Familie ab, die sich 1640 in La Rochelle niederließ, als die Holländer den Franzosen das *Brandywijn*-Brennen beibrachten.

Die Familie exportierte zunächst Cognac im Faß und etablierte 1838 ihre Firma in La Rochelle am Rand der Region Cognac. Godet ist noch heute ein traditionsreiches Handelshaus mit Absatzmärkten in Europa und dem Fernen Osten sowie in Frankreich selbst. Sie hat keinen eigenen Weinbergbesitz und destilliert auch nicht, sondern kauft jungen Cognac bei Erzeugern in den Fins Bois, Bois Ordinaires und Champagnes ein.

LEOPOLD GOURMEL

B. P. 194, 16016 Cognac   Tel. (45) 82 07 29
Age du Fruit 8 · Age des Fleurs 10 · Age des Epices 13 ·
Quintessence 20
Eine erfreuliche Geschichte, an deren Ende ein feines und ungewöhnliches Cognac-Programm steht. Der Besitzer, Pierre Voisin, arbeitete lange in der Automobilindustrie, zunächst als Qualitätsinspektor bei Fiat und dann als Volvo-Händler.

Aber er liebte Cognac und insbesondere die leichte, unterbewertete Art aus den Fins Bois. So machte er die Lagerung, Mischung und Degustation dieser Cognacs zu seinem Hobby. Auf Drängen seiner Frau und seiner Tochter Caroline verwandelte er allmählich diese Liebhaberei in seinen Lebensunterhalt.

M. Voisin besitzt keine Weinberge und brennt auch selbst keinen Cognac, sondern stützt sich ganz auf nur drei Erzeuger. Die beiden größten davon sind in der Grande Champagne und in den besten Lagen der Fins Bois de Jarnac ansässig. Außerdem kauft M. Voisin auch etwas Wein aus der Petite Champagne zu und läßt ihn besonders für sich brennen. Er achtet darauf, daß *sur lie* und auf niedrige Konzentration (69°) gebrannt wird. Beides soll die Fruchtigkeit möglichst weitgehend erhalten. Die Cognacs werden dann nur wenige Monate in frischen Fässern und anschließend in älteren kleinen Fässern und in feuchten Kellern gelagert.

Beim Verdünnen auf 40° geht M. Voisin mit außergewöhnlicher Sorgfalt vor. Der Vorgang dauert selbst bei der einfachsten Qualität schon 14 Monate, bei der Quintessence sogar 4 bis 5 Jahre. M. Voisin will, daß seine Cognacs das Beste aus den Fins Bois verkörpern; daher verwundert es außerordentlich zu bemerken, wie viel Cognac aus der Grande Champagne er mitverwendet. Nichtsdestoweniger zeichnen sich seine drei besseren Qualitäten durch ungewöhnliche Delikatesse aus: Age des Fleurs ist angemessen frisch und blumig, Age des Epices erinnert ausgesprochen an getrocknete Kräuter oder Gras (ist aber nicht so würzig, wie der Name vermuten läßt), und diese Qualitäten vereinen sich in der Quintessence mit gesteigerter Intensität.

JEAN-MARIE GRENON

17610 Dompierre-sur-Charente   Tel. (46) 91 03 74
Fine 4 · Vieille Fine 7 · Très Vieille Fine 20
Klassischer kleiner Erzeuger mit 32 ha, aufgeteilt auf die Petite Champagne und die Borderies. Die Hälfte der Produktion wird an Sammelbesteller und Privatkunden in Frankreich, die andere Hälfte in Deutschland abgesetzt.

GUILLON-PAINTURAUD

Biard, 16130 Segonzac   Tel. (45) 83 41 95
VSOP (GC) 5 · Réserve (GC) 10 · Vieille Réserve (GC) 20
Jean-Pierre Guillon kann seine Vorfahren in Biard in der Grande Champagne bis 1615 zurückverfolgen. Er selbst vertreibt nur Cognac von Trauben aus seinen 17 ha Weinbergen, die er in seinen eigenen zwei Destillieranlagen (einer aus der Zeit vor dem Ersten Weltkrieg) brennt. Er setzt Zuckersirup, aber kein Karamel zu und ist stolz auf die Eleganz seines Cognacs sowie auf seine großen Vorratsbestände, die dem 15fachen des Jahresabsatzes entsprechen.

GUY DE BERSAC

Le Chillot de St-Preuil, 16130 Segonzac   Tel. (45) 81 95 87
Im Besitz von: Tradition Brillat-Savarin, 60, avenue de la Bourdonnais, Paris 75007   Tel. (1 45) 56 12 20

Guy de Bersac:
Fine 5 · VSOP 8 · Napoléon 12 · Grande Fine Champagne
15—20 · Très Vieille Fine 30
Trois Empereurs:
VSOP 8 · XO Spécial 15—20
François du Martignac
Tochterfirma eines großen französischen Getränkekon-
zerns mit einem Absatz von über 2 Millionen Flaschen im
Jahr, zumeist im Ausland. Keine eigenen Weinberge oder
Destillieranlagen, nur Einkauf in der Petite Champagne,
den Borderies, Fins Bois und Bons Bois.

PIERRE HARD

Allée des Tilleuls, Château de Brizambourg,
17770 Brizambourg
VSOP 10 · Napoléon 15 · Vieille Réserve 20
Kleines Gut in den Fins Bois; die Produktion von 15 ha
wird überwiegend in Frankreich und Deutschland abgesetzt; auf lange Reifezeit wird großer Wert gelegt.

A. HARDY

B. P. 27, 147, rue Basse, de Croun, 16100 Cognac
Tel. (45) 82 59 55
Red Corner XXX 3 · VSOP 5 + · Noces d'Or (PC) 50
Die Hardys stammen wahrscheinlich aus England und fin-
gen hier mit einer Brennerei an. Antoine Hardy war Makler für englische Kunden und gründete 1863 sein eigenes
Geschäft. Er spezialisierte sich auf Lieferungen nach Rußland und machte nach einer Zollerhöhung sein Verkaufs-
büro in London zu. Sein Sohn Valéri wollte mit England
nichts zu tun haben, aber die Konzentration auf den russischen und mitteleuropäischen Markt brachte der Firma
kein Glück. Francis, einer der sechs Enkel von Valéri, war
lange Zeit Abgeordneter und Bürgermeister von Cognac.
Zwar gehört die Firma heute zum Teil dem Crédit Com-
mercial de France, sie wird aber noch von der Familie
Hardy geleitet.

JAS HENNESSY

1, rue de la Richonne, 16101 Cognac   Tel. (45) 82 52 22
VS 3—10 · VSOP Fine Champagne 5—25 · Napoléon
8—30 · XO 10—70 · Paradis 15—100
*Besichtigung der Keller und des Küfereimuseums vom 1. Juni
bis 15. September täglich, außer an Sonn- und Feiertagen: zwischen 8.30 und 17.30 Uhr. In der übrigen Zeit des Jahres von
8.30 bis 11 Uhr und von 13.45 bis 16.30 Uhr (außer an Wo-
chenenden und Feiertagen).*
　　Hennessy ist heute in jeder Hinsicht die größte Firma
in Cognac; das Absatzvolumen beläuft sich auf 20 Millionen Flaschen im Jahr. Diese Spitzenstellung ist nicht neu.
Zusammen mit dem befreundeten Konkurrenten Martell
ist das Haus im Handel führend, seit es 1765 von Richard
Hennessy, einem Nachfahren irisch-katholischer Einwanderer und Offizier in der französischen Armee, gegründet

wurde. Er brachte es als «Bürger Hennessy» in der Französischen Revolution zu hohen Ehren. Das gesamte 19. Jh. hindurch blieben die Hennessys als liberale Politiker und Verfechter des Freihandels bedeutend, doch wurden sie allmählich immer aristokratischer. Das hatte seine Vorteile, denn Hennessy war nicht nur auf dem irischen Markt fest etabliert, sondern wurde auch bei der britischen Aristokratie immer populärer. Das führte allerdings zur Vernachlässigung des französischen Marktes. Aristokratische Nachlässigkeit war auch schuld daran, daß die Familie es versäumte, sich die Rechte aus einigen guten Ideen zu sichern: Auguste Hennessy erfand das Sterne-System zur Kennzeichnung des Alters von Cognacs, und ein späterer Hennessy brachte das XO auf — beides ist heute allgemein in Gebrauch.

Um die Jahrhundertwende zog James Hennessy aus Trauer über den Tod seiner Frau nach Paris. 1922 ersann sein Sohn Maurice, der mit der Familie Firino-Martell befreundet war, einen Pakt auf 25 Jahre zwischen den Häusern. Beide erwarben Beteiligungen an der jeweils anderen Firma und teilten sich so praktisch die Welt; der Einfluß von Martell herrschte in England, der von Hennessy in Irland, den USA und dem Fernen Osten vor.

Während der deutschen Besetzung war die Partnerschaft zwischen Handelshäusern und Erzeugern, aus der das Bureau National Interprofessionnel du Cognac hervorgegangen ist, weitgehend Maurice Hennessy zu verdanken. Die Partnerschaft mit Martell wurde 1947 gelöst. Aber Hennessy hat seine Vorherrschaft in den damals ihm vorbehaltenen Absatzgebieten, vor allem in den USA, bewahrt. Heute ist das Haus der größte Cognac-Erzeuger, 96 % seines Umsatzes werden im Ausland getätigt. Die 1971 erfolgte Fusion mit dem Champagner-Haus Moët & Chandon hat sich auf den Absatz günstig ausgewirkt. Die Firma Hennessy ist dabei noch immer weitgehend autonom und wird von Mitgliedern der Gründerfamilie geleitet.

Die neue Moët-Hennessy-Gruppe konnte sich die Übernahme des Distributors Schieffelin in den USA leisten, der die Firma Hennessy seit dem Ende des 18. Jh. vertreten hatte. Schieffelin setzte 1985 in den USA rund 800 000 Kisten Cognac ab; das ist die größte Menge, die je auf einem einzelnen Markt von einem einzelnen Händler in einem Jahr verkauft wurde.

Aufgrund ihrer aristokratischen Ambitionen erwarben die Hennessys im 19. Jh. viel Land und besitzen daher heute 450 ha Weinberge, die jedoch nicht einmal 5 % des Traubenbedarfs der Firma decken können. Auch liefern die 28 Destillieranlagen des Hauses weit weniger Cognac als die Hunderte von Brennapparaten der rund 2500 Erzeuger, bei denen Hennessy Brennwein kauft, sowie die 700 Brennereien, von denen junge Branntweine bezogen werden.

Die Vorratsbestände von Hennessy sind eindrucksvoller, als es sie sonst irgendwo gibt: 180 000 Faß; das entspricht 87 Millionen Flaschen. Der ausgeprägte Hennessy-Stil beruht zum großen Teil auf diesen alten Beständen, aber auch auf dem guten Geschmack der Familie Fillioux, die seit sieben Generationen die Hennessy-«Blends» zusammenstellt. Die Fillioux legen Wert auf «runden, vollen und fruchtigen Cognac und verwenden selbst bei den besseren «Blends» ausgesprochen viel Borderies (neuerdings wurde der VSOP jedoch auf Fine Champagne umgestellt, um mehr Eleganz zu erreichen). Am schönsten kommt der Fillioux-Stil im XO zum Ausdruck.

HINE

16, quai de l'Orangerie, 16200 Jarnac   Tel. (45) 81 11 38
Signature · VSOP (FC) · Antique (FC) · Napoléon · XO ·
Old Vintage (GC) · Triomphe (GC) · Family Réserve (GC)
Hine ist einer der achtbarsten Namen in Cognac. Das Haus wurde von Thomas Hine, einem Einwanderer aus Dorset (England), gegründet, der sich 1782 in Cognac niederließ, in die Firma Delamain einheiratete und Teilhaber wurde.

Das Haus Hine wurde bekannt durch faßweise an englische Weinhändler gelieferte Cognacs, die dann unter seinem Namen abgefüllt und an den britischen Adel verkauft wurden (noch heute beliefert es das englische Königshaus). Nur widerstrebend führte Hine ein eigenes Markenzeichen ein, und zwar einen Hirsch (es dürfte sich hierbei um eine Wortspielerei handeln, denn das nahezu gleich wie der Firmenname ausgesprochene Wort *hind* bedeutet «Hindin»), und brachte erst nach dem Zweiten Weltkrieg eine Drei-Sterne-Qualität heraus. 1971 wurde Hine von der Distillers Company aufgekauft, die ihrerseits 1986 von Guinness übernommen wurde. Die Firma wird heute noch von zwei Ururenkeln des Gründers, den Vettern Jacques und Bernard Hine, geleitet.

Bernard ist ein berühmter Koster und stellt die Cognac-«Blends» von Hine entsprechend der auf Eleganz und Leichtigkeit ausgerichteten Familientradition zusammen. Hine besitzt eigene Weinberge und keine Destillieranlagen, sondern kauft alle Cognacs — zur Hälfte jung, zur Hälfte alt. Zur Reifung werden nur kleine Fässer aus Limousin-Eiche verwendet. Der Stil des Hauses läßt die Borderies nicht zu, daher stammen Hine-Cognacs ausschließlich von den Champagnes und den Premiers Fins Bois.

JULLIARD

S. à r. l. Cognac-Pineau Julliard, Pérignac, 17800 Pons
Tel. (46) 96 30 42/41 04
VSOP (PC) 6 · Réserve (PC) 15
Der kleine Erzeuger verkauft nur Cognacs aus einem Gut in einem Dorf in der Petite Champagne, unmittelbar neben einer herrlichen romanischen Kirche aus dem 12. Jh. Er bekennt sich zur Verwendung von *boisé* und Karamel zur Anreicherung seiner Cognacs.

JULLIEN

A. Jullien, Logis de la Mothe, Criteuil, 16300 Barbezieux
Tel. (45) 80 54 02
Grande Champagne 12
Die Familie Jullien besitzt seit 1865 in der Grande Champagne 61 ha Weinberge.

LAFITE

Société Civile du Château Lafite Rothschild, 17, avenue Matignon, 75008 Paris   Tel. (1 42) 56 32 50
Très Vieille Réserve
Unter diesem Namen erschien das erste Produkt aus dem Spirituosenprogramm, das von Baron Eric de Rothschild, dem Hauptteilhaber der Weinbaufirma des Hauses Rothschild, herausgebracht wird. Es ist seiner Herkunft würdig: eine großartige, gehaltvolle, mit schönem Holzaroma versehene Mischung von Cognacs mit einem Alter bis zu 80 Jahren, zum Teil aus den Borderies, zum Teil aus den Champagnes.

GASTON DE LAGRANGE

7, rue de la Pierre-Levée, Châteaubernard, 16100 Cognac
Tel. (45) 82 18 17
XXX 4−5 · VSOP (FC) 8−15 · Napoléon 8−15 · XO (GC) 40+
Besichtigung von Montag bis Freitag, 9 bis 12 Uhr und 14 bis 18 Uhr.
Einen Herrn Gaston de Lagrange hat es nie gegeben, vielmehr wurde das Haus 1961 von dem italienischen Konzern Martini & Rossi gegründet. Es verfügt über 15 ha Weinbergbesitz in den Borderies, jedoch über keine eigenen Destillieranlagen. Es werden nur Cognacs aus den vier besten Gegenden eingekauft.

REMI LANDIER

Domaine du Carrefour (GAEC), Cours de Foussignac, 16200 Jarnac   Tel. (45) 81 14 52
XXX (FB) 4 · VSOP (FB) 8 · Vieille Réserve (FB) 15 ·
Très Vieux Napoléon (FB) 20
Größeres Familienunternehmen in der dritten Generation in den Premiers Fins Bois de Jarnac. Es versteht sich zwar von selbst, ist aber trotzdem ungewöhnlich, wenn auf den Etiketten verkündet wird, daß es sich ausschließlich um Cognacs aus den Fins Bois handelt.

LANDRY

Jacques Landry, Logis de Beaulieu, 17520 Germignac
Tel. (46) 49 13 67
Cognac de Propriétaire (FC) 18
Seit 1972 verkauft M. Landry Cognac aus seinen 19 ha Weinbergen in der hochgeschätzten Petite Champagne d'Archiac, am Ufer des Flüßchens Né gegenüber der Grande Champagne. M. Landry besitzt ein schönes Haus vom Ende des 16. Jh. mit einem herrlichen Taubenschlag.

Seine sechs Destillieranlagen sind zum Teil alt, zum Teil modern — eine davon wurde vor 100 Jahren installiert. Zwar kauft M. Landry vor allem Esprit de Cognac ein, er setzt aber seinen Produkten sechs Monate nach dem Brennen 3 % *boisé* zu.

LARSEN
66, boulevard de Paris, B. P. 41, 16100 Cognac
Tel. (45) 82 05 88
Spécial · VSOP Viking · TVFC · Napoléon · Golden
Viking Hors d'Age · Extra (ferner FC in Flaschen
in Form von Wikingerschiffen bzw. eines Pferdes aus
Limoges-Porzellan)
Alteingesessenes Familienunternehmen. Früher lieferte es Cognac im Faß vorwiegend an die Staatsmonopole im heimatlichen Skandinavien. Noch immer kauft die Firma ihren gesamten Bedarf ausschließlich von Erzeugern in den Fins Bois und den Champagnes. Inzwischen entfällt auf den Absatz in Skandinavien nur noch knapp ein Fünftel des Gesamtabsatzes, da Larsen sich jetzt auf den Vertrieb höherwertiger Cognac-Sorten, oft in besonders geformten Behältnissen, im Fernen Osten konzentriert. Larsen ist besonders stolz auf die leichte und doch charaktervolle Art seiner Cognacs.

LHÉRAUD
Domaine de Lasdoux, Angeac Charente, 16120 Châteauneuf
Tel. (45) 97 12 33
XXX Spécial (FC) 8 · VSOP (FC) 12 · Réserve du
Templier (FC) 10 · Vieille Réserve du Templier (FC)
42° 25 · Très Vieille Réserve du Paradis 52° 50 (FC)
Einer der besten Erzeuger; er vertreibt nur seine eigenen Cognacs. Die Familie Lhéraud lebt seit 1639 auf Lasdoux; ihr Besitz umfaßt inzwischen 62 ha in den besten Lagen der Petite Champagne. Mit dem Cognac-Brennen befaßt sie sich schon seit über 100 Jahren, verkauft aber unter eigenem Namen erst seit 1971. M. Lhéraud wendet viel Zeit für den Absatz seiner Cognacs in Frankreich auf, ist aber inzwischen auch in England ebenso bekannt geworden. In seinem Rebenbestand hat er je 10 % Colombard und Folle Blanche, was zur Bereicherung seiner «Blends» beiträgt. Obwohl er mit neuen Eichenfässern arbeitet, bewahren seine Cognacs doch Eleganz und Ausgewogenheit, vor allem weil er auf *boisé*, Sirup und Karamel verzichtet. Insbesondere der VSOP ist einer der besten auf dem Markt, allerdings noch sehr jung und feurig.

LOGIS DE LA FONTAINE
Siehe Delpech Fougerat.

LOGIS DE LA MONTAGNE
Bonnin & Cie, «Logis de la Montagne», Challignac,
16300 Barbezieux   Tel. (45) 78 52 71

Logis de la Montagne XXX (FB) 4 · **Logis de la Montagne VSOP (FC)** 8 · **Logis de la Montagne Vieille Réserve (FB)** 12 · **Vicomte Stéphane de Castelbajac Réserve (FB)** 12 · **VSOP Vicomte Stéphane de Castelbajac (FB)** 8

M. Bonnin ist für seinen preisgekrönten Pineau de Charente bekannt geworden. Seinen Cognac setzt er zum größten Teil in England, Holland und Deutschland ab. Die Bonnins sind seit vier Generationen Weinbauern und verfügen inzwischen über 30 ha Besitz im äußersten Südosten der Fins Bois, einer Gegend mit konzentriertem Kreideboden, die von Einkäufern der großen Firmen wegen der Delikatesse ihrer Branntweine sehr geschätzt wird. M. Bonnin verkauft auch noch einen Teil seiner Produktion an ein Handelshaus; er setzt den jungen Cognacs *boisé* zu.

LOGIS DE MONTIFAUD

Pierre Landreau, Montifaud, Salles d'Angles, 16130 Segonzac   Tel. (45) 83 71 26
XXX (FC) 10 · **Réserve (GC)** 20 · **Vieux Cognac (GC)** 50

M. Landreau verkauft nur Cognacs von seinen eigenen 17 ha, zum größten Teil in der Grande Champagne. Er lagert seinen Cognac sehr lange und verwendet keine Zusatzstoffe.

LUCIEN-FOUCAULD

Siehe Compagnie Commerciale de Guyenne.

MARAY-JOLY

Siehe Roussille.

MARCHIVE

S. à r. l. René & Gilles Marchive, Logis de Scée, Vars, 16630 St-Amant-de-Boixe   Tel. (45) 21 44 34
XXX (FB) 3 · **VSOP (FB)** 5 · **Napoléon (FB)** 15 · **Très Vieille Réserve (FB)** 40

Die Familie Marchive, die seit 1872 in einem Bauernhaus aus dem 11. Jh. im äußersten Nordosten der Fins Bois lebt, treibt seit vier Generationen Weinbau. Heute verkauft sie Cognac, der ausschließlich aus den eigenen 26 ha Weinbergen stammt und in zwei modernen Destillieranlagen gebrannt wird.

MARQUIS DE ST-MAIGRIN

GAF Le Château de St-Maigrin, St-Maigrin, 17520 Archiac Tel. (45) 78 47 40
VSOP (BB) 5 · **Vieille Réserve (BB)** 6–10 · **Grande Réserve Extra (BB)**

Das Château de St-Maigrin auf dem Etikett ist zwar imposant, aber auch etwas gewöhnlich. Das Gut selbst ist durchaus nicht so eindrucksvoll: 23 ha in den ungünstigen Bons Bois, wenn auch in deren besseren Lagen südlich von Barbezieux. Die heutigen Besitzer sind Verwandte von M. Dettling, der den besten Kirsch der Welt brennt, und dürften deshalb auch ihrerseits qualitätsbewußt sein.

MARQUIS DE SAUVAL
Siehe Prunier.

MARQUIS DE VALLADE
Siehe Chollet.

MARTELL

Place Edouard-Martell, 16101 Cognac   Tel. (45) 82 44 44
XXX (VS) 5—7 · Médaillon (VSOP) 10—12 · Cordon
Rubis 12—18 · Cordon Noir Napoléon 15—20 · Cordon
Bleu 20—30 · Cordon Argent/Extra 50+
*Besichtigung von Montag bis Freitag, 8.30 bis 11 Uhr und 14
bis 17 Uhr; im Juli und August auch an Samstagen geöffnet.*
Die älteste der großen Cognac-Firmen ist am wenigsten
bereit, viel Worte über sich zu machen, und wird deshalb
am leichtesten unterschätzt. 1715 kam Jean Martell aus
seinem Geburtsort Jersey, damals ein Hauptschauplatz des
Brandy-Schmuggels mit England, hierher nach Cognac,
vermutlich um für Nachschub zu sorgen. Er blieb und heiratete zweimal — beide Male Töchter von Cognac-Händ-
lern. Seine zweite Frau, Rachel Lallemand, war Nachfahrin
des ältesten Handelshauses in Cognac. Nach Jeans Tod
führte sie das Geschäft unter dem Namen Veuve Martell-
Lallemand weiter. Martell wuchs in der Revolutionszeit
zur führenden Cognac-Firma heran und ist heute noch die
zweitgrößte.
    In der Mitte des 19. Jh. ging die Kontrolle über das
Unternehmen an die Firino-Martells über, die in die Familie Martell eingeheiratet hatten und noch immer die Ak-
tienmehrheit besitzen. Nach dem Einfall der Reblaus fe-
stigte die Firma ihre Vormachtstellung. Es wurden große
neue Destillieranlagen gebaut — die ausgedehnten Keller
und Lagerhäuser mitten in Cognac bilden mit ihren 16 Ab-
füllstraßen wirklich so etwas wie eine Stadt für sich.
    Martell verdankt seine Blüte dem mühsamen Kleinver-
kauf seiner Cognacs an Gaststätten und Cafés in Frankreich und England, wo das Haus noch immer der Marktführer ist. Die halbe Flasche «Medicinal Brandy», die zur
Ausstattung selbst des bescheidensten englischen Haus-
halts gehörte, stammte unweigerlich von Martell. In den
Jahren 1922 bis 1947, als die Firma eine Partnerschaft mit
Hennessy (s. dort) unterhielt, ging ihr viel von ihrem Elan
verloren, und seit der Auflösung dieser Partnerschaft
wurde die Vormachtstellung in diesen beiden traditionellen Märkten weiter erschüttert.
    Im 19. Jahrhundert bauten sowohl die Firma als auch
die Familie einen beträchtlichen Landbesitz auf. Der Firma
gehören heute 42 ha in der Grande Champagne, 133 in der
Petite Champagne und 90 in den Borderies, während der
Familienbesitz 53 ha in der Grande Champagne, 44 ha in
der Petite Champagne, 8 in den Borderies und 20 in den
Fins Bois umfaßt. Zusammen können diese Weinberge jedoch nur 5 % des Traubenbedarfs decken. Die 28 firmeneigenen Destillieranlagen werden mit Brennwein von eige-

nem Weinbergbesitz und von 2600 Erzeugern in den vier wichtigsten *Cru*-Bereichen versorgt. Außerdem kauft Martell über die Hälfte seines Bedarfs nicht als Brennwein, sondern als jungen Cognac bei Erzeugern in diesen vier Bereichen ein.

Das Haus Martell hat seinen eigenen und ganz besonderen Stil, über den die Familie Chapeau, die seit sieben Generationen die «Blends» zusammenstellt, eifersüchtig wacht (die Mutter des heutigen «Chef-Blenders» Pierre Frugier war eine geborene Chapeau). Der Stil beruht auf scharfem Brennen des Cognacs, der dadurch eine relativ neutrale Grundlage abgibt; dann wird er hauptsächlich in dichtgemaserter Tronçais-Eiche gelagert und reift deshalb sehr langsam. Diese Behandlung eignet sich besonders gut für die von Martell bevorzugten Cognacs aus den Borderies, die allen Produkten des Hauses das charakteristische Nußaroma verleihen. In Übereinstimmung mit der klassischen Tradition legt Martell so großen Wert auf die Einbeziehung von Borderies-Cognac in die «Blends», daß keines der Erzeugnisse des Hauses (nicht einmal der lange Zeit als Musterbeispiel eines hochwertigen Cognacs einer größeren Firma angesehene ausgezeichnete Cordon Bleu) rein aus Branntwein aus den Champagnes bereitet wird.

MENARD

J.-P. Ménard et Fils, 16720 St-Même-les-Carrières
Tel. (45) 81 90 26
Sélection des Domaines (GC) 3 — 5 · **VSOP (GC)** 8 — 10 ·
Napoléon (GC) 20 — 25 · **Vieille Réserve Extra (GC)** 42° 35 ·
Ancestrale (GC) ca. 50

Familiengut mit 80 ha Weinbergen; seit 1815 wird hier Cognac produziert, aber erst seit 1946 im Direktverkauf in Deutschland, Belgien und Holland sowie in Frankreich abgesetzt. Der Schwerpunkt liegt auf Echtheit (z. B. wird der ältere Cognac mit seiner natürlichen Alkoholstärke angeboten), bei Vermeidung von Zusatzstoffen.

MENUET

SCA Latonnelle Cognac-Pineau Menuet,
16720 St-Même-Les-Carrières   Tel. (45) 81 91 55
XXX (GC) 4 · **VSOP (GC)** 6 · **Vieille Réserve (GC)** 12 ·
Extra (GC) 18 · **Vieux Cognac (GC)** 40

Die Familie Menuet brennt seit 1850 Cognac und vertreibt ihn auch selbst zumindest seit 1900, als sie auf der Weltausstellung in Paris eine Goldmedaille damit gewann. Der Weinbergbesitz beläuft sich auf 50 ha in der Grande Champagne. Die Produktion der modernen Destillieranlage wird zu einen Zehntel in Deutschland abgesetzt, der Rest geht zum größten Teil an Privatkunden in Frankreich.

MEUKOW

Siehe Compagnie Commerciale de Guyenne.

MONNET
52, avenue Paul-Firino, 16100 Cognac   Tel. (45) 35 13 40
Le Club 2 — 5 · VSOP 8 — 12 · Napoléon 15 — 20 · XO
25 — 30 · Joséphine 40 — 45
Die Firma wurde gegründet vom Vater des unbestreitbar
größten Sohnes der Region Cognac, des Staatsmanns Jean
Monnet, den man den «Vater Europas» nennt. Wie Jean-
Antoine Salignac (s. dort) fungierte auch der Firmengrün-
der als Leiter einer Gruppe von Erzeugern, und er wan-
delte das Unternehmen nach und nach aus einer Genossenschaft in seine eigene Firma um. Er und sein Geschmack an älteren und feineren Cognacs blieben bis zum
Zweiten Weltkrieg hochberühmt. In den 60er Jahren
kaufte die deutsche Firma Scharlachberg (s. dort) das Unternehmen auf und produziert nunmehr ein ganzes Programm an Cognacs aus den vier besten Cru-Bereichen. Eigenen Weinbergbesitz und eigene Destillerien hat Monnet
nicht aufzuweisen.

MONTAUZIER
Bors-de-Montmoreau, 16190 Montmoreau-St-Cybard
Tel. (45) 60 32 86
Napoléon (BB) 20
Einer von wenigen Erzeugern in den Bons Bois, der ein
wahrhaft hochwertiges Produkt anzubieten hat. Pierre
Montauzier kann von Glück sagen: Sein 5-ha-Weinberg
liegt in den Coteaux de Baffoux in den südöstlichen Bons
Bois, wo einige Einkäufer großer Firmen gern kaufen. Er
selbst vertreibt nur einen von Zusatzstoffen freien, 20 Jahre
lang gereiften Cognac in besonderen Flaschen mit Gold-
muster.

PIERRE MORANDIERE
Le Breuil, Saint-Georges-des-Agouts, 17150 Mirambeau
Tel. (46) 86 02 76/49 68 08
XXX (FB) 4 — 6 · VSOP (FB) 6 — 12
Unternehmungsfreudiger Erzeuger im äußersten Südwe-
sten der Region Cognac auf einer kleinen Lage mit Kreideboden an der Gironde-Mündung. Als M. Morandière von
seinem Vater einige Weinberge erbte, ließ er den Wein von
einem Freund brennen und verkaufte den Cognac. Dann
baute er geeignete Anlagen zum Lagern und Abfüllen seiner Produktion. Seine Söhne erweitern nun sein Werk.

MOYET
Etablissements Moyet, 62, rue de l'Industrie, B. P. 106,
16104 Cognac   Tel. (45) 82 04 53
48, rue du Château-d'Eau, 75010 Paris   Tel. (1 42) 08 44 65
Ein Journalist bezeichnete einmal Moyet als «Cognac-
Antiquariat», und die Besitzer Marc-Georges und Pierre
Dubarry nahmen diesen Fingerzeig auf. Sie geben zu, daß
sie aus einem Zufall, aber mit großem Gewinn über die
Idee stolperten, wie man die Welt der Gastronomie am be-
sten für feinen Cognac interessieren kann, indem man

nämlich Kennern limitierte Mengen aus Fässern mit altem Cognac anbietet.

Moyet, einst eine klassische kleine Firma, wurde 1864 gegründet und erlangte um die Jahrhundertwende einen Höhepunkt; damals legte die Familie einen großen Vorratsbestand an feinen Cognacs an, der mehrere Generationen lang unberührt liegenblieb, weil die Familie das Interesse daran verlor. Die Firma wurde von einem alten *maître de chai* verwaltet, der die kostbaren Vorräte nicht antasten wollte. Nach seinem Tod beschloß die Familie den Verkauf des Unternehmens, und M. Georges, dessen Frau mit der Familie Moyet verwandt war, kaufte es Ende der 70er Jahre.

1984 kosteten einige bekannte *sommeliers* ein paar von den alten Cognacs und schlugen den neuen Besitzern vor, ihr Erbe vorteilhaft an den Mann zu bringen, und das taten sie denn auch. Manche ihrer Angebote sind «Blends», manche kommen aus einem einzelnen Faß, manche sind verdünnt, aber alle sind völlig individuell und einzeln numeriert. So wurde der Moyet bald zum modischsten Cognac der modebewußten Szene in Paris. Zum Auffüllen der Bestände arbeitet Moyet jetzt mit dem größten *bouilleur de profession* der Region Cognac, Les Viticulteurs Réunis, zusammen und erhält auf diesem Umweg Zugang zu deren Beständen an alten Cognacs sowie zu den Vorräten einzelner Erzeuger.

Die Moyet-Cognacs sind ohne Ausnahme ölig, voll, rund und für ihr Alter höchst jugendlich lebendig. Probiert man das Programm durch, dann merkt man erst so recht, was durch den modernen Trend zur beschleunigten Alterung alles verlorengeht. Manchen dieser alten Cognacs mangelt es zwar am ausgeprägten Charakter, doch können sie einzigartige Untertöne von Melasse und jene kräftige Vanillenote aufweisen, die für die besten Cognacs im alten Stil so bezeichnend ist.

MUMM

Joseph E. Seagram, 375 Park Avenue, New York, NY 10152
Tel. (212) 572 7000
Mumm VSOP 6 +
Ein nur in den USA verkaufter Cognac, der nach dem Champagner-Haus benannt ist, das sich ebenfalls im Besitz von Seagram befindet. Der Cognac bleibt ein weiteres Jahr im Eichenfaß, nachdem er auf die für den Verkauf erforderliche alkoholische Stärke verdünnt wurde.

NORMANDIN

Siehe Gemaco.

NORMANDIN-MERCIER

Château de la Peraudière, 17139 Dompierre
Tel. (46) 34 28 11
Vieille Fine Champagne 15 · Réserve (GC) 30 · Très Vieille

(GC) — vor 1914, unverdünnt · Petite Champagne Vieille 1965 54° · Grande Champagne 1963 49°

1872 vom Urgroßvater des heutigen Besitzers gegründet. Er hieß Jules Normandin und war Makler in Cognac. Zunächst arbeitete er mit seiner Schwiegermutter, Madame Mercier, zusammen und kaufte neun Jahre später das Château de la Peraudière, doch besitzt die Familie weder Weinberge noch Destillieranlagen. Im Verlauf von 25 Jahren nach dem Zweiten Weltkrieg spezialisierte sich die Firma auf die Lieferung alter Cognacs an die großen Handelshäuser; dann nahm sie den Vertrieb ihrer eigenen «Blends» — oft mit ihrer natürlich erreichten alkoholischen Stärke — vorwiegend an Fachgeschäfte in den USA, Deutschland und Australien auf.

OTARD

Château de Cognac, 127, boulevard Denfert-Rochereau, 16101 Cognac   Tel. (45) 82 40 00
VS/XXX · Baron Otard VSOP (FC) 8 · Napoléon ·
Princes de Cognac (FC) 15
Besichtigung des Châteaus täglich von 9 bis 17 Uhr.

Einer der berühmtesten Namen in Cognac, zum Teil weil zu dem Besitz der Firma das unter Denkmalschutz stehende Château de Cognac aus dem 16. Jh. gehört. Gegründet wurde das Haus 1799 von Jean Dupuy, Weinbauer in Cognac, und Jean-Antoine Otard de la Grange, einem Grundbesitzer, der von seinen Pächtern vor dem Revolutionsterror gerettet wurde. Er war Nachfahre einer schottischen Adelsfamilie, die dem Haus Stuart im Unglück treu geblieben und mit nach Frankreich ins Exil gegangen war. Otard und Dupuy machten gute Geschäfte und konnten das Château bald kaufen. Schließlich wurde die Firma zu einer der «Großen Drei» am Anfang des 19. Jh. (M. Otards Stadthaus ist heute das Rathaus von Cognac.)

«Am Anfang des 20. Jahrhunderts interessierten sich die Besitzer mehr für die Politik und das Gesellschaftsleben als für den Cognac», erzählt M. de Ramefort, dessen Familie 1930 die Firma kaufte. «Früher hatte sich der Absatz zu sehr auf den lateinamerikanischen Markt konzentriert, und als dann schließlich die Konkurrenz begann, den eigenen Cognac in Flaschen zu füllen und unter dem eigenen Namen zu verkaufen, hieß es: ‹Wir sind doch keine Krämer›.»

Ende 1986 kaufte die englische Brauereigesellschaft Bass die Firma, nachdem eine Zeitlang die Familie de Ramefort gemeinsam mit St-Raphaël, der im Besitz von Martini befindlichen Aperitif-Firma, die Geschicke des Hauses bestimmt hatte.

Eigene Weinberge oder Destillieranlagen hatte das Haus nie; in den 70er Jahren konnte es seinen guten Ruf mit der Marke Baron Otard wieder festigen.

JEAN-LUC PASQUET

Chez Ferchaud, Eraville, 16120 Châteauneuf
Tel. (45) 97 07 49

XXX (PC) 3—4 · **Extra (GC)** 8 · **Napoléon (GC)** 15 ·
Vieille Réserve (GC) 25 · **Très Vieux (GC)** 50 +

Kleiner Familienbetrieb im Herzen der Grande Champagne. Seit 1873 wird der eigene Cognac hier gebrannt.
Ein Teil der Produktion aus der 65 Jahre alten 5-hl-Destillieranlage wird unter eigener Regie zur Hälfte in Deutschland vertrieben.

ANDRE PETIT

16480 Berneuil   Tel. (45) 18 55 44

XXX 4—5 · VSOP 10—12 · Napoléon 20—25 · Vieille
Réserve 35—40

Vor 1930 verkaufte M. Jacques Petit seine aus dem 19. Jh.
stammende 10-hl-Brennanlage an Hennessy. Heute verfügt er noch über eine größere Destillieranlage, kauft aber
bei anderen kleinen Erzeugern auch Cognac auf, um die
Produktion seiner eigenen 15 ha Weinberge (¹/₅ mit Colombard besetzt) im ungünstigen Westteil der Fins Bois zu
ergänzen.

PHILIPPE DE CASTAIGNE

Domaine de Lafont, 16200 Jarnac
Tel. (45) 81 77 36/35 81 72
XXX 5 · Réserve Spéciale VSOP (68 cl) 10 (auch als Very
Special Fine Pale angeboten) · Napoléon · Réserve
Ancienne 25 · Extra Vieux (GC) 35 · Très Vieux: 1893,
1850
Favraud, Château de Souillac:
XXX La Marque du Château · Napoléon · Vieille Réserve
la Marque du Château

Die aus Italien stammende Familie Castaigne ließ sich am
Anfang des 16. Jh. in Cognac nieder. 100 Jahre später war
der bekannte Alchimist Gabriel de Castaigne am Hof
Henri IV ein hoher Beamter.

Die Cognac-Marke entstand 1860, geriet dann aber in
Vergessenheit, bis 1980 der Name, das schöne Château aus
dem 17. Jh. in den Fins Bois und die 45 ha Weinberge in
den Besitz von M. und Mme Philippe Vallentin-Dulac
übergingen. Fünf Jahre danach kauften sie auch die alte
Firma Favraud, um den Absatz ihrer Cognacs in den USA
und im Fernen Osten zu verbessern.

Die Domaine verfügt über fünf größere moderne Destillieranlagen, doch wird auch Cognac zugekauft, allerdings nur aus den Champagnes und den Fins Bois de Jarnac. Besonders stolz ist M. Vallantin-Dulac auf seine Erfindung des sogenannten «Cigar-Drink», eines zigarrenförmigen Glases mit altem Cognac.

JEAN PHILIPPON

Jean & Dominique Philippon «Le Logis de Mosnac»,
16120 Châteauneuf   Tel. (45) 62 53 79
Napoléon «Tastes 10 years old» · XO «Tastes 15 years
old» · Très Vieille Réserve «Tastes 30 years old» ·
Héritage de mes Aieux 44° 1914

Die Familie produziert seit 1867 Cognac von eigenen 36 ha Weinbergen am relativ flachen Westrand der Petite Champagne, am Ufer der Charente. Ungewöhnlich ist, daß die Herkunft aller dieser Cognacs aus der Petite Champagne auf den Etiketten nicht erwähnt wird. Höchst bemerkenswert ist der unverdünnt mit 44° angebotene Cognac aus dem Jahr 1914, den man, wie M. Philippon sagt, «nur mit tiefer innerer Bewegung trinken kann».

JEAN-CLAUDE PLUCHON
5, rue Aragon, Sillac, 16000 Angoulême   Tel. (45) 91 92 62
Constellation (GC) 8 · Sélection 12 · Sélection de Luxe (GC) 15
M. Pluchon lebt in Angoulême, verfügt aber über über 10 ha Weinbergbesitz in Treillis bei Salles d'Angles in der Grande Champagne. Er brennt zwar nicht selbst, doch er übernimmt die Lagerung (in schönen Empire-Gebäuden hinter einem würdigen Tor aus dem frühen 19. Jh.); Zusatzstoffe verwendet er nicht.

PRINCE HUBERT DE POLIGNAC
49, rue Lohmeyer, 16102 Cognac   Tel. (45) 82 45 77
VS 5−8 · VSOP (FC) 12−15 · Napoléon 18−20 · XO 20+
Paul Bocuse (FC)
Besichtigung täglich vom 1. Juli bis 15. September: 9 bis 13 Uhr und 14 bis 19 Uhr. Zu anderen Zeiten des Jahres nur für Gruppen.
Die einzige große Winzergenossenschaft in der Region Cognac. Alle bisherigen Bemühungen in dieser Richtung schlugen fehl, stets wurden die Genossenschaften von ihren Leitern schließlich in Privatfirmen umgewandelt. Nur die 3500 Erzeuger, die zur Unicognac (s. dort) gehören, haben sich bisher ihre Unabhängigkeit bewahren können. Die Mitglieder bringen zusammen eine Produktion von 500 000 hl hervor und sind in verschiedenen Gegenden beheimatet: 50 % in den Fins Bois, 33 % in den Bons Bois, jedoch nur 6 % in der Grande Champagne, 9 % in der Petite Champagne und 3 % in den Borderies. (10 % Colombard-Trauben sorgen für Abwechslung.)

1947 gestattete die alte Familie Polignac es der Unicognac, ihren Namen als Cognac-Marke zu verwenden, und seither hat die Bedeutung in Frankreich (vor allem auf Supermärkten) und in 85 weiteren Ländern stark zugenommen. Die Unicognac arbeitet nicht mit Zusatzstoffen; da aber ihre Cognacs aus so vielen unterschiedlichen Quellen zusammenkommen (über vier Fünftel aus den Bois), ist es schwierig, einen einheitlichen Stil des Hauses zu entwickeln — was den großen Meisterkoch Paul Bocuse, der seinen Cognac bei der Genossenschaft kauft, nicht zu stören scheint.

PRUNIER

Maison Prunier, 16102 Cognac   Tel. (45) 82 01 36
VS · VSOP · Fine Champagne · Napoléon · Family
Réserve
Marquis de Sauval: XXX · VSOP · Napoléon

Die Familie Prunier liefert seit 1700 Cognac. 1918 nahm die Witwe von Alphonse Prunier ihren Neffen Jean Burnez ins Geschäft, und sein Sohn Claude leitet heute das Familienunternehmen.

MADAME RAYMOND RAGNAUD

Le Château Ambleville, 16300 Barbezieux
Tel. (45) 83 54 57
Haute Roche Réserve (FC) 4 + · Le Château Ambleville
Vieille Réserve (GC) 41° 5 + · Le Château Ambleville
Réserve Extra (GC) 42° 5 + · Le Château Ambleville Hors
d'Age (GC) 43°

Madame Ragnaud verfügt über ideale Voraussetzungen für den Direktverkauf an Privatkunden. Ihr Weinbergbesitz besteht aus nur 18 ha, aber in den feinsten Lagen der Grande Champagne. Die Altersangaben auf ihren Etiketten werden ihren Cognacs nicht gerecht, deren reife Milde die meisten Grandes Champagnes erst nach 10 oder 12 Jahren erreichen. Auch die überzeugtesten Verfechter von Blends müssen die Tiefe, das herrliche Holzaroma und die wundervolle Genußfülle der Cognacs von Mme Ragnaud anerkennen.

RAGNAUD SABOURIN

Domaine de la Voute, Ambleville, 16300 Barbezieux
Tel. (45) 80 54 61
VS (GC) 4 · VSOP (GC) 10 · Réserve Spéciale (GC) 20 ·
Fontvieille (GC) 43° 35 · Folle Blanche (GC) 15 · Héritage
Ragnaud (GC) «Beginning of the century» · Le Paradis
«Beginning of the century + 10 % pre-phylloxera»

Vor 40 Jahren nahm Gaston Briand, damals Vorsitzender des Winzerverbands Cognac, den Vertrieb seiner eigenen Cognacs auf. Das Geschäft wurde von seiner Tochter und seinem Schwiegersohn, Denise und Marcel Ragnaud, weitergeführt und steht heute unter der Leitung ihrer Tochter und ihres Schwiegersohns, Annie und Paul Sabourin.

Die Familienfirma hat als direkt vertreibendes Unternehmen einen wohlverdienten, sehr guten Ruf; ungewöhnlich ist, daß der Absatz der Produktion aus den 50 ha Weinbergen in der Grande Champagne im Ausland doppelt so hoch ist wie in Frankreich. Der klassische, tiefe, durch Holzaroma gekennzeichnete und traditionsgebundene Stil des Hauses kommt am besten in den älteren Cognacs zum Ausdruck.

REMY MARTIN

E. Rémy Martin, 20, rue de la Société Vinicole, B. P. 37,
16102 Cognac   Tel. (45) 35 16 16

VS (FC) 3 · VSOP (FC) 7 · Centaure Napoléon (FC)
15—17 · Centaure XO (FC) 22—25 · Centaure Extra (FC)
27—30 · Louis XIII (GC) 50+ (Verkauf in einer Kristall-
Baccarat-Flasche nach dem Vorbild einer Flasche, die auf
dem Schauplatz der Schlacht von Jarnac [im 16. Jh.]
gefunden wurde)

Die erstaunlichste Erfolgsgeschichte im modernen Cognac.
Die Firma wurde 1724 gegründet, war aber so gut wie erlo-
schen, als sie 200 Jahre später von André Renaud übernommen wurde. Er war ein Weinbauer und heiratete eine
Tochter der Familie Frapin (s. dort), die über größere
Weingüter in den Champagnes verfügte. Auf der Grundlage der in dieser Familie vorhandenen Cognac-Bestände
und mit der Hilfe eines holländischen Verkaufsgenies namens Otto Quien erschloß er sich für seine nur aus den
Champagnes stammenden Cognacs einen Absatzmarkt im
Fernen Osten.

Nach 1945 konzentrierte sich die Firma auf ihren
VSOP in der Mattglasflasche und mit einer Skizze der Region Cognac, in deren Mitte die beiden Champagnes her-
vorgehoben sind. Er wurde nach und nach in aller Welt als
Inbegriff des modernen Cognacs anerkannt, insbesondere
seit nach dem Tod von André Renaud sein Schwiegersohn
André Hériard-Dubreuil die Firma übernahm (1965). Ihm
gelang es, das Programm durch höherwertige Cognacs der
Reihe Centaure aufzuwerten; er mußte allerdings in England und den USA auch eine preiswerte VS-Variante ein-
führen. Heute gehört Rémy Martin der Ertragslage nach
zu den zwei oder drei größten Cognac-Firmen. Ähnlich wie
Hennessy und im Gegensatz zu Courvoisier und Martell
erzielt Rémy Martin seine Umsätze zum größten Teil im
Ausland.

Rémy Martin ist heute noch ein Familienunternehmen,
obwohl es bittere interne Streitigkeiten gegeben hat. Seit
rund zehn Jahren prozessiert die Familie von Mme Max
Cointreau, der jüngeren Tochter von André Renaud, gegen
die Familie Hériard-Dubreuil wegen verschiedener Streit-
fragen im Zusammenhang mit ihren Rechten als Minder-
heitsteilhaber (und als Besitzer von Frapin).

Inzwischen hat Hériard-Dubreuil das Unternehmen
durch Erwerbung von zwei Champagner-Häusern (Krug
1973 und Charles Heidsieck 1986) sowie der Weinfirmen
Nicolas und de Luze (in Bordeaux) erweitert und die
Rémy-Martin-Vertriebsgesellschaft im Fernen Osten auf
Aktien umgestellt.

Da sich Rémy Martin ausschließlich auf Cognacs aus
den beiden Champagnes stützt und diese relativ jung verkauft, muß das Haus den Reifeprozeß nach Möglichkeit
beschleunigen. Deshalb wird der Wein *sur lie* gebrannt, um
höhere Fruchtigkeit zu erzielen, und anschließend in groß-
poriger Limousin-Eiche gelagert. Der so entstehende Stil
ist unbestreitbar geschmeidig und ansprechend, weist einige Tiefe und Frucht auf, kann aber die Subtilität anderer
feiner Cognacs nicht erreichen.

RENAULT

Castillon Renault, 23, rue du Port, 16101 Cognac
Tel. (45) 85 52 88
XXX 3 — 5 · **OVB (Old Vintage Blend)** · **Carte Noire**
Extra 10 — 15 · **XO Royal** 15 — 20 · **150ᵉ Anniversaire** 50 +

Das Haus wurde 1835 von Jean Antonin Renault gegründet. Er war einer der ersten Händler, die Cognac in Flaschen exportierten, und sein Markenname wurde dadurch rasch bekannt. Das Haus Renault vereinigte sich 1963 mit Castillon und befindet sich heute weitgehend im Besitz des Bank- und Handelshauses Louis Dreyfus.

Als klassische Handelsfirma kauft Renault 30 000 hl Wein aus den fünf besten *Cru*-Bereichen ein und verarbeitet sie in sechs modernen Brennereianlagen; es werden jedoch auch Cognacs anderer Brennereien zugekauft. In den letzten Jahren wurde der Name Castillon aufgegeben und Renault als einzige Marke beibehalten. Der XXX wird nur in Kanada und Irland, der OVB nur im Fernen Osten auf den Markt gebracht.

Über vier Fünftel der Umsätze von Renault entfallen jedoch auf Carte Noire, der nur in Skandinavien verkauft wird. Als Zusatzstoffe werden die zulässigen 2 % Zucker sowie eine Spur Karamel zur Farbverbesserung beigemischt, um, wie die Firma selbst sagt, den «klassischen, runden und durch Holzaroma gekennzeichneten Stil des Hauses» zu gewährleisten.

JULES ROBIN

36, rue Gabriel-Jaulin, 16100 Cognac   Tel. (45) 82 17 23
XXX · **VSOP** · **Napoléon** · **XO** · **Sélection des MM**
Troisgros 43° (GC)

Das 1782 gegründete, einst sehr berühmte Haus war im ganzen 19. Jh. vor allem im Umsatz mit Flaschen-Cognac in England führend. Später konzentrierte es sich auf die Märkte im Fernen Osten. Die angebliche Kollaborationsbereitschaft der Familie während des Kriegs und anschließend der Verlust des chinesischen Markts nach der kommunistischen Machtübernahme 1949 führte im gleichen Jahr zum Verkauf an Martell (s. dort). Heutige Spezialität: «milde, reife» Cognacs.

ROI DES ROIS

Siehe Unicognac.

ROLAND RIVIERE

«Saint Pardon», Mortiers, 17500 Jonzac   Tel. (46) 48 61 55
VSOP (FB) 10 · **Vieille Réserve (FB)** 20 · **Vieux Cognac**
(FB) 40

Familienbetrieb mit 18 ha Weinbergen in guter Lage in den südlichen Fins Bois. Der Umsatz wird zu zwei Fünfteln in Holland getätigt. Die Firma verfügt über ausreichende Bestände an Grande Champagne, so daß sie eine höherwertige Marke herausbringen kann.

ROCHECORAIL
Siehe Roussille.

ROULLET
Le Goulet de Foussignac, 16200 Jarnac   Tel. (45) 81 14 58
20, rue Tournefort, 75005 Paris   Tel. (1 45) 87 04 00
XXX VS Amber Gold 3 + · VSOP Réserve 6 + · Vieille
Réserve/Grande Réserve 11 — 13 · Extra 20 · Grande Fine
(FB) · XO 30 · Très Rare 57 & 60
Eine glückliche Mischung aus altehrwürdiger Tradition
und modernem Unternehmertum. Die Familie Roullet
treibt seit fast vier Jahrhunderten Weinbau in den Premiers Fins Bois de Jarnac auf einem Besitz mit einem
Gutshaus aus dem frühen 17. Jh. Die 22 ha Weinberge, in
denen noch kleinere Colombard- und Folle-Blanche-Be-
stände vorhanden sind, decken noch immer vier Fünftel
des Bedarfs.

Roullet gehört heute zur Hälfte dem englischen Braue-
reikonzern Greene King; es kann sich auf zwei bedeutende
Aktivposten stützen: einen begrenzten Vorrat an sehr alten, in gläsernen *jehannes* aufbewahrten Cognacs, die als
Très Rare in limitierten Mengen angeboten werden, sowie
die Möglichkeit, einen alten Fins Bois aus dem eigenen
Gut unter dem (bedeutungslosen) Namen Grande Fine liefern zu können. Der größte Teil des Umsatzes wird im
Ausland erzielt. In Frankreich wird das Feinkost-Unter-
nehmen Hédiard beliefert.

ROUSSILLE
Linars, 16730 Fléac   Tel. (45) 91 05 18
Roussille:
XXX (FB) 4 · VSOP (FB) 8 — 10 · Vieille Réserve/XO
(FB) 20
Domaine de Libourdeau
Maray-Joly
Rochecorail
Ein Gut in den östlichen Fins Bois auf den letzten Kreide-
hängen vor Angoulême. Die Firma geht zurück auf das
Jahr 1928, als Gaston Roussille den Cognac-Verkauf be-
gann, und sie wird heute von seinem Enkel Christian gelei-
tet. Zwei große moderne Destillieranlagen sind in ebenso
modernen Gebäuden untergebracht. Es wird ein Pro-
gramm verschiedener Cognacs unter mehreren Namen angeboten, 20 % gehen nach Deutschland.

ROUYER
Rouyer Guillet, Château de la Roche, 17100 Saintes
Tel. (46) 93 15 26/01 41
Brevet Royale 4 · Damoisel VSOP 15 · Rois de France 30 ·
Philippe Guillet (GC) 80
Das 1701 von Philippe Guillet gegründete Haus ist noch
immer im Besitz der Familie.

LOUIS ROYER

B. P. 12, 16200 Jarnac   Tel. (45) 81 02 72
XXX · VSOP (FC) · Grande Réserve Extra (FC) · Grande Fine Champagne Extra · XO Réserve
Das im 19. Jh. gegründete Haus Royer war früher Spezialist für faßweisen Versand von Cognac. Erst vor einigen Jahren begann Alain Royer, der älteste Sohn des Besitzers, damit, eigene «Blends» zusammenzustellen und feine, elegante Cognacs im Stil von Delamain und Hine hervorzubringen, die er unter dem Namen Jules Duret anbietet (das ist der Name eines wenig erfolgreichen Cognac-Händlers, der einmal von Manet gemalt wurde und dessen Firma an Royer übergegangen ist). 1986 gab es Familienstreit, Alain Royer verließ die Firma und gründete eine eigene: de Fussigny (s. dort). Noch im gleichen Jahr wurde Royer an den japanischen Getränkekonzern Suntory verkauft.

ROY RENE

Le Mas, Juillac-le-Coq, 16130 Segonzac   Tel. (45) 83 47 09
30 ha großes Familiengut in der Grande Champagne mit mildem, angenehmem, vollem Cognac.

SALIGNAC

Domaine du Breuil, B. P. 4, 16101 Cognac   Tel. (45) 81 04 11
XXX 3 · VSOP 6 · Napoléon 7+ · XO
Gegründet als Genossenschaft unter der Leitung von Antoine de Salignac, dem sein Sohn Pierre-Antoine zur Seite stand. In den 30er Jahren des letzten Jahrhunderts stellten sie sich politisch und kommerziell gegen die großen Cognac-Firmen. Später ging Salignac dann seine eigenen Wege und verkaufte Cognac in Flaschen anstatt in Fässern, wie es den Erzeugern lieber gewesen wäre. 1924 fusionierte das Haus mit Henri Roy und ist heute Bestandteil von Courvoisier.

SAUNIER DE LONGCHAMPS

Siehe Delpech-Fougerat.

PIERRE SEGUINOT

«La Nerolle», B. P. 21, 16130 Segonzac   Tel. (45) 83 41 73
VSOP (GC) 8 · Réserve (GC) 10 — Vieille Réserve (GC) 15 · Napoléon (GC) · XO (GC)
Alteingesessene Familie mit 57 ha in der Grande Champagne; dieses Gut ermöglicht ihr den Verkauf eines stetig wachsenden Programms an Cognac ohne jegliche Zusatzstoffe. Der größte Teil der Produktion wird nach Deutschland, den USA, Holland, Dänemark und England exportiert.

SIEUR DE PLAISANCE

Guy Testano, Sieur de Plaisance, Lamerac, 16300 Barbezieux   Tel. (45) 78 04 61
VSOP 5 · Napoléon 10 · Réserve Hors d'Age 20 · Réserve d'Antan (GC)

M. Testano besitzt 20 ha Weinberge in den Champagnes — sein Vater und sein Großvater waren Weinbauern. Er kauft aber auch Cognac zu; der größte Teil seines Angebots stammt jedoch aus nur einem *Cru*-Bereich.

TALLEFORT
La Champagne de Saint-Preuil, Saint-Preuil,
16130 Segonzac   Tel. (45) 83 31 99
VS/XXX 7—9 · VSOP (FC) 8—12 · Napoléon (FC)
12—15 · Vieille Réserve (FC) 16—20 · XO (FC) 20—30 ·
Hors d'Age (GC) 45—55
Erst vor einigen Jahren von vier Erzeugern, Philippe Boujut, Christian Jobit, Christian Fontanaud und Jean-Bernard Millon-Mesnard, gegründet. Sie verfügen zusammen über 100 ha Weinberge, 60 in der Grande Champagne, 32 in der Petite Champagne und 8 in den Fins Bois.
   Die Firma achtet gewissenhaft auf beste Qualität: Der Brennwein wird *sur lie* destilliert, um möglichst viel Fruchtigkeit zu erzielen; Zusatzstoffe werden nicht verwendet; die Cognacs lagern zum Reifen nur in kleinen Fässern; und alle zugekauften Branntweine kommen von Erzeugern, die den Firmeninhabern persönlich bekannt sind.

TIFFON
29, quai de l'Ile-Madame, 16200 Jarnac   Tel. (45) 81 08 31
XXX 7 · VSOP 7—10 · VVO (FC) 12 · Extra (FC) 25
1875 von Méderic Tiffon gegründet. Das Haus war lange auf Lieferung von Cognac in Fässern an die Staatsmonopole in Skandinavien spezialisiert. Seit 1946 im Besitz der weitverzweigten Familie Braastad. Tiffon besitzt zwei Güter mit zusammen 50 ha vorwiegend in den Fins Bois, aber auch in der Grande Champagne, wo im Rebbestand auch noch Folle Blanche zu finden ist. Das Haus verfügt über sechs schon recht antike Destillieranlagen. Als Zusatzstoff wird nur Karamel zur Farbverstärkung verwendet.

GERARD TOUZAIN
Rue Millardet, 16130 Segonzac
Réserve (GC) 13
1970 erbte M. Touzain 11 ha in der Grande Champagne. Er verkauft praktisch seine ganze Produktion an große Cognac-Firmen, nur einige Faß seines feinsten Cognacs legt er jedes Jahr für den Verkauf an Privatkunden und an Touristen zurück.

TRADITION BRILLAT-SAVARIN
Siehe Guy de Bersac.

TROIS EMPEREURS
Siehe Guy de Bersac.

TROISGROS
Siehe Jules Robin.

UNICOGNAC
B. P. 2, 17500 Jonzac   Tel. (46) 48 10 99
Ansac:
XXX · VSOP · Napoléon · XO
Jules Gautret:
XXX · VSOP · Napoléon · Fine Champagne (FC) ·
Grande Fine Champagne (FC) · Hors d'Age (FC)
Roi des Rois:
Coronation · VSOP · XO · Hors d'Age

Unicognac ist der Name der Winzergenossenschaft in Cognac mit 3500 Mitgliedern, deren 125 Destillieranlagen jährlich 350 000 hl hervorbringen, was 9 Millionen Flaschen bzw. 6 % der Gesamtproduktion der Region entspricht. Schon die 13 Destillieranlagen in der größten Brennerei der Genossenschaft in La Brousse produzieren im Jahr allein 100 000 hl. Die Hauptmarke ist Prince Hubert de Polignac (s. dort), aber es werden noch drei weitere Marken geführt, ferner wird in großen Mengen Hausmarken-Cognac an Supermärkte in Frankreich und im Ausland geliefert. Die Absatzmärkte sind weit verteilt; Jules Gautret kommt in Europa und in den USA, Roi des Rois in Europa und dem Fernen Osten und Ansac überall zum Verkauf.

ARMAGNAC

Das Land und seine Leute

Der Armagnac ist, wie die Einheimischen unweigerlich jedem, aber auch jedem Besucher ihres Landes mitteilen, sowohl die älteste als auch die jüngste Spirituose Frankreichs. Die älteste, weil sie nachweislich schon um die Mitte des 15. Jahrhunderts gebrannt wurde, und die jüngste, weil sich ihre Produzenten bis heute noch nicht darüber einig geworden sind, wie sie eigentlich zu brennen ist. Die Experimentierfreudigkeit in Armagnac bildet einen erfreulichen Kontrast zur relativen Stagnation industrieller und intellektueller Art in Cognac.

Die Region Armagnac ist seit jeher ein ganz besonderes Beispiel für das, was man unter *La France profonde* verstehen mag — selbst heute noch weit entfernt von den Menschenmassen und ihren Autobahnen. Seit tausend Jahren sind die Armagnaçais sich selbst als ein Völkchen ganz für sich lieb und teuer. In Auch sagen sie: «Ici nous sommes Gascons, à Eauze ils sont Armagnaçais» — «Wir hier sind Gascogner, aber die in Eauze sind Armagnaçais.» Trotz solcher Haarspaltereien sind sie im Grunde doch alle Gascogner: Aufschneider, Soldaten* und Liebhaber gehaltvoller Speisen (Trüffeln und *foie gras*) und Getränke. Ihre Heimat ist nahezu ein ländliches Paradies, eine weithin sanfte, offene fruchtbare Landschaft, noch unberührt von geballter städtischer Zivilisation. 150 km von Bordeaux entfernt, erstreckt sie sich von den sandigen Landes aus über eine Reihe lieblicher Täler, in denen die langweilige Monokultur anderer Weinbaugebiete keinen Eingang gefunden hat, wo vielmehr schönste bäuerliche Abwechslung herrscht.

Ein herrliches Land — doch als Folge seiner Stille und Unberührtheit war es eben auch nicht imstande, das Produktionszentrum einer für den Welthandel bestimmten Spirituose zu werden. Armagnac ist — in manchmal übertriebenem Maß — ein getreues Spiegelbild französischer Individualität und dabei zugleich eine tief in sich einige ländliche Gemeinde, in welcher die Händler lediglich der verlängerte Arm der Erzeuger sind. Anders als in Cognac (oder auch in Bordeaux) hat es in Armagnac niemals Klassenkämpfe gegeben, doch schafft die Individualität auch eigene kommerzielle Schwierigkeiten. Präsident de Gaulle sprach einmal von den Problemen, die ein Land, das 300 verschiedene Käsesorten hervorbringt, notwendigerweise hat. In Armagnac wird auf ebensoviel individuelle Arten Armagnac gebrannt. Das straffer organisierte Cognac hat mit einer Handvoll jahrhundertelang berühmter Markennamen stets mindestens zehnmal mehr verkaufen können als die Konkurrenz im Süden.

---

* Allen romantisch Gestimmten muß hier allerdings leider gesagt werden, daß d'Artagnan, der berühmteste aller Gascogner, in Wahrheit von den Behörden dazu benutzt wurde, wichtige Gefangene zu bewachen.

Nun sind Individualismus, Abwechslung und Experimentierfreudigkeit an sich schon etwas Besonderes, es kommt aber auch noch ein so erregend gutes Getränk dabei heraus — erdiger als Cognac, in vielen Fällen naturnäher, tiefer und wärmer als selbst der feinste Cognac je sein kann. Da für den Armagnac drei Traubensorten und zwei Brennmethoden zur Verfügung stehen, ist sein Potential an Charakter unermeßlich groß.

Die Geschichte

Mit Recht ist Armagnac stolz auf die lange Geschichte seines Weinbaus. Sie beginnt in der Region mit den Zeiten der Römer. Der Name Armagnac als geografische Bezeichnung taucht erstmals um die Mitte des 10. Jahrhunderts auf. Bis zum 15. Jahrhundert war die Herrschaft der englischen Könige gekommen und wieder gegangen, und die dann folgenden 450 Jahre hindurch war Armagnac, ja die ganze Gascogne, ein glückliches Land am Rand der Geschichte. Die letzten Verheerungen — es wird ihrer in Gesprächen gedacht, als sei es gerade gestern gewesen — waren im 14. und 15. Jahrhundert über das Land hinweggegangen.

Schon damals war der Weinbau hier groß und bedeutend, und der nächstgelegene Hafen, über den seine Erzeugnisse in die Welt gehen konnte, war Bayonne. Vor dem Bau der Eisenbahn und guter Straßen war der Handel jahrhundertelang weitgehend auf die schiffbaren Flüsse angewiesen. Daraus ergab sich für Armagnac ein zweifaches Problem. Der bequemste Transportweg bestand in der langen Reise flußabwärts nach Bordeaux. Doch das ganze Mittelalter hindurch schützten die Kaufleute von Bordeaux ihren eigenen Wein, indem sie den Verkauf von Wein aus den «Haut Pays», dem Flußbecken an der Garonne und der Dordogne, jedes Jahr vor Weihnachten einfach unterbanden. Damals waren die Weine nicht sehr lange haltbar, und daher schloß diese Regelung, die bis ins 18. Jahrhundert hinein wirksam blieb, die Weine aus Cahors, Bergerac, Monbazillac und Armagnac praktisch vom lukrativen Handel mit England und Holland aus. Die einzige Alternative bestand darin, den Wein mit Ochsenkarren zum Fluß Midou und auf ihm weiter nach Bayonne zu befördern. Dieser Fluß aber war so voller Tücken, daß die Flußbarken für die 38 km lange Reise drei Tage brauchten.

Durch Destillieren des Weins konnte wenigstens der Wert des Inhalts der so mühsam transportierten Fässer erhöht werden. Armagnac hatte im Mittelalter eine Verbindung mit der arabischen Wissenschaft über die berühmte Universität in Montpellier gehalten, die ihrerseits mit dem großen islamischen Sitz der Gelehrsamkeit in Salerno Beziehungen unterhielt. Daher überrascht es nicht, daß in Armagnac die arabische Kunst des Destillierens eher bekannt wurde als in anderen Gegenden Frankreichs. Eine Urkunde in den Archiven des Département Haute-Garonne gibt Aufschluß darüber, daß 1411 ein Mann namens Antoine in Toulouse Wein brannte und daraus *aygue ardente,* auch *aygue de bito* oder *eau de vie* (Lebenswasser) genannt, gewann. Aus dieser Beschreibung geht einwandfrei hervor, daß die Produkte der Destillation ursprünglich für medizinische Zwecke bestimmt waren. Um 1441 verzeichnet eine Urkunde in Auch, daß *«aguza l'entendenem e fa bona memoria e conserva joven e dona gauch e alegrier»* — «der gebrannte Geist Schmerzen lindert, das Gedächtnis frisch und den Menschen jung erhält und Freude und Wohlbefinden mit sich bringt».

Dieser Geist blieb eine Lokalspezialität, bis die Holländer auf der Suche nach *aygue ardente* zur Versorgung ihrer Schiffe in Bayonne Eau de Vie d'Armagnac fanden und kauften. Mit der Zeit wurde er so bekannt, daß er nur noch Armagnac genannt wurde, doch galt er nie als dem Cognac in der Qualität vergleichbar. Die Lokalhistoriker sprechen zwar von internationalem Ruhm, doch in Wahrheit blieb der Armagnac eine rustikale Kuriosität.

Warum ihm der große Erfolg versagt blieb, ist ein Rätsel. Wie Cognac hatte auch Armagnac stets reichlich säuerlichen Weißwein und auch genug Holz, um ihn zu brennen, Beziehungen zu den Holländern, um einen Absatzmarkt aufzubauen und obendrein eine eigene Tradition des Destillierens, die weit älter war als in Cognac. Die im 17. Jahrhundert eingerichtete älteste *brûlerie* von Thomas de Maniban ist in seinem Château de Busca heute noch zu besichtigen. Die Manibans gehörten zur *noblesse de la robe,* der Aristokratie der Rechtsgelehrten, die damals den feinen Wein von Bordeaux mit großem Erfolg kultivierte und auf den Markt brachte. Doch auch ihr fehlte — wie anderen Armagnaçais damals und heute — jener Geist der Offenheit, jene kommerzielle Aggressivität, wie sie den Cognaçais und ihren ausländischen Partnern eigen war, so daß sie schon ein halbes Jahrtausend bevor sie ihren ersten *brandywijn* brannten, gemeinsam einen blühenden Salz- und Weinhandel mit Nordeuropa aufgebaut hatten. Die Folge davon war, daß Armagnac auf dem Markt, auf den es ankam — bei der modischen Gesellschaft Londons in der Restauration — nicht mit Cognac in Konkurrenz trat. Wahrscheinlich ging der Armagnac damals in der Masse der Branntweine aus Bordeaux und «Nants» unter, die als dem Cognac nicht ebenbürtig galten.

Am Ende des 17. Jahrhunderts war die Armagnac-Brennerei ein fest eingeführtes ländliches Gewerbe. Doch selbst nach dem Zusammenbruch des Bordeaux-Monopols im 18. Jahrhundert blieb es wegen der Transportprobleme bei der nur lokalen Bedeutung. Der Fluß Baïse, der in die Garonne mündet, war nur bis Port-de-Bordes bei Laverac am Nordende der Region schiffbar. In der ersten Hälfte des 19. Jahrhunderts wurde Armagnac durch zwei dramatische Entwicklungen aus seiner ländlichen Abgeschiedenheit herausgerissen. Die eine bestand in der Erfindung des «traditionellen» kontinuierlichen Armagnac-Brennapparats, der für die Erzielung der besonderen Qualitäten des Armagnacs erforderlich ist. Die vorher benutzten kleinen Destillierapparate der Cognac-Bauart eigneten sich nicht für die Verarbeitung von Brennwein, der auf so sandigem und lehmigem Boden gewachsen war, wie ihn die besten Gegenden von Armagnac — das Ténarèze und Bas Armagnac — aufweisen. Außerdem, und das kam nicht von ungefähr, war der Cognac-Brennapparat für die bäuerlichen Erzeuger in Armagnac entschieden zu teuer. Sie brauchten einen anderen, einfacheren Typ, der von einem Bauernhof zum anderen transportiert werden konnte und vor allem billiger zu beheizen war.

Die kontinuierliche Armagnac-Brennerei

Armagnac bekundete sofort großes Interesse an dem kontinuierlich arbeitenden Brennapparat, den Edouard Adam im nahegelegenen Montpellier am Anfang des 19. Jahrhunderts erfand. In diesem Interesse spiegelte sich deutlich die Unzufriedenheit mit der bis dahin verfügbaren Apparatur. Das neue Gerät wurde zuerst von Antoine de Melet, Marquis de Bonas, einem längst für seine neumodischen Ideen bekannten Grundbesitzer, aufgegriffen. Bereits 1819 baute eine Fabrik in Eauze die neuen Brennapparate, die dann noch im gleichen Jahrhundert durch einen Landwirt namens Verdier, nach dem das Gerät schließlich auch benannt wurde, ihre letzte Vervollkommnung erfuhren. Anders als die übrigen kontinuierlich arbeitenden Destillieranlagen schonte das Verdier-Gerät die wichtigen Bestandteile des Brennweins mehr als die nicht kontinuierlich arbeitende Destillierblase.

Es lieferte in Armagnac einen Rohbranntwein, der sich in noch komplexerer Weise zu entwickeln imstande war als der Cognac — allerdings mußte dabei eine gewisse anfängliche Rauhheit und Holzigkeit in Kauf genommen werden.

Die zweite Neuerung ergab sich um dieselbe Zeit: Armagnac wurde endlich ein wirtschaftlich günstiger Transportweg zur Verfügung gestellt, auf dem seine Produkte zum Markt gebracht werden konnten: Gegen 1840 wurde nach 250jährigem Hin und Her endlich der Fluß Baise kanalisiert, so daß das Ténarèze und indirekt auch Bas Armagnac eine unmittelbare Verbindung nach Bordeaux, dem damaligen Welthandelszentrum für Wein und Spirituosen (glücklicherweise inzwischen ohne das Recht, hemmende Tarifschranken aufrichten zu dürfen), erhielten. Endlich konnten nun die Armagnaçais ihren so besonderen Branntwein auf den Markt bringen.

Inzwischen aber hatte der Cognac schon einen 150jährigen Vorsprung. Dessenungeachtet brachten die ersten 50 Jahre nach dem Kanalbau den ersten echten Durchbruch auf dem französischen Markt und in gewissem Umfang auch auf den Weltmärkten. Damals entstanden einige der heute noch berühmten Firmen, als erste Castarède, die bis dahin in Pont-de-Bordes Lavardac ihren Sitz hatte und nun zusammen mit anderen Handelshäusern in das Zentrum der Region, nach Condom, zog. Der Aufschwung war

tatsächlich bedeutend. 1804 wurden im Département Gers
50 000 hl Alkohol produziert, und diese Produktion hatte
sich 1872 verdoppelt; um diese Zeit wetteiferten die Dé-
partements Gers, Hérault und Aude um den ersten Platz in
der Größe der Rebfläche: Sie betrug hier 100 000 ha.

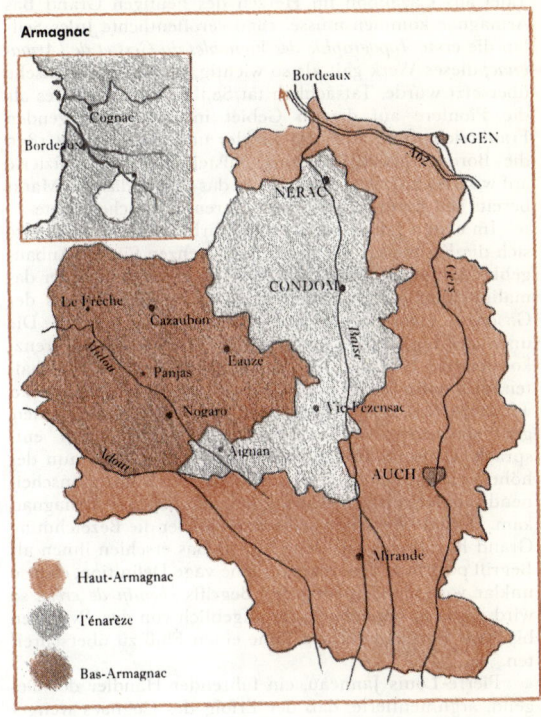

Armagnac

Bordeaux

Cognac

Bordeaux

AGEN

NÉRAC

CONDOM

Le Frèche

Cazaubon

Eauze

Panjas

Nogaro

Vic-Fezensac

Aignan

AUCH

Mirande

Haut-Armagnac

Ténarèze

Bas-Armagnac

Dann kamen drei Katastrophen, die auch andere Regionen befielen: Gegen 1880 trat der Echte Mehltau auf,
der allerdings schon wenige Jahre später mit dem als *boulli
bordelaise* bekannt gewordenen Schwefelspritzmittel be-
kämpft werden konnte; es folgte die Schwarzfäule; und
dann schließlich kam der Vernichtungsschlag durch die ge-
fürchtete Reblaus, die in der Region schon 1878 erstmals
entdeckt worden war. Anfangs kam sie nicht recht voran,
zum Teil wohl, weil sie im sandigen Boden des Armagnac
nicht gedieh, schließlich aber verheerte sie 1893 die Region. In diesem Jahr entstand jedoch von den Reben, die
am Leben blieben, ein ganz wunderbarer Armagnac.

Die Zerstörungen waren katastrophal, die Erholung
kam nur allmählich. Ein brauchbares Nebenprodukt dieser
schlimmen Zeit war lediglich das System der Appellation
Contrôlée, das den guten Namen Armagnac von nun an

schützte. Die Klassifizierung hatte längst schon begonnen, bevor noch gesetzliche Definitionen ins Auge gefaßt wurden. In der Mitte des 18. Jahrhunderts bestimmte die Marquise d'Ivry, eine geborene Maniban, deren Gatte Kämmerer des Königs war, daß der Branntwein für die königliche Tafel aus Cazaubon im Herzen des heutigen Grand Bas Armagnac kommen müsse. 1850 veröffentlichte Jules Seillan die erste *Topographie des Vignobles du Gers et de l'Armagnac;* dieses Werk galt als so wichtig, daß es ins Englische übersetzt wurde. Tatsächlich tat Seillan nichts anderes als die Pioniere auf diesem Gebiet in anderen Gegenden Frankreichs (und auch die Makler und Händler, die 1855 die Bordeaux-Klassifizierung aufstellten). Er kodifizierte auf wissenschaftlicher Grundlage das Urteil, das der Markt bereits seit hundert und mehr Jahren gesprochen hatte.

Im ersten Jahrzehnt unseres Jahrhunderts komplizierte sich die Festlegung der amtlichen Grenzen für das Anbaugebiet Armagnac und seine Bereiche dadurch, daß der damalige französische Präsident Armand Fallières aus der Gascogne stammte und in Armagnac ein Gut besaß. Die unter der Leitung des örtlichen Präfekten stehende Grenzkommission beschloß, sich an das Althergebrachte zu halten, und teilte die Region in drei Bereiche, Bas Armagnac, Ténarèze und Grand Armagnac, wie es den geologischen, geografischen und kommerziellen Gegebenheiten entsprach. Dadurch aber entstand Verwirrung, weil nun der höherwertige Armagnac aus dem Bereich mit der anscheinend minderwertigen Appellation, nämlich Bas Armagnac, kam. Deshalb forderten seine Befürworter die Bezeichnung Grand Bas Armagnac, denn Grand Bas erschien ihnen als Begriff positiver. Ténarèze war eine vage Definition, ebenso unklar wie der Ursprung des Begriffs *chemin de crête;* so wird ein Weg bezeichnet, der angeblich von den Pyrenäen bis nach Bordeaux führte, ohne einen Fluß zu überschreiten.

Pierre-Louis Janneau, ein führender Händler der Gegend, argumentierte, daß der Erfolg des Cognacs weitgehend auf dem Vorhandensein nur einer einzigen Appellation beruhte. Einen vernünftigen Kompromiß schlug eine Deputation aus Riscle am Rande der Pyrenäen vor. Sie wollten einen Grand Bas Armagnac, einen Bas Armagnac und schließlich einfachen Armagnac als Bezeichnung eingeführt sehen, doch sie drangen nicht durch, und so gilt die ursprüngliche Dreiteilung heute noch. Im Haut Armagnac, der Osthälfte der Region, erholte sich die Branntweinerzeugung nach der Reblauskatastrophe nicht wieder (dort wachsen heute oft ganz ausgezeichnete trockene Weißweine).

Die Reputation des Namens Armagnac brauchte bis in die 70er Jahre, um sich nach dem durch die Reblaus herbeigeführten Niedergang zu erholen. Ein grausames Geschick brachte dem Armagnac dazwischen zweimal einen trügerischen Hoffnungsschimmer. Dem ersten, der sich nach dem Ersten Weltkrieg zeigte, folgte ein schwerer Rückschlag.

1937 wurden in der Region gerade noch 22 000 hl Branntwein erzeugt, also weniger als ein Viertel der Produktion vor der Reblauszeit (dabei war der Tiefpunkt des Rückgangs schon überschritten).

Nach dem Ende des Zweiten Weltkriegs kam es zu einem noch steileren Aufstieg und jäheren Fall. Die deutschen Besatzer wußten offenbar nichts vom Armagnac, denn sie ließen die Vorratsbestände weitgehend unangetastet. 1945 entdeckten die Franzosen und die wieder in ihre Heimat zurückkehrenden amerikanischen Soldaten in Armagnac eine Quelle der begehrten und damals so notwendigen «geistigen Tröstung». Doch leider ließ die Qualität allgemein zu wünschen übrig, und auch wenn sie besser gewesen wäre, so hätte es den Armagnaçais doch an der kommerziellen Infrastruktur gefehlt, um aus der günstigen Lage Nutzen ziehen zu können. Die Reaktion trat bald ein: Die Nachfrage kam so plötzlich zum Erliegen, daß zwischen 1948 und 1950 praktisch kein Armagnac mehr gebrannt wurde. Die Erzeuger konnten es sich mangels finanzieller Mittel nicht leisten, den langen Reifeprozeß durchzustehen, den der Armagnac braucht, und so zogen sie es vor, ihre Trauben in Tafelwein umzuwandeln, für den sie bereitwillige Abnehmer fanden.

Hierin ist auch der Hauptgegensatz zu Cognac zu sehen, denn dort fällt der Wein dünn und charakterlos aus. In Armagnac (und vor allem in Haut Armagnac) kamen die Weinbauern jedoch darauf, daß sie mit modernen Gärtechniken überaus gefällige, fruchtige Weißweine zuwege bringen konnten. Dies ist auch ein Hauptgrund für den stetigen Rückgang der für die Branntweinerzeugung bestimmten Rebfläche. Sie fiel zwischen 1953 und 1965 auf ein Drittel der vorherigen Größe und erbringt heute von 15 000 ha insgesamt 51 000 hl, während vor derselben Fläche vor dem letzten Krieg nur 22 000 hl gewonnen wurden; die Ertragssteigerung gegenüber der Zeit vor der Reblaus beläuft sich auf das Dreifache.

Wiederbelebung

Trotz des Rückgangs der Rebfläche begannen Produktion und Nachfrage in der Mitte der 60er Jahre wieder zu wachsen. Das rief natürlich die Cognac-Firmen auf den Plan, die sowieso darauf aus waren, sich über die durch die Knappheit an geeigneten Trauben eingeengte heimatliche Basis hinaus auszudehnen. Martell, Rémy Martin und Camus beteiligten sich an Firmen, die sich in der Region Armagnac mit ihren im Durchschnitt winzigen Brennereien riesig ausnahmen, obwohl sie neben den Cognac-Firmen selbst auch nur Zwerge waren.

Diese Neuankömmlinge erwiesen sich als nützliche Helfer auf Auslandsmärkten. 1969 wurden lediglich 1 Million Flaschen von einer Gesamtproduktion von 2,8 Millionen exportiert; am Ende der 70er Jahre ging schon die Hälfte der inzwischen auf 8 Millionen Flaschen angeschwollenen Produktion ins Ausland.

Obwohl der Armagnac dem Cognac außerhalb Frankreichs noch immer im Verhältnis 30 : 1 unterlegen ist, bringt er es auf dem heimischen Markt schon auf ein Drittel des Absatzvolumens seines großen Rivalen. Leider ist der größte Teil davon billiger, junger Branntwein, denn mit fortschreitender Kommerzialisierung wird immer mehr Armagnac viel zu jung verkauft. Das heute geltende Mindestalter von nur zwei Jahren ist für den auf traditionelle Art gebrannten Armagnac viel zu gering.

Ein Cognac-Brennapparat bringt ein Destillat hervor, das viel rascher heranreift. Also kamen mit den Cognac-Firmen auch ihre Destillieranlagen nach Armagnac. Die ersten Destillieranlagen in Cognac-Bauart wurden rechtzeitig für die Ernte des Jahres 1972 fertig, doch bei den hohen Investitionen, die sie erfordern, war es klar, daß sich nur eine Handvoll der größeren Firmen und professionellen Weinbrennereien deren Anschaffung leisten konnten.

Um den Erfolg der Neuankömmlinge aus Cognac noch durchschlagender zu machen, brach über das ehrgeizigste einheimische Projekt, mit dem eine Gruppe von Winzergenossenschaften, die Union de Coopératives Viticoles de l'Armagnac (UCVA), Fuß zu fassen versuchte, das Verhängnis herein. Die Winzergenossenschaften waren vor dem Zweiten Weltkrieg aufgekommen und hatten sich in den schlechten Jahren nach der ersten Euphorie der Nachkriegszeit ausgebreitet. Der Vorstoß der UCVA war mehr als nur defensiver Natur.

Er umfaßte 30 % der Produktion und bis zur Hälfte des Gesamtabsatzes an Armagnac, unter anderem mit dem berühmten Markennamen Marquis de Caussade. Doch leider kam das Ende schnell. Die Strukturen waren falsch aufgebaut, die Geschäftsleitung war bestenfalls lax, wenn nicht gar dubios. Es wurde Armagnac exportiert, ohne auf den erforderlichen Gewinn zu achten, und das Geld schmolz dahin. 1980 ging die UCVA in Konkurs und wurde von ihrem Hauptgläubiger, dem Crédit Agricole, übernommen.

Aus dem Zusammenbruch erwuchs eine nützliche Initiative. Michel Coste, ein bekannter Unternehmer aus Cognac, übernahm die UCVA-Bestände und verwendete sie zum Nutzen von Armagnac (und natürlich auch zum eigenen). Freilich wurde die Genossenschaftsbewegung dadurch wieder in den Hintergrund gedrängt. Obwohl die verschiedenen Genossenschaften und ihre Mitglieder zusammen über 30 % der Vorratsbestände in der Region sowie über einen großen Anteil der älteren Armagnacs verfügen, sind sie nur mit 5 % am Gesamtumsatz beteiligt, und von ihren Markennamen ist keiner weithin bekannt.

Die neueste Sorge betrifft in Armagnac den zu geringen Nachschub an Ausgangsmaterial aus der zurückgegangenen Rebfläche. Allerdings könnte sich das für die Region auch zum Guten auswirken, wenn eine Konzentration auf die besseren Armagnacs zustande käme. Das ist für eine Spirituose wie den Armagnac, der ja nur dann etwas Besonderes ist, wenn er mit Sorgfalt (und ohne die Kosten zu scheuen) über Jahrzehnte hinweg gepflegt wird, auch von größter Bedeutung. Glücklicherweise ist besserer Armagnac vor allem in Frankreich immer mehr gefragt. In der französischen Gastronomie hat er jedenfalls seinem Rivalen, dem Cognac, in aller Stille schon einiges von seinem Fortschritt abgewonnen.

Eine persönliche Note

Die Armagnaçais verfügen über zwei Waffen, die ihren Rivalen versagt sind. Die Cognaçais arbeiten in so großem Maßstab, daß es ihnen nicht der Mühe wert scheint, Cognac aus bestimmten Einzellagen anzubieten, und es ist ihnen im allgemeinen auch untersagt, ihren Erzeugnissen ein Jahrgangsdatum zuzuordnen.

Dagegen führt nun schon seit 20 Jahren jedes bessere Restaurant in Frankreich eine Auswahl an Armagnacs mit Jahrgangs- und Lagenangaben. 1973 begann Janneau, in größerem Maßstab Jahrgangs-Armagnac anzubieten. «Das war unsere einzige Waffe gegen den Cognac», meint Etienne Janneau dazu, «die Jahrgangsangabe lag unserem Qualitäts-Image zugrunde.» Wenige Jahre später wurde diese Waffe dann von Malliac noch schärfer geschliffen, indem er das Abfüll- und Brenndatum auf die Etiketten seiner besseren Produkte setzte. In einer Zeit, in der jeder Verbraucher etwas ganz Besonderes möchte, ist nun der Armagnac viel besser als der Cognac in der Lage, die gewünschte persönliche Note zu bieten.

Die Betonung des Jahrgangs aber beruht auf der Ehrlichkeit des Anbieters und bringt deshalb Gefahren mit sich, die durch die zuständige Aufsichtsbehörde, das Bureau National Interprofessionnel de l'Armagnac (BNIA), auf ein Mindestmaß beschränkt werden. Das BNIA wurde nach dem Zweiten Weltkrieg entsprechend ähnlichen Organisationen in anderen Weinbaugebieten Frankreichs eingerichtet. Sein tüchtiger, zuvorkommender Leiter Jean-Louis Martin glaubt nicht, daß mit den Jahrgängen in Armagnac viel Schwindel getrieben wird. Irren ist zwar menschlich, so meint er, und anderseits ist es in einer Region, wo so kleine Vorräte die Regel sind, einfach nicht zu vermeiden, daß ältere Jahrgänge immer wieder einmal mit neueren aufgefüllt werden. Nur wenige Firmen haben wie Janneau ausreichend große Bestände, um sie in die Lage zu versetzen, die Echtheit eines jeden Tropfens aus ihrem Angebot an Jahrgangs-Armagnacs zu garantieren.

Heute lassen sich nur Jahrgänge verifizieren, die aus der Zeit stammen, als Atombombenversuche in der Atmosphäre stattfanden, weil man bei ihnen den Gehalt an Carbon 14 messen kann. Um die künftige Qualität zu garantieren, hat das BNIA jetzt angeordnet, daß Jahrgangs-Armagnac nur mit einem Alter von über 10 Jahren angeboten werden darf; die Erzeuger haben eine Frist von 5 Jahren für die Erklärung, welchen Armagnac sie mit Jahrgangsangabe verkaufen möchten. Nicht daß diese, wie oft behauptet wird, um soviel besser wären — und im übrigen findet man Armagnacs aus fast allen Jahren seit 1893, dem Geburtsjahr des modernen Armagnac, in dem die volle Wucht der Reblausinvasion mit einem Jahrgang von solcher Güte zusammenfiel, daß er noch heute herrlich zu trinken ist.

DIE LETZTEN ZEHN JAHRE IN ARMAGNAC

Jahr	Rebfläche ha	Produktion * hl	Vorräte hl	Absatz in Frankreich hl	Export hl	Insgesamt hl	In Flaschen
1976	21 438	46 833	225 230	21 255	16 869	38 124	53,35 %
1977	20 810	12 521	228 780	24 502	19 147	43 649	51,98 %
1978	19 688	43 141	205 682	20 146	25 375	45 521	55,20 %
1979	21 650	87 154	200 112	21 630	22 425	44 055	56,92 %
1980	19 782	35 879	234 581	21 108	19 467	40 575	59,20 %
1981	16 592	34 960	227 487	19 425	24 457	43 882	54,80 %
1982	15 260	51 215	214 633	19 865	16 838	36 703	66,46 %
1983	13 880	33 759	224 298	16 606	14 860	31 482	73,71 %
1984	13 611	29 367	220 694	15 666	19 593	35 259	66,87 %
1985	12 832	42 708	207 380				

* nur Brennwein

KENNZEICHNUNG VON ARMAGNAC
Compte 00, 0 nicht für den Verkauf freigegeben
Compte 1, 2, 3 darf nur als XXX verkauft werden
Compte 4 darf als VO, VSOP oder Réserve verkauft werden
Compte 5 darf als Extra, Napoléon, XO oder Vieille Réserve verkauft
     werden
Compte 6 darf unter einer beliebigen aus den vorstehenden
     Bezeichnungen verkauft werden

DIE QUELLEN DER ARMAGNAC-QUALITÄT

Anders als andere feine Weine und Spirituosen holt der Armagnac seine besonderen Qualitäten aus sandigem Boden, wenn auch aus einem mit besonderen Eigenschaften. Geologisch ist die Region überaus kompliziert. Sie ist Teil eines ehemaligen tiefen Kanals zwischen den Pyrenäen und dem Massif Central. Das Meer baute durch Ebbe und Flut an den Rändern dieses Kanals unregelmäßige Schichten aus Sand und lehmigem Schutt aus den Pyrenäen auf. Das sind die Gegenden des heutigen Bas Armagnac und Ténarèze.

Die östliche Hälfte der Region ist Weinbauland der gewohnten Art und erinnert mit seinen Kreidehängen an Cognac. Um so seltsamer ist es, daß hier jetzt kaum noch Brennwein gewonnen wird — 1982 waren es nur noch knapp 1000 ha Rebfläche, d. h. nicht einmal 7 % der Gesamtrebfläche. Das liegt nicht etwa daran, daß der Boden ungeeignet wäre (hier und dort bekommt man auch noch eine Flasche ausgezeichneten Haut Armagnac zu kaufen), vielmehr hat es sich herausgestellt, daß es den Winzern höheren Gewinn bringt, wenn sie ihre Colombard-Trauben zu Tafelwein verarbeiten. Das Klima ist hier wärmer als in Cognac und läßt die Trauben zu vollerer Reife gelangen, und doch sorgt die kühle Brise vom Golf von Biscaya her dafür, daß es im Sommer nicht zu heiß wird. Die Schönheit dieser Landschaft gewinnt noch an Reiz durch den feinen Dunst, der selbst an sonnigen Tagen über ihr liegt.

Heute gilt die Aufmerksamkeit jedoch vor allem der westlichen Hälfte dieser Region, dem Ténarèze und Bas Armagnac. Der Boden im Ténarèze besteht aus Kalk und Lehm und bringt feinen, blumigen Armagnac hervor, der für den Kenner unfehlbar mit Veilchenduft verbunden ist. Dagegen sprechen die Koster bei Produkten aus Bas Armagnac stets von Pflaumen — frischen oder getrockneten —, deren natürliche Süße und Fruchtigkeit darin konzentriert zu sein scheint. Als Bereich ist Bas Armagnac uneinheitlicher. Aus der Karte ist erkennbar, daß es zum Teil im Département Gers liegt, das historisch das Kerngebiet der Region Armagnac bildet. Aber auch ein Teil der Landes gehört dazu, und dieses Département weist vor allem sandige, mit Kiefernwald bestandene Hügel auf, die sich von der Küste landeinwärts ziehen. In den Landes besteht die obere Bodenschicht aus *boulbènes*, einer Schwemmablagerung, die das Meer bei seinem Rückzug über tieferliegenden Sand- und Lehmschichten hinterließ. Im Nordwesten der Landes bestehen diese tieferen Schichten ganz aus Lehm und bilden einen als *terre-bouc* bezeichneten Boden. Diese Landschaft wird als Grand Bas, die Quelle des feinsten Armagnac, hoch geschätzt. Die Spitzenlagen sind die Hänge eines der wenigen Hügel in dieser Gegend, des Catalan, zwischen Laujuzan und Bourrouillan über den Tälern der Flüsse Douze und Midou.

Die unvergleichliche Folle Blanche

Historisch beruht der Ruhm von Armagnac ebenso wie der von Cognac auf dem blumigen Aroma, das ein von der unvergleichlichen Traube namens Folle Blanche gewonnener Branntwein verströmt. Die Armagnaçais nennen sie Picpoul (auch Picpoule geschrieben). Sie kam erst hierher, nachdem an der Charente entdeckt worden war, wie gut sie sich für das Cognac-Brennen eignete. Nach der Reblaus mußte in Armagnac ebenso wie in Cognac festgestellt werden, daß die Folle Blanche, auf amerikanische Veredelungsunterlagen gepfropft, noch anfälliger für Graufäule war als vorher und daß ihre dicht mit Beeren besetzten Trauben allen Spritzmitteln den Zutritt verwehrten. So blieb nur sehr wenig Folle Blanche erhalten; sie bringt Armagnac hervor, der sich durch anhaltend tiefes, blumiges Aroma und Bukett auszeichnet und hauptsächlich bei de Malliac zu haben ist. Den Verlust der Folle Blanche versucht man mit Colombard auszugleichen. Diese Traube liefert ganz ausgezeichnete, fruchtige und aromatische Branntweine (André Daguin verkauft einen solchen), wird aber größtenteils zu Tafelwein gekeltert.

Achtzig Jahre nach der Reblaus war Armagnac die einzige Appellation Contrôlée, die das Recht zugestanden erhielt, eine Hybridrebe zu benutzen, die Baco 22A, eine

Kreuzung der Folle Blanche mit der vielgeschmähten Noah, einer Traube, die schlechten Wein in ungeheuren Mengen hervorbrachte. Die Baco erwies sich seinerzeit jedoch als überaus brauchbar. Um es mit Jancis Robinson zu sagen: «.... ihre Trauben reifen spät und liefern säurereichen, alkoholarmen Wein, wie er für Brennzwecke gebraucht wird...» Die Branntweine von der Baco-Rebe werden von ihren Freunden als robust bezeichnet; Jacques Pageaux von de Malliac nennt sie *bien charpenté* (fest gefügt). Das ist eine höfliche Umschreibung für die rauhe und schwerfällige Art, wie sie in älteren Armagnacs, die fast ganz aus Baco bestehen, häufig anzutreffen ist. Sie lassen aber auch die Qualitäten erkennen, die diese Trauben für die vom Verhängnis befallenen Armagnaçais zum Gottesgeschenk werden ließen. Im Bas Armagnac ermöglicht das Ergbut der Folle Blanche, die ja zur Hälfte die Elternschaft ausmacht, die Entfaltung jener reichen Aromafülle, wie sie für einen alten Armagnac typisch ist.

Seit 1945 hat sich die unverwüstliche Ugni-Blanc-Traube auf der Rebfläche breitgemacht und nimmt inzwischen vier Fünftel davon ein; auf Baco entfallen noch 18 % und auf Folle Blanche nur 2 %. Leider mischen die Brennereien diese drei Sorten fast immer, so daß ein sortenreiner Armagnac kaum zu finden ist. Die wenigen, die es von der Colombard- oder gar der Folle-Blanche-Traube gibt, sind jedenfalls höchst probierenswert.

Die Methoden

Wie in Cognac geht die Weinbereitung auf einfachste Art unter Benützung der natürlichen Hefen und ohne Zugabe von Zucker, Schwefeldioxyd oder sonstigen Beimischungen vor sich. Sie ist ganz darauf abgestimmt, einen hinreichend neutralen Ausgangsstoff für die Destillation herzustellen. Einen entscheidenden Unterschied gibt es jedoch: In Armagnac dürfen die in Cognac verbotenen Schneckenpressen verwendet werden. Werden diese, wie es nur allzu oft geschieht, etwas sorglos betrieben, dann lassen sie Kerne, Schalen und andere Verunreinigungen durch, die dann beim Brennen eine Anreicherung mit sich bringen.

Durch die besondere Art des kontinuierlichen Destillierapparats, wie er im 19. Jahrhundert entwickelt wurde und heute als traditioneller Armagnac-Brennapparat *à jet continu* bezeichnet wird, kommt dies noch verstärkt zur Geltung. Dieser Apparat ist natürlich nicht etwa das ursprünglich benutzte Gerät, wohl aber hat die mit ihm betriebene Methode in der Mitte des 19. Jahrhunderts den Ruhm und den Wohlstand der Region begründet. Der Brennwein wird im zylinderförmigen *chauffe-vin* mit Hilfe der Rohre, in denen die Alkoholdämpfe aus dem Destilliergefäß aufsteigen, vorgewärmt. Wie aus der schematischen Darstellung auf Seite 97 hervorgeht, tritt der so auf 80 °C erhitzte Brennwein in etwa der Hälfte einer doppelten Destillierapparatur ein. Bei den alten Apparaten strömt der Brennwein am oberen Ende, bei den modernen Apparaten

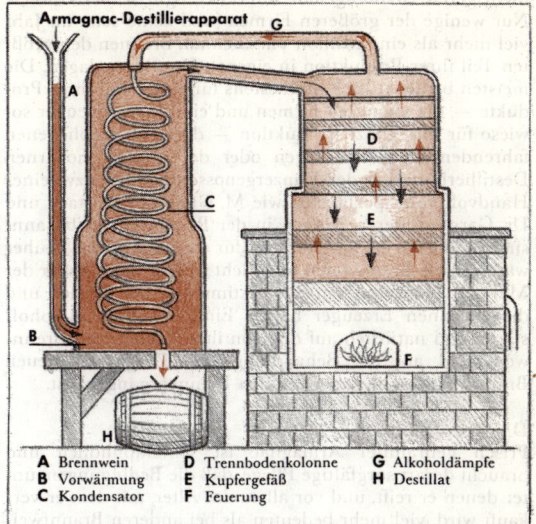

Armagnac-Destillierapparat G

A Brennwein   D Trennbodenkolonne   G Alkoholdämpfe
B Vorwärmung   E Kupfergefäß   H Destillat
C Kondensator   F Feuerung

zwei bis drei Böden unterhalb dieses Punkts ein. Er tropft nun über eine Reihe von Böden ab und stößt dabei auf die vom erhitzten Brennwein in der unteren Hälfte des Apparats aufsteigenden alkoholischen Dämpfe. Bei diesem Zusammenstoß nehmen die alkoholischen Dämpfe etwas von den Qualitäten und den Aromastoffen des einströmenden Brennweins auf. Die weiter unten liegenden Böden sind um so heißer, und auf ihnen löst sich aus dem herabtropfenden Wein ein immer höher werdender Anteil des Alkoholgehalts, bis schließlich das untere Destilliergefäß mit dem bei einer Temperatur von 100 °C siedenden Inhalt den Brennwein aufnimmt.

Die *vinasses*, die festen Destillationsrückstände, werden durch ein Rohr in der unteren Hälfte des Destillationsgefäßes abgeleitet; die *têtes* können, wie aus dem Schema hervorgeht, am Kopf des *chauffe-vin* abgenommen werden. Trotz dieser Reinigungsvorkehrungen produziert die Armagnac-Methode in einer unter den kontinuierlichen Systemen einmaligen Weise einen Alkohol, der potentiell reicher an Aromastoffen, fruchtigen Geschmacksstoffen bzw. Estern ist als der in der Destillierblase üblicher Bauart entstehende stärkere Alkohol. Das ist vor allem bei den älteren, kleineren Brennapparaten so, die ein Destillat mit nur 52° Alkohol abgeben, das also um 15° bzw. ein Drittel schwächer ist als frisch gebrannter Cognac.

Da nun die traditionellen Brennapparate nach und nach durch größere Destillieranlagen ersetzt werden, steigt auch im neuen Armagnac der durchschnittliche Alkoholgehalt. Tatsächlich kann man aus der Liste der Armagnac-

Erzeuger die traditionell arbeitenden Brennereien an dem niedrigeren Alkoholgehalt ihrer Erzeugnisse herauslesen. Nur wenige der größeren Firmen (und keine setzt im Jahr viel mehr als eine Million Flaschen ab) brennen den größten Teil ihrer Produktion in eigenen Destillieranlagen. Die meisten bedienen sich mindestens für einen Teil ihrer Produkte — die kleineren Firmen und einzelnen Erzeuger sowieso für ihre ganze Produktion — der noch verbliebenen fahrenden Destillieranlagen oder der großen modernen Destillierbatterien der Winzergenossenschaften bzw. einer Handvoll von Spezialisten wie M. Gimet, M. Lestage und Dr. Garraud, deren Namen in der Region besser bekannt sind als die der kleinen Firmen, für die sie arbeiten. Früher waren es die Brennereien und nicht so sehr die Inhaber der Markennamen, die den Stil bestimmten. Die Firmen und die einzelnen Erzeuger hatten Einfluß auf die Alkoholstärke und natürlich auf den von ihnen gelieferten Brennwein und auf die Behandlung und Pflege des neuen Branntweins, nicht aber auf den Brennvorgang selbst.

Die Reifezeit

Frisch gebrannter Armagnac ist so empfindlich und braucht derart sorgfältige Pflege, daß die Bedingungen, unter denen er reift, und vor allem das Alter, mit dem er verkauft wird, viel mehr bedeuten als bei anderen Branntweinen. Ein nach traditioneller Art gebrannter Armagnac trägt zwar mehr vom Charakter des Brennweins in sich, aber das kostet auch seinen Preis. Die Fülle kommt nämlich von «Unreinheiten», die das Produkt längere Zeit viel roher erscheinen lassen als Destillate, die nach anderen Verfahren gewonnen sind. Früher schon war eine lange Reifezeit nötig, weil die alten Destillierapparate kaum je gereinigt wurden, was zur Tiefe und Fülle der Aromastoffe im Endprodukt freilich noch beitrug. Eine Spirituose, die früher als erst nach sieben Jahren Reife im Faß trinkbar sein soll, muß auf einen viel höheren Alkoholgehalt gebrannt werden, als es mit der kleinen, altmodischen fahrbaren Destillieranlage möglich ist, deren Produkte zwar unvergleichlich gut sind, jedoch ein paar Jahrzehnte Reifezeit brauchen.

Für die Reputation des Armagnacs ist es daher eher ein Unglück, daß er noch jünger als Cognac verkauft werden darf, nämlich schon nach nur 18 Monaten. Als die Armagnac-Brennereien in den 60er und 70er Jahren im Wettbewerb um den französischen Markt auftraten, benützten sie den Preis allzusehr als Waffe. Das aber bedeutete, daß sie ihre Produkte im Alter von nur zwei bis drei Jahren verkaufen mußten. Nun ergab sich ein Teufelskreis: Die Verbraucher erwarteten von nun an natürlich auch, daß ein fast stets roher und holziger Branntwein auch billiger sein mußte. Als Folge hiervon entstand gegen Ende der 60er Jahre starker Druck auf die Überwachungsbehörde im Sinne einer Änderung der Vorschriften, so daß für den Armagnac der Cognac-Destillierapparat verwendet werden durfte, der ja ein Endprodukt liefert, das schon nach einem bis zwei Jahren trinkfertig ist. Als dieses Zugeständnis 1972 endlich kam, installierten einige der größeren Brennereien und Handelshäuser (u. a. Janneau und Sempé) solche Cognac-Destillieranlagen. Es stand bald fest, daß die Cognac-Brennmethode erwartungsgemäß für Armagnacs, die schon jung verkauft werden sollten, einwandfrei geeignet war. Niemand aber traute sich so recht, sie auch für andere als nur die billigeren Produkte anzuwenden, und so steht das endgültige Urteil noch aus. Nur 14 Jahre sind noch nicht genug, um mit Sicherheit feststellen zu können, ob ein *à la Charentaise* gebrannter Armagnac zu einem Produkt heranreifen wird, das es mit dem Armagnac nach dem traditionellen Brennverfahren aufnehmen kann. Ein von mir gekosteter 1975er Armagnac *à la Charentaise* zeichnete sich durch wunderbar leichten, blumigen Duft der schönsten Art aus, war aber auf der Zunge ziemlich streng, kurz im Abgang und durchaus nicht so komplex wie der «Echte». Das kann aber auch Zufall gewesen sein, denn ein 1973er, den ich bei de Malliac kostete, entwickelte sich schon in Richtung orthodoxer Armagnacs und glich anderen, nach dem traditionellen Verfahren gebrannten durchaus.

Alte und neue Stile

Die aus den beiden Brennmethoden entstehenden Stilunterschiede haben natürlich beim Verbraucher zu Verwirrung Anlaß gegeben. Die Skandinavier — gute Kunden für den billigeren Armagnac — wollen von dem neuen Stil nichts wissen, der Armagnac im alten Stil, der sich eindeutig von Cognac unterscheidet, schmeckt ihnen besser. Die Franzosen (hier sind die *connaisseurs* gemeint und nicht die Käufer der Billigware) bevorzugen ebenfalls den schwereren, traditionellen Armagnac, während viele Engländer (es gibt unter ihnen nur wenige echte Armagnac-Fans) den leichteren «cognacised» Typ eher mögen.

Immerhin hat das Auftauchen des Konkurrenzsystems die Anhänger der traditionellen Methode dazu angespornt, neue Wege zu gehen, um die alten Rezepte zu verbessern. Zunächst kam es darauf an, den Nachlauf — die aromaschweren, aber dünnen *queues* zu reduzieren. Dieser Nachlauf kann an einer bestimmten Stelle der Destillierkolonne abgezogen, durch Einsetzen eines Kondensators oben am Brennapparat reduziert oder durch Einfügen von zwei oder mehr Böden über dem Punkt, an welchem der Branntwein aus dem *chauffe-vin* einströmt, verringert werden. M. Lestage hat den traditionellen Brennapparat dadurch abgewandelt, daß er einen Teil der Ester mit Hilfe eines kupfernen Siebbodens am oberen Ende der Kolonne abfängt. Zusammen mit einer Steigerung der alkoholischen Stärke beim frisch gebrannten Armagnac auf 66 bis 68° (also ziemlich nahe am frisch gebrannten Cognac) bringen diese Maßnahmen eine Reduzierung der essentiellen Fülle des Destillats, aber es wird dadurch auch marktgängiger;

es läßt sich schon nach 7 bis 8 und nicht erst nach 20 Jahren als Qualitätsprodukt verkaufen.

Experimente

Dr. Garraud hat mit seinen experimentellen Destillieranlagen höchst vielversprechende Versuchsergebnisse erzielt. In einem Fall ist es ihm in Zusammenarbeit mit de Malliac gelungen, die aggressiven Ester loszuwerden, indem er die *queues* ableitete und sie dem Brennwein wieder beimischte. Bei diesem und bei anderen Experimenten führte er ein Gleichgewicht zwischen den beiden Systemen herbei und eliminierte einen Teil der *queues* unter Beibehaltung der in ihnen enthaltenen essentiellen Elemente.

Die grundlegende Tiefe — manche nennen sie auch Schwere — des Armagnacs stammt aus einer Kombination von Boden, Trauben (insbesondere Baco) und Erhaltung der fruchtigen *secondes*. Die Verwendung von Eichenfässern, traditionell aus dem Wald von Monlezun, hat diesen Qualitäten eindeutig Nachdruck verliehen. Neuerdings sehen sich infolge der Knappheit an gascognischer Eiche die meisten Firmen und Erzeuger gezwungen, Limousin- und Tronçais-Eiche zu verwenden. Darüber hat es in Armagnac viel Kopfschütteln gegeben. Aber eine Analyse hat nachgewiesen — wie ja auch zu erwarten war —, daß in chemischer Hinsicht keine großen Unterschiede zwischen den drei Holzarten bestehen. Zwar kann niemand wirklich wissen, was die langfristige Aufbewahrung in «landfremdem» Eichenholz für den Armagnac schließlich ausmacht, aber Etienne Janneau beispielsweise stellt sich auf den vernünftigen Standpunkt, daß sich «das *terroir* schon durchsetzen wird».

Im ersten Jahr wird der frisch gebrannte Armagnac meist in traditionellen 400-l-Fässern oben unter dem Dach des Lagerhauses aufbewahrt, wo die Temperatur stärker schwankt und die Luftzirkulation stärker ist als weiter unten am Boden. Dadurch wird der Oxidationsvorgang beschleunigt; dann aber werden die Fässer heruntergeholt und am Boden unter stabileren Bedingungen gelagert. Bei de Maillac erhält der frisch gebrannte Armagnac zunächst einen kräftigen Schuß Tannin, indem er etwa ein Jahr lang in Fässern aus frischem Eichenholz aufbewahrt wird. Dann aber kommt er in alte Fässer, damit sich das Tannin assimilieren kann und die Dosis nicht zu stark wird. Aus Gründen, die den Einheimischen als selbstverständlich erscheinen, die sie aber nicht erläutern können, sinkt die Alkoholstärke des im traditionellen Verfahren gebrannten Armagnacs im Faß langsamer als beim Cognac.

Der eigentliche Reifevorgang verläuft natürlich im gleichen Sinn wie beim Cognac. Der endgültige Charakter allerdings hängt weniger vom Vanillin und Lignin im Holz ab als bei dem neutraleren Ausgangsmaterial des Cognacs; das *terroir*, die Wärme und das fruchtige, fast kräuterwürzige Erdigkeit, ist beim Armagnac von vornherein stärker — und dadurch wird der bei altem Cognac so wichtige

Rancio-Effekt in der Bedeutung gemindert, allerdings auch das Holzaroma. Da die Armagnac-Brennerei von jeher eine bäuerliche Tätigkeit war, bestand oft die Neigung, den Branntwein zu lange im Faß liegen zu lassen, bis er in Flaschen, meist der traditionellen Form *à la Basquaise,* abgefüllt wurde, denen angeblich als Muster die historische Ziegenlederflache zugrunde liegt. Sehr alter Armagnac, der 50 Jahre oder noch mehr im Faß verbracht hat, kann daher einen überstarken Holzgeschmack aufweisen.

Das ist allerdings für den durchschnittlichen Armagnac-Liebhaber eine Erscheinung von untergeordneter Bedeutung. Für ihn gilt es eher, den billigen Armagnac zu meiden und nur zu kaufen, was über 8 bis 10 Jahre alt ist, und auch das nur von einer Handvoll Firmen wie Janneau, de Maillac und heute auch Sempé, denen es ihre Größe ermöglicht, einen angemessenen Stil des Hauses zu pflegen. Freilich kann erst ein Armagnac, der mindestens 20 Jahre im Faß zugebracht hat, die wahre Essenz dieses herrlichen Produkts verkörpern. Solche Armagnacs werden dann meist mit Jahrgangsangabe verkauft, weil sie so einen höheren Preis erzielen als die «Blends». Oberhalb der Grenze des 20jährigen XO (da gibt es auch hervorragende «Blends») muß der Käufer sich vor allem auf den Händler oder die Domaine verlassen.

Dabei erscheint mir der Jahrgang selbst (und es ist mir klar, daß dies eine ketzerische Ansicht ist) durchaus nicht übermäßig relevant. Freilich versehen uns Autoritäten der verschiedensten Art mit langen Listen der angeblich besten Jahrgänge (unweigerlich beginnen sie, und das zu Recht, mit dem Jahr 1893), aber es gibt bei renommierten Erzeugern genügend Armagnacs aus so gut wie allen Jahrgängen, die durchaus belegen, daß der Unterschied zwischen den einzelnen Jahren kleiner ist, als die Einheimischen vorgeben. Ein gut gepflegtes Faß aus einem angeblich mittelmäßigen Jahr kann großartig sein, besser als ein sorglos behandeltes Produkt eines hochgerühmten Jahrgangs. Der Armagnac bietet nämlich noch einen besonderen Genuß: Da er von allen großen Branntweinen der am wenigsten industrialisierte ist, kann der Liebhaber mit Recht darauf hoffen, irgendwo eine kaum bekannte Flasche zu entdekken, die ihm ganz eigene Freude vermittelt, weil ihre einzigartigen Qualitäten selbst im Faß nebenan nicht noch einmal vorkommen.

ARMAGNAC

Es ist kaum möglich, eine vollständige Liste aller Bezugs-
quellen für Armagnac aufzustellen, da praktisch jeder Erzeuger einen Teil seiner Produktion direkt verkauft. Ich be-
schränke mich hier auf Firmen, die ein größeres Programm
anbieten, sowie auf Erzeuger, die überdurchschnittliche
Qualität gewährleisten und darüber hinaus genügend Vorräte besitzen, um diese Qualität in größerem Umfang aufrechterhalten zu können. Viele Erzeugnisse einzelner
Weingüter werden durch Firmen vertrieben, die sich wie
Darroze auf Einzellagen-Armagnac spezialisiert haben. Die
nachstehende alphabetisch geordnete Liste richtet sich
nach dem Markennamen, nicht nach den Firmen oder Erzeugern, deren Eigentum sie sind (Querverweise auf bekannte Erzeuger werden jedoch gegeben). Die Angaben
über Jahrgangs-Armagnac beziehen sich auf den Stand
zum Zeitpunkt der Drucklegung.

   Die Informationen über einzelne Weingüter sind zum
großen Teil dem *Guide de l'Amateur d'Armagnac* von Fer-
nand Cousteaux und Pierre Casamayor entnommen.

   Soweit nichts Gegenteiliges gesagt wird, sind Besucher
nach vorheriger Anmeldung willkommen.

Die einzelnen Herkunftsbereiche sind wie folgt angegeben:
BA ausschließlich aus Bas Armagnac
T   ausschließlich aus Ténarèze
HA ausschließlich aus Haut Armagnac

PHILIPPE AURIAN
32100 Condom-en-Armagnac   Tel. (62) 28 13 29
Keller in der Domaine de Thomas, Lannes, 47170 Mezin
Tel. (53) 65 71 65
**XXX (T) · VSOP (T) · Hors d'Age (T) · Napoléon (T) ·
Extra Vieux (T) · XO (T)**
Besuch jederzeit ohne Voranmeldung möglich.
Gegründet 1900 von einem Winzer namens Dupeyron, der
damals seinen Armagnac auf der Pariser Weltausstellung
verkaufte. Sein Sohn fiel im Ersten Weltkrieg; das Geschäft
wurde vom Schwiegersohn, René Aurian, Wein- und Ar-
magnac-Händler weitergeführt. Dessen Sohn Jean übernahm es 1952 und begann den Vertrieb unter dem Familiennamen.

   Jean und Philippe Aurian verfügen über 14 ha Weinbergbesitz mit Ugni Blanc und Colombard auf der Domaine de Thomas. Sie kaufen ferner bei kleinen Winzern
um Condom 50 000 hl Wein auf und brennen ihn in ihren
zwei Destillieranlagen aus der Nachkriegszeit mit einer Ta-
gesproduktion von 10 hl. Die Aurians sind auf Armagnac
aus Ténarèze spezialisiert, der leicht und nicht so aggressiv
ausfällt, wenn er auf 68 bis 71° gebrannt wird. Ihr XO hat

schönen, frischen Vanilleduft, ist voll, karamelzart und etwas ölig auf der Zunge. Der Hors d'Age ist im Duft ähnlich, im Geschmack aber feiner und eleganter bei mehr Kraft.

AUXIL

Fatima Brothers, 40230 St-Georges-de-Marsan
Tel. (58) 57 30 40
Eine außergewöhnliche christliche Bruderschaft, deren Berufung vor allem darin zu bestehen scheint, die feinsten Speisen und Getränke bereitzustellen. Sie besitzt feine Restaurants, bietet Malzwhisky verschiedener Art und eine Reihe von Einzellagen-Jahrgangs-Armagnacs an, die mit ihrem natürlichen Alkoholgehalt zum Verkauf gelangen und sich daher im Charakter ändern, wenn die Vorräte ergänzt werden.

BARON DE GASCONNY
Siehe Saint Vivant.

LA BOUBEE

Jean Ladevèze La Boubée, 52250 Montréal-du-Gers
Tel. (62) 28 41 85
(auch Eigentümer von La Salle-Puissant)
Jahrgänge: 1942 bis 1984
Familiengut mit 20 ha Weinbergen; Armagnac-Brennerei seit 1882. Eines der bedauerlicherweise seltenen Güter, wo neben Ugni Blanc und Colombard auch noch die alten Rebsorten Plant de Graisse und Jurançon kultiviert werden.

M. Gimet brennt für die Firma sowohl traditionell als auch *à la Cognaçaise* und lagert den Armagnac bis zu 18 Monate in neuen Eichenfässern. Die Bestände belaufen sich auf 300 hl. Die Erzeugnisse des Hauses wurden schon öfter prämiert.

AU BOURDIEU

M. Joël Fourteau, Au Bourdiau Lauraët, 32610 Mouchan
Tel. (62) 28 41 37
M. Fourteau brennt Colombard und Ugni Blanc aus den eigenen 14 ha Weinbergen auf 53% Alkohol und hält dann eine einjährige Reifezeit in neuen Fässern aus Gascogne-Eiche ein. In den letzten zehn Jahren hat er Vorräte von 500 hl aufgebaut. Er verkauft seinen Armagnac unverdünnt.

BRILLAT SAVARIN

Tradition Brillat Savarin, 60, avenue de la Bourdonnais,
75007 Paris   Tel. (1 45) 56 12 20
Fine 3—5 · VSOP 8 · Hors d'Age 12—15 · Millésime 20 ·
Grande Réserve 25 · Domaine du Chillot
Teil eines großen französischen Getränkevertriebskonzerns, dem auch Guy de Bersac in Cognac (s. dort) gehört. Kein eigener Weinbergbesitz. Die beiden traditionellen Brenn-

anlagen werden mit zugekauften Folle Blanche und Baco beschickt. Die Jahresproduktion beläuft sich auf 1500 hl reinen Alkohol. Rund 50 000 Flaschen werden jährlich im Ausland abgesetzt.

CACHET DU ROI

M. Lefebure, Domaine du Have, Ste-Christie-d'Armagnac, 32370 Manciet

Brennwein aus M. Lefebures 22 ha Colombard und Ugni Blanc wird nach dem traditionellen Verfahren gebrannt und sodann neun Monate in neuen Eichenfässern gelagert. Die Vorräte belaufen sich auf rund 1000 hl.

CARBONNEL

Siehe Saint Vivant.

CASSOUS

Siehe Le Tastet.

CASTAIGNE

Siehe Saint Vivant.

CASTAREDE

Pont-de-Bordes, 47230 Lavardac   Tel. (53) 65 50 06
VSOP · zahlreiche Jahrgänge (BA) · Domaine de Maniban VSOP (BA) · Nismes-Delclou

Das Haus ist stolz darauf, die älteste Armagnac-Firma zu sein. Es wurde 1832 von Jules Nismes gegründet, und zwar auf Anregung eines jungen Unterpräfekten, des späteren Stadtplaners von Paris, Baron Haussmann. Die Firma hatte ihren Sitz am Endpunkt des schiffbaren Teils des Flusses Baise, von wo aus ein direkter Transportweg die Garonne abwärts nach Bordeaux besteht.

Die Firma gehört heute noch der Familie Castarède, die auch Besitzerin des malerischen Château de Maniban in Mauleon d'Armagnac ist. Die Familie Maniban zählte zur *noblesse de la robe,* die bei der Entwicklung der feinen Weingüter von Bordeaux eine so wichtige Rolle spielte, und führte den Armagnac als erste am Hof von Ludwig XV. ein (siehe Château de Busca-Maniban).

Zum Programm gehört ein VSOP, jedoch konzentriert sich der Absatz (rund 100 000 Flaschen jährlich) auf Jahrgangs-Armagnac, der nicht nur unter dem eigenen Namen, sondern auch über Zwischenhändler wie Fouquets, Hédiard und Berry Bros. Batailley verkauft wird.

Eine eigene Brauerei unterhält die Firma nicht, vielmehr kauft sie ausschließlich in Bas Armagnac Produkte aus den Jahren 1900 bis 1976 ein, lagert sie nur in Holzfässern, bis sie auf natürlichem Weg auf eine Alkoholstärke von 40 % abgemildert sind, und füllt sie dann in gläserne *bonbonnes* um. Die Jahrgangs-Armagnacs werden unverdünnt und ohne Zusatzstoffe verkauft. Zur Qualität sagt Florence Castarède: «In der Charakteristik sind sie sich gleich, auch wenn sie natürlicherweise verschieden sein müssen» — eine nicht sehr eindeutige Auskunft, denn schließlich muß man die verschiedene Herkunft der einzelnen Produkte berücksichtigen.

CASTEJA
Borie-Manoux, 86, cours Balguerie-Stuttenberg, 33082 Bordeaux   Tel. (56) 48 57 57
XXX 5 · VSOP Spéciale 7—8 · VSOP Grande Réserve 10—12 · Hors d'Age 15—25 · Jahrgänge: 1964 und 1959
Borie-Manoux ist ein bekanntes Weinhandelshaus in Bordeaux unter der Leitung von Emile Castéja, Besitzer von Château Haut-Batailley.

Der temperamentvolle M. Castéja legt hohe Qualitätsmaßstäbe an; er liebte den Armagnac, war aber mit der Qualität, so wie sie war, nicht zufrieden. Deshalb richtete er in einem Bauernhof aus dem 18. Jh. in Courransan eine eigene Brennerei ein. Sein Armagnac wird praktisch immer kontinuierlich gebrannt und kommt größtenteils aus Bas Armagnac und nur zum ganz kleinen Teil aus Ténarèze; er wird entweder bei verschiedenen Brennereien oder auf der Armagnac-Börse eingekauft. Außer ganz wenig Farbauffrischung werden keine Zusatzstoffe beigemischt.

CASTELFORT
Siehe Vignerons d'Armagnac.

CAUSSADE
Siehe Marquis de Caussade.

CHABOT
Compagnie Viticole des Grands Armagnacs, Route de Bordeaux, B. P. 8, 40190 Villeneuve-de-Marsan
Tel. (58) 45 21 76
Stammhaus:
29, rue Marguerite de Navarre, B. P. 19, 16101 Cognac
Tel. (45) 32 28 28
Chabot: Blason d'Or · Napoléon · XO · Extra
Gerland: XXX · VSOP · Napoléon
St-Michel: XXX · VSOP · Napoléon
Marquis de Puysegur: XXX · VSOP · Sélection Privée · 20 Ans d'Age · Jahrgangs-Armagnac
Die Gruppe begann als Gerland, eine Genossenschaft in Bas Armagnac. Heute umfaßt sie eine große Anzahl von Marken, u. a. Einzellagen-Armagnacs, unter dem gemeinsamen Dach der Cognac-Firma Camus, zugleich Eigentümerin der Vertriebsfirma CVGA und der bedeutenden Marken Chabot und Marquis de Puysegur. Dank der Camus-Marketing-Organisation sind diese zu Exportschlagern geworden. CVGA besitzt 60 ha Ugni Blanc in Esplavais bei Eauze (Bas Armagnac); die Produkte der eigenen Brennerei werden zu «Blends» verarbeitet.

CHATEAU D'ASTERAC
Siehe Marquis de Montesquieu.

CHATEAU DE BUSCA-MANIBAN

Mme Jacqueline Palthey de Roll, Sté. Vinicole de Busca-Maniban, 32310 Masencome   Tel. (62) 29 12 02
Jahrgänge: 1940, 1950, 1964, 1968

Das Château wurde im 17. Jh. für die bekannte Familie Maniban gebaut (siehe Castarède), die damals schon Armagnac brannte. Das Brennhaus beim Château dürfte das älteste in der Region sein.

Die derzeitige Besitzerin, eine Nachfahrin der Familie Maniban, läßt die Ugni-Blanc- und Colombard-Trauben des Guts bei Bernès nach dem traditionellen Verfahren brennen und bis zu zwei Jahre in frischer Gascogne-Eiche lagern.

CHATEAU DE CASSAIGNE

Henri Faget, Château de Cassaigne, 32100 Condom
Tel. (62) 28 04 02

Das seit sieben Generationen im Besitz der Familie befindliche Château war früher der Sitz der Bischöfe von Condom. Es ist noch ein Brennhaus aus dem 18. Jh. vorhanden, aber Colombard- und Ugni-Blanc-Brennwein von den 27 ha Weinbergen werden jetzt bei Bernès gebrannt. Der Vorratsbestand von 850 hl lagert jeweils die ersten zwei Jahre in frischer Gascogne-Eiche.

CHATEAU DE LABALLE

M. Laudet, Château de Laballe, Parlesbosq, 40310 Gabarret
Tel. (58) 44 32 03
Jahrgänge: (BA) 1963 bis 1983

Das Gut kaufte ein Vorfahr von M. Laudet im Jahr 1820 von dem Erlös aus dem Verkauf des Schiffs, mit dem er von den Westindischen Inseln heimgekehrt war. Die 11 ha Weinberge sind mit Ugni Blanc und Colombard besetzt. Das Brennen besorgt Dargelos; Lagerung erfolgt vier Jahre lang in frischer Gascogne-Eiche.

CHATEAU DE LACAZE

Christopher Oldham, Château de Lacaze,
Parlebosq-en-Armagnac, 40310 Gabarret
Tel. (58) 44 33 65
Château de Lacaze · Héritage · Marquis de Lasserre

Einer von zwei englischen Pionieren in Armagnac. Die 60 ha Weinberge ganz im Norden von Bas Armagnac sind mit den vier klassischen Rebsorten besetzt und umgeben das herrliche, wundervoll restaurierte mittelalterliche Schloß. Christopher Oldham wacht mit größter Sorgfalt über alle Phasen der Armagnac-Bereitung. Die Weine der verschiedenen Rebsorten werden getrennt gekeltert, unter Verwendung ausgewählter Hefen kühl vergoren und zum Teil in der eigenen, ziemlich kleinen, neuen Destillieranlage, zum größeren Teil aber bei Lestage gebrannt. Der frische Armagnac wird dann bis zu 11 Monate in neuen Eichenfässern gelagert, wobei für jede Rebsorte ein spezielles Holz verwendet wird: Allier für Ugni Blanc und Folle

Blanche, Limousin für Colombard und Ugni Blanc sowie Gascogne für Baco. Nach dem Ausreifen wird er in sechs Stufen mit 17prozentigen *petites eaux* verdünnt.

Oldham verbindet alte Tradition mit neuen Marketingtechniken. Er verkauft frisch destillierten Armagnac an Abnehmer in England, deren Namen auf den Fässern stehen. So spart er Finanzierungskosten und verbreitet zugleich die reine Lehre vom Armagnac bei einer Klasse von Briten, die sonst unter feinem Brandy nur Cognac verstehen.

CHATEAU DE LACQUY

Jean de Boissesson, Château de Lacquy, 40190 Lacquy
Tel. (58) 44 80 82
Jahrgänge: (BA) 1972 bis 1974
Das historische Gut im äußersten Westen der Region Armagnac ist seit 1711 im Besitz der gleichen Familie. Im Lauf der letzten 20 Jahre hat M. de Boissesson von seinen 12 ha Weinbergen einen Vorratsbestand von 320 hl aufgebaut. Der Brennwein wird auf 53 % Alkohol gebrannt und nach dreijähriger Lagerung in frischem Gascogne-Eichenholz in den Kellern aus dem 19. Jh. aufbewahrt.

CHATEAU DE LAUBADE

Jean-Jacques Lesgourgues, GFA de Laubade, Sorbets,
32110 Nogaro   Tel. (62) 09 06 02
VSOP (BA) 6 · XO (BA) 8 · Jahrgänge: 1974/1975
(ferner 22 Jahrgänge von 1895 bis 1965, jedoch nicht aus dem eigenen Weinbergbesitz)
Das 100 ha große Gut um das Château aus dem 19. Jh. wurde 1974 von M. Lesgourgues, Direktor einer Samenhandlung, gekauft. Er leistete erfolgreich Pionierarbeit in der Werbung für Einzellagen-Armagnac. Der in einer eigenen Brennerei hergestellte Armagnac wird drei Jahre lang in frischer Montlezun-Eiche gelagert.

CHATEAU DE MALLIAC

Siehe J. de Malliac.

CHATEAU DE MANIBAN

Siehe Castarède.

CHATEAU DE POMES-PEBERERE

Louis Faget, Château de Pomes-Peberère, 32100 Condom
Tel. (62) 28 11 53
(T) 5, 10 und 20
Louis Faget ist ein bekannter Weinbaufachmann und Erfinder des nach ihm benannten Rebschnittsystems. Seiner Familie gehört das 35-ha-Gut seit 150 Jahren, und M. Faget brennt hier selbst Armagnac in seinem eigenen einmaligen Stil nur von Ugni-Blanc- und Colombard-Trauben. Frische Eiche verwendet er nicht, sondern lagert seine gesamten Vorräte von 900 hl in älteren Fässern von Allier-, Limousin- und Gascogne-Eiche.

CHATEAU DE SANDEMAIGNAN
Sté. Thermale de Barbotan, 32150 Cazaubon
Tel. (62) 09 55 92
Jahrgänge: 1966 bis 1984 (außer 1978)
52-ha-Gut, Eigentum des berühmten Restaurantbesitzers Michel Guérard. Früher jahrhundertelang im Besitz der vornehmen Familie Caffin. Die Weinberge sind in den letzten 20 Jahren mit Colombard, Ugni Blanc und Folle Blanche neu bestockt worden; der Wein wird in klassischer Manier gebrannt und bis zu einem Jahr in neuen Tronçais-Eichenfässern gelagert.

Es werden nur Jahrgangs-Armagnacs in natürlicher Alkoholstärke für den französischen Markt geliefert. Für den Export wird auf 43 % verdünnt. Verkauf nur ab Gut bzw. in M. Guérards Restaurant in Eugénie-les-Bains.

CHATEAU DE TARIQUET
P. Grassa et Fils, Château de Tariquet, 32800 Eauze
Tel. (62) 09 87 82
XXX (BA) 3 · VSOP (BA) 6 – 7 · Hors d'Age (BA) 12 – 15
Hochangesehenes, großes, traditionelles Gut mit 60 ha Bestand an verschiedenen Rebsorten (u. a. auch Baco). Die einzelnen Traubensorten werden getrennt über Holzfeuer im traditionellen Verfahren gebrannt und dann in neuen Fässern aus Gascogne-Eiche bis zu 15 Monate gelagert. Die Vorräte belaufen sich auf 2500 hl. M. Grassa hat mit seinen mit *petites eaux* verdünnten Armagnacs schon manche Auszeichnung errungen.

LE CHEVALIER GASCON
32800 Eauze   Tel. (62) 09 80 60
XXX · VSOP · Hors d'Age · Jahrgänge 1941 bis 1962
Große Genossenschaft in Eauze, ein Zusammenschluß von 400 Winzern mit 1100 ha Weinbergbesitz; fast die Hälfte ist mit Baco besetzt. Große Produktion an Armagnac und Tafelwein. Fünf klassische Destillieranlagen; Tronçais-Eichenfässer; Vorräte: 8300 hl.

CLEF DES DUCS
64107 Bayonne   Tel. (59) 55 09 45
XX · VSOP · 15 · 21
Große Firma im Besitz von Izarra; Vertrieb durch die Muttergesellschaft Cointreau. Sorgfältig überdachte Politik für den Verkauf von jungem Armagnac (zugleich auch beträchtliche Vorräte an altem Armagnac in einem Keller mit geregelter Luftfeuchtigkeit). Der ausgewählte Brennwein wird vorwiegend bei Genossenschaften gebrannt und dann in der nur schwach tanninhaltigen Allier-Eiche gelagert. Verdünnung mit 30%igen *petites eaux* aus starkem Ténarèze-Armagnac. Trotz dieser Vorsichtsmaßnahmen (oder vielleicht gerade deswegen) fehlt es den jungen Armagnacs leider an Charakter.

COMTE DE GUYON

Baronne H. de Guyon de Pampelonne, Château de Lassalle, Maupas-en-Armagnac, 32240 Estang   Tel. (62) 09 63 09
Büro in Paris: Tel. (1 47) 27 95 30
Hors d'Age (BA) 44 % 9—10 · Auch verschiedene Jahrgänge von 1942 bis 1975 (BA)
Traditionelles 20-ha-Familiengut in Bas Armagnac, vorwiegend mit Ugni Blanc besetzt.

COMTE DE LAFITTE

Siehe Larresingle.

PIERRE CORNET

Siehe Plachat.

LA CROIX DE SALLES

H. Dartigalongue et Fils, B. P. 9, 32110 Nogaro
Tel. (62) 09 03 01
XXX · VSOP · Napoléon · Trésor de Famille 15—20 · Réserve Extra Vieille · Jahrgänge: 1944 bis 1964
Alte, hochangesehene Firma, gegründet 1838 von Pascal Dartigalongue. 1870 kaufte sein Sohn ein größeres Gut in Salles-d'Armagnac und benannte seine Armagnacs danach. Heute steht die Firma unter der Leitung der fünften Familiengeneration. In den zwei klassischen Destillieranlagen werden nur Brennweine aus Bas Armagnac verarbeitet. 1972 wurden auch vier Cognac-Destillieranlagen installiert, die für jüngeren Armagnac genutzt werden.

CYRANO

M. Bats, Cadets de Gascogne, 40000 Mont-de-Marsan
Tel. (58) 75 26 10
XXX · VSOP 7—8 · VSOP 10 · 10 Ans (45 %) · Hors d'Age 17—18 · Hors d'Age 20 (auch mit 45 %) · Jahrgangs-Armagnacs von 1893 bis 1969, mit natürlicher Stärke
Die 1922 gegründete Firma hat in letzter Zeit mehrfach den Besitzer gewechselt. Eine Zeitlang gehörte sie Schweizern, die mehr an Früchten in Armagnac als am Armagnac selbst interessiert waren. 1979 konnte M. Bats, ein Enkel eines der Gründer, die Firma wieder zurückkaufen, und er führt sie jetzt gemeinsam mit seinem Sohn. Sehr gute Vorräte an alten Armagnacs.

ANDRE DAGUIN

Hôtel de France, Place de la Libération, 32000 Auch
Tel. (62) 05 00 44
Daguin: Haut Armagnac 20 · Ténarèze (T) 45 % 20 · Bas Armagnac (BA) 43 % 24
Marquis de Terraube: (HA) 46 % 20
André Daguin ist der Hohepriester der Gastronomie in der Region, der Erfinder von *magret de canard* und so mancher Leberpasteten, für die die Gänse des Landes nicht nur die Federn lassen müssen. Mode lehnt er voll Verachtung ab, er kauft kleine Posten bei ausgewählten Erzeugern auf und

verkauft Armagnac aus allen drei Bereichen. Seine Spezialität ist Ténarèze, doch hat er sogar bei Lectoure großartigen Haut Armagnac aufgetrieben.

DAMBLAT

32240 Castelnau d'Auzan   Tel. (62) 29 21 11/22
XXX 2—3 · Napoléon 5 · Vieille Réserve 10 ·
Verschiedene Jahrgänge
Besichtigung täglich, außer an Sonn- und Feiertagen, von 10 bis 13 Uhr und von 14 bis 17 Uhr
Traditionsreiche Familienfirma, 1859 von Jean Damblat gegründet. Zum Besitz gehören inzwischen mehrere große Güter. Es werden nur traditionelle Brennanlagen verwendet, und der Armagnac wird fünf bis sieben Jahre in neuen Fässern gelagert. Die Vorräte sind beträchtlich.

DANFLOU

Siehe Marquis de Montesquieu.

DARROZE

Bas-Armagnac Francis Darroze, Route de St-Justin,
40120 Roquefort   Tel. (58) 45 51 22
Das Haus verkauft nur unter den Namen einzelner Domaines. Francis Darroze ist der Sohn eines berühmten Restaurantbesitzers, dessen Lokal in Villeneuve-de-Marsan so etwas wie ein gastronomischer Wallfahrtsort ist. Seit 1974 hat sich sein Sohn zum «Armagnac-Antiquar» herausgebildet. Er befaßt sich mit dem Aufspüren und Weiterverkaufen von Armagnacs, die von sehr kleinen Erzeugern gebrannt wurden. Dabei befolgt er strenge Regeln: Er kauft nur in Bas Armagnac; was er kauft, muß im traditionellen Verfahren gebrannt worden sein; niemals *(un grand jamais)* gestattet er die Verwendung von Zusatzstoffen irgendwelcher Art. Die Fässer müssen aus Gascogne-Eiche sein, aus drei Jahre lang an der Luft getrocknetem Holz bestehen und unter der persönlichen Aufsicht von M. Darroze gebaut sein.

Die Lagerung seiner Armagnacs erfolgt entweder dort, wo sie gebrannt wurden, oder aber in einem der beiden Keller von M. Darroze — der untere feucht, mit nacktem Erdreich als Boden, der obere trockener. In neuen Fässern bleibt der Armagnac zwei bis fünf Jahre, je nach der Qualität des Holzes, dann wird er abgezogen und in alten Fässern weiter gelagert. Alle zwei Jahre wird belüftet, um die Oxidation zu beschleunigen, und nach Ablauf des 12. Jahres erfolgt dann der Verkauf im Naturzustand und unter dem Namen der ursprünglichen Lage. Auf den Etiketten wird nicht nur das Destillationsjahr, sondern auch das Abfülldatum verzeichnet.

Aus M. Darrozes Liebhaberei ist inzwischen ein blühendes Geschäft geworden. Er finanziert Dutzende von Erzeugern und zahlt ihnen die Kosten für das Brennen, die Fässer und die Lagerung, damit sie im Geschäft bleiben können. Auch half er den guten Namen Armagnac dadurch aufbauen, daß er zeigte, was hier in welcher Qualität möglich ist.

DARTIGALONGUE
Siehe Croix de Salles.

DE MONTAL
Näheres siehe Montal.
Compagnie des Produits de Gascogne, 32000 Auch
Tel. (62) 08 81 81
VSOP 8 + · Réserve 12 + · Jahrgänge: Cazaubon 1893 bis
1943 · Panjas 1925 bis 1955 · Grand Bas Armagnac 1941 ·
Eauze 1960, 1961 · Ténarèze 1958, 1962

DOMAINE D'AULA
Patrick Aurin, Domaine d'Aula, 32100 Condom
Tel. (62) 28 12 98
Jahrgänge: 1944 bis 1973
Großes Gut (50 ha), nur mit Ugni Blanc und Colombard
bestockt. Sein Armagnac wird im traditionellen Verfahren
gebrannt und ein Jahr lang in frischer Gascogne-Eiche gelagert.

DOMAINE BALENTON
Siehe Le Roy des Armagnacs.

DOMAINE DE BOINGNERES
Léon Lafitte, Domaine de Boingnères, Le Frèche, 40190
Villeneuve-de-Marsan   Tel. (58) 45 24 05
Jahrgänge: von 1959 aufwärts.
M. Lafitte hat seine 19 ha mitten in Bas Armagnac mit
Mauzac und den vier klassischen Rebsorten bepflanzt. Er
ist ein passionierter Traditionalist und Befürworter der
Folle Blanche (wer wollte ihm das verübeln?). In seiner eigenen Brennanlage produziert er niedrigprozentigen Armagnac und bewahrt ihn mindestens 2 Jahre lang in frischer Gascogne-Eiche auf.

DOMAINE DE CAVAILLON
Dr. A. Pitous, Domaine de Cavaillon, Lagrange, 40240
Labastide d'Armagnac   Tel. (58) 44 81 34
Jahrgänge: (BA) 1893 usw.
Dr. Pitous ist eine bekannte Persönlichkeit in Bas Armagnac, er verkauft Jahrgangs-Armagnacs aus seinem mit den
vier klassischen Rebsorten besetzten 18-ha-Gut. Brennen
läßt er sie bei Dargelos; die Lagerung erfolgt in frischer Eiche vom eigenen Gut.

DOMAINE DU CHILLOT
Siehe Brillat-Savarin.

DOMAINE D'ESCOUBES
Gérard Laberdolive, Domaine d'Escoubes, 40240 Labastide
d'Armagnac   Tel. (58) 44 81 32

Jahrgänge: (BA) von 1904 an aufwärts
(ferner Domaine de Jaurrey, de Pillon, de Labrune)
Gérard Laberdolive setzt die Pionierbemühungen seines
Vaters um Jahrgangs- und Einzellagen-Armagnac würdig
fort. In seinem kleinen Gut hat er eine Brennanlage der alten Art; sein Armagnac lagert in Eiche vom eigenen Besitz
und wird von vielen französischen Spitzenrestaurants geführt. Besichtigung durch Touristen ist nicht möglich.

DOMAINE DE GAYROSSE

Dr. Charles Garraud, Domaine de Gayrosse,
40240 Labastide d'Armagnac   Tel. (58) 44 81 08
Jahrgänge: (BA) von 1928 an aufwärts
Wie schon im Abschnitt «Experimente» erwähnt, ist Dr.
Garraud ein rastloser Neuerer; er hat auch das «traditionelle» Getränk namens Floc de Gascogne erfunden. Sein
Gut ist seit 1919 im Besitz der Familie. Auf seinen 21 ha
kann er allen seinen Neigungen nachgehen. Er baut alle
vier klassischen Traubensorten an, brennt sie in seinen
Spezialanlagen (sie gehören zu seiner Brennereischule) und
lagert den Armagnac in Fässern aus Eiche vom eigenen
Grund und Boden. Er hat auch ein Armagnac-Museum
eingerichtet, das er mit Stolz herzeigt.

DOMAINE DU HAVE

Siehe Cachet du Roi.

DOMAINE DE JAURREY

Siehe Domaine d'Escoubes.

DOMAINE DE LABRUNE

Siehe Domaine d'Escoubes.

DOMAINE DE LAHITTE

Siehe Ferte de Parthenay.

DOMAINE LES LANNES

Christian Domange, Domaine Les Lannes, 32310 Bezolles
Tel. (62) 28 55 67
VSOP (T) · Hors d'Age (T)
Ein 12-ha-Gut, im Lauf der letzten 12 Jahre von M. Do-
mange liebevoll restauriert. Seinen Brennwein (nur von
Ugni Blanc) läßt er im traditionellen Verfahren destillieren,
und das Destillat lagert er ein Jahr in frischer Eiche.

DOMAINE DE LASSAUBATJU

M. Blondeau, Domaine de Lassaubatju, Hontanx,
40190 Villeneuve-de-Marsan   Tel. (58) 45 23 01
Jahrgänge: (BA) 1962 bis 1979
Bekanntes kleines Gut (nur 5 ha) in Bas Armagnac; seit
Menschengedenken im Besitz der gleichen Familie. Klassi-
scher Stil: Baco und Ugni Blanc, von Dargelos auf nur
52 % gebrannt und in neuer Gascogne-Eiche ein bis zwei
Jahre lang gelagert.

DOMAINE DE MANIBAN
Siehe Vastarède.

DOMAINE DE MARIGNAN
Famille Monnoyeur, Laas, 32170 Miélan
VSOP (HA) · Hors d'Age (HA)
Kleines 5-ha-Gut mit Vorräten von fast 600 hl. Es liegt in Haut Armagnac und gewinnt mit seinen klassischen, von der Winzergenossenschaft in Vic-Fezensac gebrannten Armagnacs, die ein Jahr in frischer Gascogne-Eiche lagern, immer wieder Auszeichnungen.

DOMAINE DE MAUPAS
M. Buffaumène, Domaine de Maupas, Mauléon d'Armagnac, 32240 Estang Tel. (62) 09 65 02
Jahrgänge: von 1932 an aufwärts
Klassisches 30-ha-Gut mit angemessenen Vorräten (230 hl). Sein Armagnac wird von allen vier klassischen Traubensorten bei Cornet auf 53 % gebrannt und sechs Monate in frischer Gascogne-Eiche gelagert.

DOMAINE DE MIQUER
M. Lasserre, Domaine de Miquer, Hontanx, 40190 Villeneuve-de-Marson
Jahrgänge: (BA) 1964 bis 1978
Kleines Gut (8 ha) mit Ugni Blanc, Baco und Folle Blanche. M. Lasserre produziert in seiner eigenen traditionellen Brennanlage 53%igen Armagnac, der zwei bis drei Jahre in frischer Eiche (Limousin und Gascogne) lagert und schließlich unverdünnt verkauft wird. Vorräte: 260 hl.

DOMAINE DE MOUCHAC
Siehe Janneau.

DOMAINE D'OGNOAS
Arthez d'Armagnac, 40190 Villeneuve-de-Marsan
Tel. (58) 45 22 11
24-ha-Gut im Besitz des Département Landes. So etwas wie ein Schaustück der Region. Die Rebfläche ist vorwiegend mit Ugni Blanc, aber auch mit etwas Baco besetzt. In der historischen, 180 Jahre alten Brennanlage wird auf 52 % gebrannt.

DOMAINE DE PAPOLLE
Peter Hawkins, Domaine de Papolle, Mauléon d'Armagnac, 32240 Estang Tel. (62) 09 62 85
VSOP (BA) 4 + · Hors d'Age (BA) 7 + · Jahrgänge: (BA) 1962, 1965, 1969
Peter Hawkins, einer von zwei englischen Gutsbesitzern, hat 45 ha in Bas Armagnac im Lauf der letzten 30 Jahre mit Ugni Blanc, Colombard und Folle Blanche angepflanzt. Seinen Armagnac läßt er bei Dargelos auf 55 % brennen und lagert ihn dann neun Monate in frischer Gas-

cogne-Eiche. Die Vorräte belaufen sich inzwischen auf 700 hl.

DOMAINE DE PERE

M. Dufrechou, Bourrouillan, 32370 Manciet
Jahrgänge: 1928 bis 1984, natürliche Alkoholstärke
Das 32-ha-Gut wird von der Familie Dufrechou seit den Tagen des Königs Ludwig XI. am Ende des 15. Jh. bewirtschaftet. Mischsatz an Reben mit Ugni Blanc, Colombard und etwas altem Baco. Der Armagnac wird bei M. Lestage gebrannt und dann bis zu zwei Jahre in frischer Eiche gelagert.

DOMAINE DE PILLON
Siehe Domaine d'Escoubes.

DOMAINE DE RAVIGNAN

Baron de Ravignan, Perquié, 40190 Villeneuve-de-Marsan
Tel. (58) 45 22 04
Jahrgänge: (BA) alle seit 1967
Das bekannte 18-ha-Gut in Bas Armagnac ist mit den vier klassischen Traubensorten besetzt. Sein Armagnac wird bei Roumat auf 52 % gebrannt, anschließend bis zu 18 Monate in frischer Gascogne-Eiche gelagert und unverdünnt verkauft. Zahlreiche Auszeichnungen.

DUCASTAING
Siehe Saint-Vivant.

DUC D'EJAS

32110 Nogaro
Große Genossenschaft; 2564 Mitglieder mit im Durchschnitt je 2,4 ha um Panjas, eine für guten Bas Armagnac berühmte Gegend. Es wird nur mit klassischen Brennanlagen gearbeitet; die Vorräte von 20 000 hl lagern in Gascogne-Eiche.

DUPEYRON

Ryst Dupeyron, 1, rue Daunou, 32100 Condom
Tel. (62) 28 08 08
Spéciale Cuisine 4 · VSOP 7—17 · Napoléon 10—25 · XO 20—50
Die altmodische Familienfirma wurde von M. J. Dupeyron gerade so rechtzeitig gegründet, daß er auf der Pariser Weltausstellung 1900 mit seinem Armagnac eine Medaille gewinnen konnte. Seither hat sich der Stil nicht viel geändert. Die Firma befindet sich heute im Besitz und unter der Leitung von M. Dupeyrons Enkel, Jacques Ryst. Er kauft Brennwein nur von Folle Blanche (70 % in Bas Armagnac, 30 % in Ténarèze) und läßt ihn von einer Lohnbrennerei destillieren, die mit vier modernen Armagnac-Destillieranlagen arbeitet. Ferner kauft er fertigen Armagnac bei kleinen Erzeugern auf.

Das schöne Privathaus (18. Jh.) der Familie in Condom bietet ausreichenden Kellerraum für die reichlichen Vorräte — M. Ryst verkauft ferner Jahrgangs-Armagnacs an Privatkunden und den von ihm aufgebauten Club Vintage. Das Verdünnen des Armagnacs nimmt er mit besonderer Sorgfalt vor; er verwendet dazu nur reines Bergquellwasser aus den Pyrenäen und verdünnt in acht Phasen, wobei zwei bis drei Jahre Reifezeit eingehalten werden. Durch Zugabe von Zuckersirup versucht er geschmeidigeren, duftigeren, leichteren und weniger tanninreichen als den durchschnittlichen Armagnac zu gewinnen.

LOUIS FAGET
Siehe Château de Pomes-Peberère.

FERTE DE PARTHENAY
Magnan, 32110 Nogaro   Tel. (62) 09 02 50
Domaine de Lahitte (BA) 1973/74. Jahrgänge: 1924 — 1975.
Spezialisiert auf den Ankauf von seltenen alten Jahrgangs-Armagnacs und deren Wiederverkauf im Naturzustand, vor allem in Japan und der Schweiz.

GELAS
B. P. 3, 32190 Vic-Fézensac   Tel. (62) 06 30 11
Sélection 5 · VSOP 10 — 12 · Hors d'Age 20 — 25
Sehr traditionsgebundenes Familienunternehmen, gegründet 1865 von Baptiste Gélas, dem Großvater des heutigen Besitzers Pierre Gélas, dessen Söhne Bertrand und Philippe mit ihm zusammenarbeiten. Zum Familienbesitz gehört das von Bertrand geleitete Château de Martet in Mancet (Bas Armagnac) mit 50 ha Reben, zu 80 % Ugni Blanc, der Rest Folle Blanche, die etwa 15 bis 20 % des Traubenbedarfs der Firma liefern.

Traditionsbewußtsein hindert Gélas nicht an maschineller Ernte, wobei auf niedrige Erträge geachtet wird. Der Brennwein wird in zwei traditionellen Anlagen verarbeitet, eine davon fahrbar mit 10 hl, die andere ortsfest mit dem doppelten Fassungsvermögen.

Der Wein wird *sur lie* sofort nach dem Vergären auf traditionelle Weise — bis auf nur 52 % gebrannt; die Lagerung erfolgt sodann in frischer Gascogne-Eiche bis zum Abfüllen. Gélas bietet ferner zahlreiche klassische Jahrgangs-Bas-Armagnacs an.

GIMET
Siehe Le Roy des Armagnacs.

GOUDOULIN
Veuve Goudoulin Domaine de Bigor, Courrensan,
32330 Gondrin   Tel. (62) 06 35 02
XXX 3 · Réserve 5 · VSOP 8 — 10 · Hors d'Age · Vieil Armagnac 16 — 20 · zahlreiche Jahrgänge
Mme Goudoulin begann 1934 mit dem Verkauf von Armagnac vom Familiengut Domaine de Bigor in Bas Ar-

magnac. 1967 übernahm ihr Enkel, Jacques Faure, die geschäftliche Seite des Betriebs, während Christian Faure das 18-ha-Gut mit Ugni-Blanc-Reben bewirtschaftet. Das Haus ist spezialisiert auf ältere, nach traditionellem Verfahren gebrannte Armagnacs, die bei Erzeugern aufgekauft werden.

HAUT BARON

Coopérative de Cazaubon, 32150 Cazaubon
Tel. (62) 69 50 14
VSOP · Jahrgänge: 1964, 1972
Sehr große Genossenschaft mit 451 Mitgliedern, die zusammen über 751 ha — zu 75 % Baco, der Rest andere Hybriden — verfügen. Klassische Brennanlagen. Vorräte: 6400 hl aus Jahrgängen ab 1923.

JANNEAU

50, avenue d'Aquitaine, 32100 Condom   Tel. (62) 28 24 77
Tradition 4—5 · VSOP 10—12 · Napoléon 12—15 · XO
1961 · Domaine de Mouchac (BA) 1974
Besichtigung: montags bis freitags von 8.30 bis 12 Uhr und 14 bis 18 Uhr.
Gegründet 1851 von Pierre-Etienne Janneau. Eine der ältesten, größten und empfehlenswertesten Firmen in der Region. Der Marktanteil im Armagnac-Verkauf beläuft sich auf etwa ein Achtel des Gesamtumsatzes; auch in anderen Weinerzeugnissen werden bedeutende Geschäfte getätigt. 1946 starb Etienne, der Enkel des Gründers, nachdem er die Firma seit 1904 geleitet hatte. Ihm folgte sein Sohn Pierre, einer von wenigen Absolventen der berühmten Ecole Polytechnique, die sich dem Spirituosengeschäft zugewandt haben.

1976 verkaufte er ein Drittel seiner Firma an Martell, weil er finanzielle und kommerzielle Rückenstärkung benötigte. Der Verkauf von weiteren 12 % zwei Jahre später wahrte noch immer die Besitzmehrheit der Familie Janneau. Die Firma Janneau beherrscht ein Drittel des Armagnac-Markts in England, während in Frankreich der Absatz über die Martell-Vertriebsgesellschaft unter der Leitung von Pierres Sohn Michel durchgeführt wird. Sein Bruder Etienne blieb zu Hause und leitet die Firma.

Nur 20 000 von den insgesamt 150 000 hl Wein, die das Haus 1985/86 eingekauft hat (75 % Ugni Blanc, 15 % Colombard, der Rest vermutlich Baco), wurden in den eigenen Destillieranlagen verarbeitet, die aus zwei größeren kontinuierlichen Anlagen und drei Cognac-Brennanlagen — eine mit 100 hl für die erste *chauffe* und zwei mit je 22 hl für die *bonne chauffe* — bestehen. Alter Armagnac wird nur in begrenzten Mengen angekauft. Der größte Teil der umfangreichen Vorräte (13 000 hl Alkohol, entsprechend 4,7 Millionen Flaschen) liegt in einem schönen Keller aus dem 19. Jh. Der junge Armagnac wird eine Zeitlang in frischer Eiche gelagert. Während der Reifezeit wird er dann vorgemischt und allmählich verdünnt. Die Vorräte an altem Armagnac sind so groß, daß die Fässer jeweils mit Armagnac aus demselben Jahrgang aufgefüllt werden können.

Die Firmenpolitik von Janneau, die beiden Brennmethoden miteinander zu kombinieren, ist recht vernünftig. So besteht die billigste Marke, Tradition, zu 60 % aus schnell reifendem Branntwein im Cognac-Stil. Er ist hellorange und hat noch einen ziemlich feurigen, esterbeladenen Geruch. Der VSOP mit 40 % nach dem Cognac-Verfahren destilliertem Anteil ist viel nachhaltiger und voller und im Duft aromatischer.

Die älteren Armagnacs sind ausschließlich im traditionellen Verfahren gebrannt. Der XO mit seiner tiefen Farbe hat ein reifes Holzaroma und bereits einen Hauch *rancio* im Duft. Die Réserve ist im Geruch trügerisch leicht, auf der Zunge jedoch nachhaltig und elegant.

Die Firma bietet auch einen interessanten Einzellagen-Armagnac an, der von Ugni-Blanc- und Colombard-Trauben aus einem Familiengut, der Domaine de Mouchac, in Le Frèche (Bas Armagnac) stammt.

LABERDOLIVE
Siehe Domaine d'Escoubes.

JEAN LADEVEZE
Siehe La Boubée.

LEON LAFITTE
Siehe Domaine de Boingnères.

LAMAZIÈRE
Siehe Saint-Vivant.

LAPEYROUZE
Siehe Saint-Vivant.

LARRESINGLE
**Etablissements Papelorey SA, Rue des Carmes,
32100 Condom   Tel. (62) 28 15 33**
**XXX 3 · VSOP 8-10 · Napoléon 10 · Hors d'Age 18 ·
20 Ans d'Age · 20**
Comte de Lafitte (Verkauf nur in Japan)
Eine der ältesten Firmen in Armagnac, gegründet 1837 von Hippolyte Papelorey aus der Normandie, der eine Gascognerin geheiratet hatte. 1896 kaufte ihr Sohn Gabriel das herrliche ummauerte Château de Larresingle aus dem Jahr 1250 (daher auch die Angabe auf dem Etikett, daß die Firma damals gegründet worden sei). Das Haus Larresingle war das erste, das gegen den Cognac auftrat, indem es Armagnac in der Flasche und nicht mehr im Faß verkaufte.

Heute befindet sich die Firma im Besitz und unter der Leitung von Gabriels Enkel Maurice. Eine eigene Brennerei besitzt sie nicht, aber ihre Keller in einem ehemaligen

Karmeliterkloster in Condom sind sogar noch erstaunlicher als der Armagnac, der in ihnen lagert. Larresingle verkauft nach der traditionellen und nach der Cognac-Methode gebrannte Armagnacs, die jung oder im Alter bis zu 20 Jahren von Erzeugern in allen drei Bereichen der Region bezogen werden. Zwei Drittel der Jahresproduktion von bis zu 800 000 Flaschen werden im Ausland abgesetzt.

LAUDET

Siehe Château de Laballe, Parlebosq.

J. DE MALLIAC

Château de Malliac, 32250 Montréal-du-Gers
Tel. (62) 28 44 87
XXX 2—3 · VSOP 5—10 · Napoléon 5—12 · XO 6—15 ·
Hors d'Age 5—20+ · Hors d'Age Extra (BA) 5—20+ ·
Grand Bas Folle Blanche 47 % (BA) 5—20+ ·
Verschiedene Jahrgänge

Die Familie de Malliac, eine der berühmtesten der Region, ließ sich hier schon im 12. Jh. nieder. Teile ihres Châteaus stammen aus dem Mittelalter. Zu Anfang des 20. Jh. richtete sich die Familie Bertholon, der noch immer die Firma de Malliac weitgehend gehört, im Château ein und kaufte die 1855 gegründete bekannte Firma Etablissements Comeille.

Der Begriff «Hors d'Age» wurde von de Malliac ebenso eingeführt wie erst in neuerer Zeit die sehr nützliche Angabe des Abfüll- und Destillierdatums auf dem Etikett. M. Bertholon gelang es auch, der von den Brennereien ausgehenden Beeinflussung der Stile dadurch zu entgehen, daß er nur mit einer einzigen arbeitet, nämlich Dr. Garraud, und deren Arbeit genau überwacht. Auch mit der Destillation nach Cognac-Art hat sich M. Bertholon befaßt. Sein Armagnac wird nach 6 bis 12 Monaten in frischer Eiche, um ihm eine «kräftige Dosis Tannin zu verpassen», auf 50 bis 55 % verdünnt und in alte Eichenfässer umgefüllt. Die Verdünnung erfolgt allmählich, jeweils in Stufen von 3 % mit destilliertem Wasser. So entsteht eine Reihe von feinen, eleganten und doch aromatischen Armagnacs, die bis zum VSOP noch etwas sehr feurig sind. Die großartigste Rarität des Hauses ist ein Armagnac, der ausschließlich von Folle-Blanche-Trauben gebrannt wird, die auf dem Sandboden im äußersten Westen von Bas Armagnac gewachsen sind. Diese Reben stehen seit 1961 in Ertrag, und der Armagnac wird seit 1980 angeboten. Er zeichnet sich durch ein tiefes, an Blütenöle erinnerndes Bukett und einen ebenso blumigen Geschmack aus.

MARQUIS DE CAUSSADE

B. P. 38, Route de Cazaubon, 32800 Eauze
Tel. (62) 09 94 22
VSOP 11 · Napoléon XO · 12 12+ · 21 21+ · Extra
Besichtigung: von 8.30 bis 17.30 Uhr das ganze Jahr über.

Das Haus blickt auf eine sehr lange Geschichte zurück. Die Caussades waren schon im Mittelalter eine der führenden Familien der Region. Elliott de Caussade, der sich bei Condom niedergelassen hatte, begann in den dreißiger Jahren mit dem Verkauf von Armagnac unter dem Familiennamen. Bei der Jungfernfahrt der «Normandie» im Jahr 1934 nahm er die erste Flasche Armagnac mit nach Amerika (vor der Prohibition war Armagnac dorthin nur im Faß geliefert worden). Er starb 1944, und daraufhin übernahm ein Freund, Gaston Baston, der sich auch um die Schaffung des BNIA sehr verdient gemacht hat, das Geschäft. 1964 wurde der Name an die Bartissol-Gruppe verkauft und später von der sehr ambitionierten Genossenschaft Union de Coopératives Viticoles de l'Armagnac übernommen. Auf ihre 6000 Mitglieder entfielen 45 % der Weißweinerzeugung der Region.

Zu hohe Ambitionen und finanzielle Inkompetenz führten zur Katastrophe; so schritt 1980 der Crédit Agricole ein, und daraus ergab sich eine günstige Gelegenheit für Michel Coste, ehemals Geschäftsführer bei Otard, der dabei war, aus kleinen Cognac-Häusern eine Gruppe aufzubauen. Er erwarb für knapp 5 Millionen FF eine 65 %ige Beteiligung an der Nachfolgegesellschaft sowie auch das großartige neue Anwesen. Seitdem verfügt er über die größten Vorratsbestände an altem Armagnac in der Region und hat dazu noch den Vorteil, daß er dafür jeweils erst dann zu bezahlen braucht, wenn er etwas davon verkauft.

Inzwischen benutzt Michel Coste die Vorräte an Jahrgangs-Armagnacs, die ihm als Erbe zugefallen sind (vor allem die 1940er und 1962er); und er hat die erste angemessene Hülle für den Armagnac herausgebracht, eine Flasche mit einem blauen Schmetterling für die Marke Marquis de Caussade. Coste kann sich auf die laufende Versorgung mit im traditionellen Verfahren gebranntem Armagnac durch die früheren Mitglieder der UCVA stützen. Die Marke Caussade ist leicht, aber voll und aromatisch.

MARQUIS DE LASSERRE
Siehe Château de Lacaze.

MARQUIS DE LORNAC
Siehe Marquis de Vibrac.

MARQUIS DE MONTESQUIEU
Route de Cazaubon, 32800 Eauze   Tel. (62) 09 82 13
Export: 120, avenue du Maréchal-Foch, 94015 Créteil
Tel. (1 49) 81 50 15
Monopole XXX 3+ · Napoléon 5+ · Soleil 10 · XO
10–15 · Jahrgänge: 1942, 1959 und 1968 · Danflou Vieil
Armagnac · Très Vieil Armagnac · Armagnac
Exceptionnel · Château d'Asterac (Cusenier)
Pierre de Montesquieu, Comte de Fézensac, ein Nachfahre des berühmten d'Artagnan, gründete 1936 das Haus

zwecks Verkaufs des auf seinen Gütern produzierten Armagnacs. 1960 wurde das Geschäft von der Aperitiffirma Suze übernommen, die auch das alte Cognac-Haus Vigneau mit großartigen Vorräten an alten Armagnacs dazukaufte.

1965 ging alles an Ricard, den Besitzer von Cognac Bisquit (s. dort) über. Die Traditionen des Hauses wurden aufrechterhalten, und es wurde zu einer der größten Armagnac-Firmen ausgebaut. Es produziert außerdem Armagnac für Danflou und (unter dem Namen «Château d'Asterac») für Cusenier.

Die Hälfte des Traubenbedarfs der Firma wird von dem 90-ha-Gut in Bas Armagnac gedeckt: 10 ha Folle Blanche, der Rest Ugni Blanc. Ferner werden 8000 hl Ugni-Blanc-Brennwein zugekauft, zwei Drittel aus Bas Armagnac, der Rest aus Ténarèze. Das Brennen erfolgt in drei klassischen Armagnac-Anlagen auf 53 bis 55 % Alkoholgehalt. Von anderen Erzeugern wird fertiger Armagnac, der ebenfalls nach klassischem Verfahren gebrannt wurde, in kleinen Posten zugekauft.

Die großen, «Kathedrale» genannten Keller in Eauze enthalten 3500 Fässer. Lagerung erfolgt sechs Monate lang in frischer Eiche, anschließend weitere zwei Jahre in fünf Jahre alten Fässern und für den Rest der Reifezeit in alten Eichenfässern. Die Jahrgangs-Armagnacs werden mit natürlicher Stärke verkauft. Besonders stolz ist das Haus Montesquieu auf den preisgekrönten XO, der von Gault und Millau als «männlich» bezeichnet wird; er verdankt sein reiches Aroma der sorgfältigen Behandlung bei der Produktion.

MARQUIS DE PUYSEGUR
Siehe Chabot.

MARQUIS DE TERRAUBE
Siehe André Daguin.

MARQUIS DE VIBRAC
Maison Henri Mounir, 7, rue St-Pierre, B. P. 134, 16104 Cognac   Tel. (45) 82 03 39
XXX 3—5 · VSOP 6—9 · Napoléon 10—15 · XO 15—20
Ferner der v. a. in Belgien vertriebene Marquis de Lornac
Marquis de Vibrac ist eine Tochterfirma des Cognac-Hauses Henri Mounier. Sie besitzt keine eigenen Weinberge und Brennanlagen, sondern kauft fertigen Armagnac (40 000 hl) von Ugni Blanc und Colombard bei Genossenschaften auf.

MARQUIZA
Siehe Saint-Vivant.

MILLET
Francis Dèche, Millet, 32800 Eauze   Tel. (62) 09 87 91
Jahrgänge: 1949 bis 1976

Familiengut seit vier Generationen. M. Dèche läßt den Brennwein von seinen 30 ha Colombard und Ugni Blanc bei Dargelos brennen und lagert den jungen Armagnac dann bis zu zwei Jahre in frischer Eiche aus eigenem Waldbesitz.

DE MONTAL

Compagnie des Produits de Gascogne, 32000 Auch
Tel. (62) 08 81 81
VSOP 8 + · Réserve 12 + · Jahrgänge: Cazaubon 1893 bis 1943 · Panjas 1925 bis 1955 · Grand Bas Armagnac 1941 · Eauze 1960, 1961 · Ténarèze 1958, 1962
Das Château de Rieutort gehört der Familie de Montal schon seit 300 Jahren, aber erst die Brüder Olivier und Patrick haben den Namen in aller Welt berühmt gemacht. Sie und ihre Armagnacs genießen höchstes Ansehen, sogar in den USA, die bisher als Neuland für den Armagnac gelten dürfen.

MONTROUGE

Siehe Vignerons d'Armagnac.

LA MOTTE

M. Artigaux, La Motte, Cazeneuve, 32800 Eauze
Tel. (62) 09 90 27
Jahrgänge: 1949, 1964, 1972 bis 1984
Der Wein von M. Artigaux' 30 ha Ugni Blanc wird auf 55 % gebrannt und dann in alten Fässern aus Gascogne-Eiche gelagert.

NISMES-DELCLOU

Siehe Castarède.

PAPELOREY

Siehe Larresingle.

PELLEHAUT

M. Gaston Béraut, 32250 Montréal-du-Gers
Tel. (62) 28 43 35
Jahrgänge: 1974 bis 1983
Seit 12 Jahren baut M. Béraut Vorratsbestände an Armagnac aus seinen 120 ha in Ténarèze auf. Brennen läßt er nach beiden Methoden bei Gimet und Mikalowski und lagert den jungen Armagnac zwei Jahre in frischer Eiche.

PLACHAT

Pierre Cornet, Plachat, Panjas, 32110 Nogaro
Tel. (62) 09 07 02
Jahrgänge: 1888 bis 1974
M. Cornet ist ein bekannter Brennereiunternehmer, der mit traditionellen und Cognac-Brennanlagen arbeitet. Er besitzt eine wunderbare Sammlung alter Armagnacs. Sein Gut ist in Panjas (im östlichen Bas Armagnac) das einzige, das eigene Erzeugnisse verkauft. Der Wein von 14 ha Folle

Blanche und Ugni Blanc wird hier auf 55 bis 58 % im traditionellen Verfahren bzw. auf 70−71 % in den Doppeldestillieranlagen gebrannt. Neue Eichenfässer werden nicht verwendet, vielmehr wird der junge Armagnac in alten 40-hl-*tonneaux* gelagert. Im übrigen werden die Fässer aus Holz aus den eigenen Wäldern angefertigt.

PRINCE DE GASCOGNE
Diffusion des Produits Gascons, Rue d'Artagnan,
32440 Castelnau d'Auzan   Tel. (62) 29 23 44
XXX 2−3 · VSOP 5 · Napoléon 7 · Hors d'Age 10 ·
mehrere Jahrgänge, u. a. 1945, 1956, 1964 · Rarissime (1934, noch im Faß)
Die Firma wurde 1899 von M. Etchard gegründet. Heute befindet sie sich zur Hälfte im Besitz der Familie, und zur Hälfte gehört sie Mme Pagès. Am bekanntesten ist das Haus für Früchte in Armagnac, darunter auch Feigen und Kiwi. Der Weinbergbesitz in Ténarèze umfaßt 5 ha; es müssen jedoch 1000 hl Wein aller Traubensorten zugekauft werden, und zwar bei kleinen Erzeugern zur Hälfte in Ténarèze und zur Hälfte in Bas Armagnac. Das Destillieren wird von Lohnbrennereien ausgeführt.

LE ROY DES ARMAGNACS
M. Gimet, Domaine Balenton Cazeneuve, 32800 Eauze
Tel. (62) 09 90 01
Die berühmteste Lohnbrennerei in Armagnac hat viele originelle Ideen. Von ihr werden auch die Baco- und Ugni-Blanc-Weine von den eigenen 25 ha Weinbergen verarbeitet, die dann nach einjähriger Lagerung in frischer Eiche verkauft werden.

SAINT-VIVANT
Route de Nérac, 32100 Condom   Tel. (62) 28 04 61
VSOP 5 · XO 10. Verkauf auch unter den Namen Baron de Gasconny, Carbonnel, Castaigne, Ducastaing, Lamazière, Lapeyrouze und Marquiza
Die Flasche trägt den Namen des Chevalier de Saint-Vivant aus dem 16. Jh., die Firma aber wurde erst 1947 von einem M. Cogranne, angeblich Nachfahre eines schottischen Einwanderers namens Cochran, gegründet. Heute gehört sie dem großen Getränkekonzern La Martiniquaise, der in Frankreich vor allem durch den billigen «Scotch» Label 5 bekannt geworden ist.

LA SALLE PUISSANT
Siehe La Boubée.

SAMALENS
32110 Laujuzan   Tel. (62) 09 14 88
XXX 3−5 · VSOP (BA) 7−10 · Napoléon 12−15 · Vieille Relique · Hors d'Age (BA) 15−20 · XO 20+
Besichtigung der Keller aus dem 19. Jh. sowie der größten Destillerie in Armagnac: 8.30 bis 12 Uhr und 14.30 bis 18 Uhr.

1882 baute Jean-François Samalens in seinem Geburtsort Laujuzan eine Brennerei und einen Keller. Die Familie blieb bis 1970 im Brennerei- und Lagergeschäft und verfügt daher auch noch über sehr große Vorräte an alten Armagnacs. Der Vertrieb der Marke Samalens erfolgt durch Rémy Martin, doch die Firma befindet sich noch weitgehend im Besitz der in der Gegend sehr bekannten Gebrüder Jean und Georges Samalens.

Die Firma hat keine eigenen Weinberge, ist aber sonst gut ausgestattet. Von den acht Brennanlagen arbeiten vier nach der Cognac-Methode, jeweils mit 25 hl. Die vier traditionellen Anlagen sind schon runde hundert Jahre alt und bringen nur kleine Mengen an schwerem, 55%igem Armagnac hervor, der sechs Monate lang in frischer Gascogne-Eiche und anschließend in alten Eichenfässern entweder in einem trockenen oberen oder einem feuchteren unteren Keller lagert. Das Endergebnis ist typisch für Bas Armagnac, schon der VSOP hat *Rancio*-Aroma. Die Version Vieille Relique zeichnet sich durch volles Nuß- und Pflaumenaroma aus.

SEIGNEUR DE LA TESTE

Coopérative de Condom, 32100 Condom   Tel. (62) 28 12 16
XXX · VSOP · Hors d'Age · Jahrgänge 1943, 1951, 1960
Genossenschaft mit 500 Mitgliedern und zusammen 1200 ha. Keine Angaben über die angebauten Rebsorten. Zwei traditionelle Brennanlagen produzieren Armagnac mit 58 bis 62 %. Die Vorräte von 3500 hl gehen bis 1943 zurück.

SEMPÉ

32290 Aignan   Tel. (62) 09 24 24
Büro Paris: 75, rue St-Lazare, 75009 Paris
Tel. (1 42) 85 33 66
Fine 2 · VSOP · Napoléon 7—8 · Extra · Vieil Armagnac 10 · Impérial Réserve (in Baccarat-Kristallkaraffe).
Jahrgänge: 1934, 1942, 1955
1934 von Henri-Abel Sempé, damals 20 Jahre alt, gegründet. Seither hat er Geschäft und Politik zu kombinieren verstanden: Er baute eine der größten Armagnac-Firmen auf und fand dennoch Zeit, als Senator für das Département Gers zu fungieren. Seine beiden Schwiegersöhne arbeiten inzwischen mit ihm zusammen.

Sempé besitzt nur 20 ha Weinberge in Ténarèze sowie einige traditionelle Brennanlagen in bescheidener Größe. Der Hauptteil des Bedarfs an Ugni-Blanc-, Colombard- und Piquepoul-Trauben wird bei kleinen Erzeugern aufgekauft und von dem bekannten Spezialisten Regert in Villeneuve-de-Marsan für die Firma gebrannt, und zwar 80 % nach dem traditionellen Verfahren und 20 % *à la Charentaise*. Die jungen Armagnacs lagern dann knapp zwei Jahre in frischer Eiche. Zwar wurde das Geschäft mit billigen, jüngeren und wenig bemerkenswerten Armagnacs aufgebaut, doch hat Sempé inzwischen auch feine alte Armagnacs zu bieten. Die meist in Belgien verkaufte Fine ist etwas roh, aber der Napoléon ist voll und fein (obwohl er 30 % Baco neben 50 % Ugni Blanc und 20 % Colombard enthält). Der Vieil Armagnac ist fein und tief und weist kräftiges *rancio* auf. Der 68er dagegen zeichnet sich durch leichteren Duft bei mehr Blumigkeit und nicht soviel *rancio* aus; er hat auch weniger Holzaroma als die übrigen Sempés.

LE TASTET

M. Cassous, Le Tastet Parlebosq, 40130 Gabarret
Tel. (58) 44 32 46
Jahrgänge: 1977 bis 1984
Der Erzeuger brennt erst seit den 70er Jahren den Wein von seinen 40 ha noch jungen Folle Blanche, Colombard und Ugni Blanc. Wie viele von denen, die erst vor kurzem angefangen haben, ist auch er überzeugter Traditionalist und destilliert auf nur 52 % Alkohol; der junge Armagnac wird bis zu einem Jahr in frischer Eiche gelagert.

VERDUZAN

M. Morel, Cazeneuve, 32800 Eauze   Tel. (62) 29 10 92
Jahrgänge: 1963, 1973
M. Morel hat ein größeres Gut (60 ha) in Ténarèze, das mit den klassischen Rebsorten besetzt ist. Seinen Wein läßt er bei Mme Dargelos brennen. Für seine Vorräte von 500 hl verwendet er keine neuen Eichenfässer.

VEUVE GOUDOULIN

Siehe Goudoulin.

VIGNERONS D'ARMAGNAC

Coopérative de Nogaro, 32110 Nogaro   Tel. (62) 09 01 79
XXX · VSOP · Napoléon · Ferner die Marken Castelfort und Montrouge
Hochklassige Genossenschaft in Nogaro, bestehend aus 400 Mitgliedern mit zusammen 1000 ha, auf denen meist Colombard und Ugni Blanc angebaut wird. Drei traditionelle Armagnac-Brennanlagen; die Bestände belaufen sich auf 9000 hl und gehen bis 1962 zurück.

SONSTIGE FRANZÖSISCHE BRANNTWEINE

In allen Weinbaugebieten Frankreichs brennen sparsame Bauern aus den Trestern und Hefen den sogenannten «Marc» oder aus zum Trinken ungeeignetem Wein ihre «Fine». Beide gelten im Grunde als lokale Kuriositäten, und da es sich natürlich um sehr geringe Mengen handelt, gelangen sie auch nicht weithin auf den Markt. Der französische Staat schützt sie, zwar nicht über das ausgetüftelte *Appellation-Contrôlée*-System, sondern lediglich als *Eaux de Vie Réglementées*. Wer aber im einzelnen diese «Lebenswässer» brennt und auf welche Art und Weise, das ist nicht genau bekannt.

Alle, die auf unseren Fragebogen geantwortet haben, betonen, daß es sich nur um Nebenprodukte der Weinerzeugung handelt. Dessenungeachtet werden sowohl Marc als auch Fine jeweils als Nachweis der besonderen Qualitäten der dabei verwendeten Traubensorten hoch geschätzt.

ELSASS

Im Elsaß wird aus alter Tradition die Gewürztraminer-Traube auch gebrannt — und zwar sowohl von Winzergenossenschaften, die dann den Winzern ihre Branntweine zurückliefern, als auch von selbständigen Brennereien, die meist auch andere Obstwässer herstellen und im In- und Ausland verkaufen. Daher sind die — übrigens stark aromatischen — Marcs d'Alsace stärker verbreitet als vergleichbare Produkte anderer Gegenden, wo mehr für den Hausgebrauch gebrannt wird.

BERTRAND
Distillerie Artisanale J. Bertrand, Uberback,
67350 Pfaffenhoffen   Tel. (88) 07 70 83
Marc d'Alsace Gewürztraminer 45 % · Vieux Marc
Die Firma Bertrand brennt seit 1874 Früchte aus dem Elsaß. Sie arbeitet heute mit drei «Holstein»-Brennanlagen (Brennkolben mit darübersitzender zylindrischer Rektifikationskammer). Der Marc wird bis zu drei Jahre lang in Eichenfässern oder Glasflaschen gelagert.

GISSELBRECHT
Distillerie Artisanale, 6, rue Friedrich, 68150 Ribeauvillé
Tel. (89) 73 64 36
Eau de Vie Reine-Claude d'Alsace · Marc de Tokay ·
Marc de Muscat · Marc de Riesling · Marc d'Alsace de
Gewürztraminer. Alle 45 %.

Die Gisselbrecht-Brennerei nennt sich *artisanale*. Alle Wässer des reichhaltigen Programms (auch der Marc) werden in zwei sehr kleinen Cognac-Brennanlagen (12 bzw. 15 hl) doppelt gebrannt und anschließend in Glasballons unter dem Dach eines Lagerhauses aufbewahrt; dort sorgt die Witterung von selbst für Charakter. Natürlich sind diese Marcs leichter als solche, die in Fässern gereift wurden.

LEHMANN
J & M Lehmann, Bischoffsheim, 67210 Obernai
Tel. (80) 22 31 20
Marc de Gewürztraminer 3
Die 1850 gegründete Familienfirma brennt außer verschiedenen Obstwässern auch einen Marc. Eine der fünf Brennanlagen ist noch ein Erbstück vom Großvater.

MASSENEZ
Distillerie G. E. Massenez, Dieffenbach au Val, 67220 Ville
Tel. (88) 85 62 96
Eau de Vie Elite des Fins Gourmets 2 · Eau de Vie Vieille Réserve 43 % 4 · Eau de Vie Prestige 46 % 7.
Eine der angesehensten Brennereien im Elsaß mit sechs modernen Destillieranlagen. Massenez ist vor allem mit Himbeergeist und Williams-Christbirne berühmt geworden, bietet aber auch mehrere Marcs von Gewürztraminer an.

NUSSBAUMER
Distillerie Nussbaumer, 23, Grand-Rue Steige, 67220 Ville
Tel. (88) 57 16 53
Marc d'Alsace Gewürztraminer
Nur ein Produkt aus einem ganzen Programm von Eaux de Vie, zumeist Obstwässern, aus der wahrscheinlich größten Elsässer Brennerei.

BURGUND

Burgund kann auf eine lange Tradition im Brennen von Marc (aus den hier *gennes* genannten Trestern) zurückblicken. Früher wurden sie einen Monat lang in luftdicht verschlossenen Behältern vergoren und dann von fahrbaren Brennereien destilliert. Dabei entstanden Branntweine von etwa 52 % Alkoholgehalt, jedoch mit ebensoviel potentieller Intensität und Traubigkeit wie in den alten Armagnac-Brennanlagen. Theoretisch müßte *marc égrappé*, der aus den Preßrückständen ohne Stiele gewonnen wird, milder sein; da aber heutzutage die Trauben überall entstielt werden, besteht praktisch kein Unterschied mehr. Die «Fine» soll theoretisch von Wein gebrannt werden, in der Praxis aber werden auch Gärungsrückstände mit verwendet.

Heute werden diese «Überbleibsel» der Weinbereitung in Burgund größtenteils von zwei Brennereien verarbeitet, Vedrenne in Nuits-St-Georges und der Distillerie de Bourgogne in Beaune. Daneben gibt es nur noch wenige Hausbrennereien, und die fahrenden Brennereien sind fast ausgestorben. Das ist schade, denn ein alter Marc de Bourgogne, der zehn Jahre lang in einem eichenen Weinfaß herangereift ist, hat eine reichhaltige, ölige, traubige Intensität zu bieten, wie sie sonst kaum anzutreffen ist. Freilich werden solche Feinheiten selten gewürdigt, denn einen Marc trinkt man meist als Abschluß eines üppigen burgundischen Mahls, und obendrein ist er mit 45 bis 50 % Alkohol auch recht stark.

ALLEXANT
Domaine Jean Allexant, Saint-Marie-la-Blanche, 21200 Beaune   Tel. (80) 26 60 77
Marc de Bourgogne 6 · Fine de Bourgogne 6
16-ha-Gut mit eigener, gerade zehn Jahre alter burgundischer Brennanlage.

JULES BELIN
3, rue des Seuillets, B. P. 43, 21702 Nuits-St-Georges
Tel. (80) 61 07 74
Marc Vieux à la Cloche Egrappé 10 — 20 · Marc 24 Ans d'Age 24 +
Die Firma brennt seit 1817 Eaux de Vie, und M. Claude Lanvin hält die Tradition aufrecht.

BOUCHARD
Bouchard Père & Fils, Au Château, B. P. 70, 21202 Beaune
Tel. (80) 22 14 41
Fine Bourgogne 41,5 % 5 · Marc de Bourgogne des Domaines du Château de Beaune 41,5 % 5
Eines der größten Handelshäuser in Burgund bietet auch Marc aus den Preß- und Gärrückständen seiner umfangreichen Weingüter an.

CAVES DE HAUTES COTES
Route de Pommard, 21200 Beaune   Tel. (80) 24 63 12
Fine Bourgogne 45 % 75 cl · Marc de Bourgogne 45 % 75 cl
Große Genossenschaft, bestehend aus 157 Mitgliedern mit 360 ha Weinbergen. Der Marc wird in Destillieranlagen ehrwürdigen Alters gebrannt und dann in frischen Eichenfässern gelagert. Auf dem Concours Agricole 1987 in Paris errang er eine Goldmedaille.

CHATEAU DE MEURSAULT
Comte de Moucheron, Meursault
Marc du Château 41 % 10
Klassischer Burgunder-Marc, halb Pinot, halb Chardonnay.

CHATEAU DE POMMARD
Jean-Louis Laplanche, Château de Pommard, 21630 Pommard   Tel. (80) 22 07 99

Marc du Château de Pommard
M. Laplanche läßt sich von einer fahrbaren Brennerei Marc von seinen Pinot-Noir-Trestern brennen und lagert ihn dann mindestens 15 Jahre in neuen burgundischen *pièces* mit 228 l. Er verkauft an Privatkunden in Frankreich und im Ausland.

CORTON GRANCEY
Louis Latour, 18, rue des Tonnelliers, 21200 Beaune
Tel. (80) 22 31 20
Marc de Corton-Grancey 8
Ein feiner, voller und fruchtiger Marc. Die trockenen Trester werden sechs Monate lang in dicht verschlossenen Holzbottichen aufbewahrt und dann gebrannt. Der so entstehende 50%ige Alkohol reift in neuen Eichenfässern.

DOMAINES DU CHATEAU DE BEAUNE
Siehe Bouchard.

DOMAINE BERNARD DELAGRANGE
21190 Meursault   Tel. (80) 21 22 72
Vieux Marc de Bourgogne 44 % 8 · Vieille Fine de Bourgogne 44 % 9
M. Delagrange bedauert das allmähliche Aussterben des guten alten Hausbrennens. Statt dessen schicken die Winzer heute ihre Trester nach Beaune in die industrielle Brennerei. Er selbst läßt die Preß- und Gärrückstände seines 22-ha-Weinguts (seit Generationen Familienbesitz) von einer fahrenden Brennerei verarbeiten und lagert seinen Marc dann acht Jahre lang in burgundischen Eichenfässern.

DOMAINE DES HAUTES-CORNIERES
Philippe Chapelle et Fils, Domaine des Hautes-Cornières, 21590 Santenay   Tel. (80) 20 60 09
Marc de Bourgogne 41 % 75 cl · Marc de Bourgogne 1964 · Fine de Bourgogne 40 % 73 cl
Die Chapelles streben einen «sehr geschmeidigen» Stil bei ihrem Marc an, den sie fünf bis zehn Jahre reifen lassen.

DOMAINE DUJAC
Morey-Saint-Denis, 21220 Gevrey-Chambertin
Tel. (80) 34 32 58
Marc de Bourgogne 1970 41 % 75 cl
Der Besitzer Jacques Seysses hat schon immer etwas für guten Marc übrig gehabt. Als er feststellte, daß es kaum noch welchen zu kaufen gab, begann er 1969, seinen eigenen Marc brennen zu lassen, nachdem er ein Jahr zuvor die Weinerzeugung in der Domaine aufgenommen hatte. Allerdings begann er mit dem Verkauf erst 1983, als sein wunderbarer, klassischer Marc, einer von wenigen Jahrgangs-Marcs, nach 14 Jahren Reifezeit in neuen Fässern das kräftige Gepräge einer durch die Kerne hervorgerufenen Öligkeit zeigte.

DOMAINE PRIEUR BRUNET
21590 Santenay   Tel. (80) 20 60 56
Marc de Bourgogne · Fine Bourgogne
Die Domaine besitzt eine eigene 80 Jahre alte Brennanlage; die Marcs werden zehn Jahre lang in Eichenfässern
gelagert.

DOMAINE DE LA ROMANEE-CONTI
Vosne-Romanée, 21700 Nuits-St-Georges
Tel. (80) 61 04 57
Marc de Bourgogne du Domaine de la Romanée-Conti ·
Fine Bourgogne du Domaine de la Romanée-Conti
Das vornehmste aller Weingüter in Burgund bietet auch
sehr feinen, wohlausgereiften Branntwein in begrenzten
Mengen an.

JOSEPH DROUHIN
7, rue d'Enfer, B. P. 29, 21201 Beaune   Tel. (80) 24 68 88
Marc de Bourgogne 8—10 · Fine de Bourgogne 8—10
Das wohlrenommierte Burgunder Handelshaus glaubt, daß
sein Marc und seine Fine zum guten Namen der Firma
beitragen, also müssen beide gut sein.

LIGNIER
Georges Lignier et Fils, Morey-Saint-Denis,
21220 Gevrey-Chambertin   Tel. (80) 34 32 55
Vieux Marc de Bourgogne 7
Der hochangesehene Erzeuger pflegt seinen preisgekrönten Marc *égrappé* mit größter Sorgfalt und läßt ihn mindestens sieben Jahre in neuen burgundischen Eichenfässern
lagern.

MOMMESSIN
La Grange-St-Pierre, 71850 Charnay-lès-Mâcon
Tel. (85) 34 47 74
Marc du Clos de Tart 5+ · Fine du Clos de Tart 5+ ·
Marc de Bourgogne
Bekanntes Handelshaus in Burgund; kauft Eaux de Vie zu
und ist besonders stolz auf seine preisgekrönte Fine.

GUY ROULOT
1, rue Charles-Giraud, 21190 Meursault   Tel. (80) 21 21 65
Marc de Bourgogne 43 % 8+ · Fine Bourgogne 43 % 8+
Die Familie Roulot destilliert seit 1860 für ihre Nachbarn
und fuhr bis 1983 mit einer mobilen Brennanlage durch
den Bereich. Seither brennt M. Roulot nur noch Marc für
sich selbst und seine Kunden. Er arbeitet sehr sorgfältig
mit seiner alten Anlage und entfernt den Vorlauf sowie
auch den Nachlauf (wenn er zu schlecht ist).

THIBAUT
Jacques Thibaut, Vaux-les-Grenard, 21540 Somzernon
Tel. (80) 39 46 35
Eau de Vie de Marc · Eau de Vie de Fine

Professionelle Brennerei mit zwei Destillieranlagen, die eine mit Dampf arbeitend, die andere ähnlich dem in der Champagne üblichen *En-calandre*-System.

CHAMPAGNE

FINE DE CHAMPAGNE, MARC DE CHAMPAGNE

Jean Goyard et Cie, 51160 Ay   Tel. (26) 50 10 43

Früher brannten viele Champagner-Häuser ihren eigenen Marc und ihre eigene Fine, heute aber besorgt allein die Familienfirma Goyard das Destillieren. Sie nimmt alle Rückstände aus der Region auf, und das ist eine so große Menge, daß M. Keene, der Enkel des Gründers, das beste Material heraussondern und den Rest zu Industriealkohol destillieren kann. Er bringt delikate und aromatische Branntweine zuwege, denn Trester von im Ganzen gepreßten Trauben, wie es bei der Champagner-Gewinnung gehandhabt wird, enthalten viel Zucker und keinen Alkohol. Dagegen stammt das in Burgund zu Marc verarbeitete Rohmaterial von entstielten und bereits vergorenen Trauben. Die Fine de Champagne wird größtenteils von dem an Sediment reichen Wein gebrannt, der beim Degorgieren der Champagner-Flaschen herausschießt. M. Keene arbeitet gern mit diesem Rohstoff: «Es sind Weine von noblen Traubensorten, vollgepfropft mit Hefen, Trub- und Aromastoffen.»

Sowohl der Marc als auch die Fine werden nach dem *En-calandre*-System gebrannt. Dabei werden die Brennweine zunächst in drei miteinander verbundenen Gefäßen von je 400 l Fassungsvermögen mit Dampf vorgeheizt. Die dabei entweichenden Dämpfe enthalten etwa 20 % Alkohol und werden nun auf ca. 70 % destilliert. Der Marc wird zum Teil als Geschmacksbasis an die Hersteller von «Trauben-Brandy» geliefert.

COTES DU RHONE

CHATEAU GRILLET

Neyret-Gachet, Château Grillet, Verin, 42410 Pelussin

Eau de Vie de Marc de Château Grillet

Das berühmte Weingut stellt eine kleine Menge an Marc her.

PINCHON

MM. Pinchon & Niero, 20, rue des Granges,

69420 Condrieu   Tel. (74) 59 50 22

Marc de Condrieu Cépage Viognier 45 %

Das kleine Familienweingut bietet einen Marc von der kostbaren Viognier-Traube an: eine Rarität. Er wird drei Jahre im Edelstahltank gelagert und behält dadurch die frische Fruchtigkeit der Traubensorte.

VIDAL-FLEURY
B. P. 12, 69420 Ampuis   Tel. (74) 56 10 18
Vieux Marc de Côte Rôtie 43 % 12–15
Einer von sehr wenigen Marcs, die an der Côte Rôtie ge-
brannt werden. Dieser entsteht aus Syrah- und Viognier-
Trestern vom 10-ha-Gut von M. Guigal.

JURA

Im Jura besteht eine lange Tradition der Marc und Eau de
Vie, so daß dafür die Appellation Eau de Vie de Franche-
Comté eingerichtet wurde.

JEAN BOURDY
Caves Jean Bourdy, Arlay, 39140 Bletterans
Tel. (84) 85 03 70
Marc de Franche-Comté 6 50 %
Die Familie Bourdy brennt schon seit langem Marc, und
Christian Bourdy ist seit 20 Jahren Vorsitzender einer
Gruppe von Brennereien der Gegend. Er selbst besitzt drei
kleine kontinuierlich arbeitende Destillieranlagen und la-
gert seinen Marc sechs bis sieben Jahre lang in kleinen
Fässern, wodurch er ein ganz besonderes Aroma erlangen
soll.

CHATEAU D'ARLAY
Arlay, 39140 Bletterans   Tel. (84) 85 04 22
Vieux Marc de Franche-Comté 50 % · Vieille Fine de
Franche-Comté Comte René de Laguiche 50 %
Das historische Château war einst Besitz der Familie Nas-
sau-Oranien, die noch heute den holländischen Thron in-
nehat — die Königin der Niederlande trägt unter anderem
auch den Titel Comtesse d'Arlay. Die dazugehörigen Wein-
berge sind, wie es heißt, die ältesten im Jura, und die Weine
des Guts werden im Präsidentenpalais serviert. Der heutige
Besitzer, Comte René de Laguiche, öffnet im Sommer sein
Château für Besichtigungen und hat neben einer Reihe
von Weinen auch Spirituosen zu bieten. Der Marc und die
Fine werden beide zwischen fünf und zehn Jahre lang in
Eichenfässern gelagert.

HUBERT CLAVELIN
Le Vernois, 39210 Voiteur, Jura   Tel. (84) 25 31 58
Eau de Vie de Marc de Franche-Comté 50 % 4 · Vieux
Marc du Jura 50 % 6
M. Clavelin brennt Marc von dem Chardonnay, den er auf
seinem 23-ha-Gut anbaut, in seiner eigenen kleinen Brenn-
anlage.

HENRI MAIRE

Château Montfort, 39600 Arbois   Tel. (84) 66 12 34
Marc Egrappé 50 % 6 · Vieux Marc Egrappé 50 % 10 ·
Marc Flambé 50 %
Der «König des Jura», der drei Fünftel des Weins der Region verkauft, hat natürlich auch eine eigene Brennerei. Sein Marc wird doppelt gebrannt und in Eichenfässern gelagert.

PUPILLON

Coopérative Fruitière Vinicole de Pupillon,
39600 Arbois   Tel. (84) 66 12 88
Marc du Jura 48 % 3 · Fine 48 % 3
Winzergenossenschaft bei Arbois mit einer großen Auswahl an Weinen. Eine fahrende Brennerei besorgt das Destillieren.

PROVENCE

BUNAN

Pierre & Paul Bunan, 83740 La Cadière d'Azur
Tel. (94) 98 72 76
Marc de Muscat de Bandol 50 % 1 · Marc de Bandol
Egrappé 50 % 5 · Vieux Marc de Bandol Egrappé 50 % 7.
Alle drei werden unter den Markennamen Mas de la
Rivière und Moulin des Costes vertrieben.
Die Familie Bunan ist stolz darauf, die älteste Brennanlage der Region zu besitzen. Es ist ein in Marseille gebauter und 1920 nach Bandol gebrachter Brennapparat nach Cognac-Bauart, der noch mit Kohle beheizt wird. 50 Jahre lang wurde er von der einzigen Brennerin Frankreichs, Mme Josephine Boetti, liebevoll betreut. Sie vererbte ihn an die Familie Bunan und fand in dem jungen Önologen Laurent Bunan einen tüchtigen Schüler.

CHATEAU DE PIBARNON

Comte de St-Victor, Château de Pibarnon,
83740 La Cadière d'Azur   Tel. (94) 90 12 73
Vieux Marc de Bandol 1978
Zum Glück für alle Liebhaber aromatischer Marcs liebt der Comte de St-Victor den Armagnac ebenso sehr wie die preisgekrönten Weine, die er von seinem 35-ha-Gut hervorbringt. In seiner Begeisterung kaufte er eine alte Armagnac-Brennanlage, mit der er nur die Trester seiner Mourvèdre-Trauben destilliert, wobei er Vor- und Nachlauf sorgfältig entfernt. Der Marc wird mindestens acht Jahre lang in Eichenfässern gelagert, die von einem Küfer in Burgund stammen, und wird schließlich ohne Zusatzstoffe verkauft. Was dabei nach Auskunft des Grafen herauskommt, ist «ein herrliches Aroma von Pflaumen und Nüssen, der unverwechselbare Charakter eines großen Armagnac». Solcher Enthusiasmus ist nur zu begrüßen — hoffentlich ist er ansteckend.

COMMANDERIE DE LA BARGEMONE

13760 Saint-Cannat   Tel. (42) 28 22 44
Büro Paris: avenue de Messine, 75008 Paris
Tel. (1 45) 63 06 20
Marc des Coteaux d'Aix-en-Provence

Das 70-ha-Gut von J.-P. Rozan bei Aix-en-Provence ist mit renommierten Rebsorten (u. a. Cabernet) bestockt. Die Trester läßt er von einer fahrenden Brennerei zu Marc verarbeiten, der sieben Jahre lang in kleinen Eichenfässern (120 l) liegt.

JOSEPH MERLIN

Domaine de Suriane, 13250 Saint-Chamas
Tel. (91) 93 91 91
Eau de Vie de Marc Originaire de Provence 54 % und
61 % 6 — 8

M. Merlin verkauft Marc von seinem 38,5-ha-Gut schon seit 40 Jahren und hat daher viel Zeit zur Vervollkommnung seines Stils gehabt. Eine Lohnbrennerei führt das Destillieren für ihn durch, die Lagerung in alten Cognac-Fässern, die seinem Marc ein angenehmes Cognac-Aroma verleihen sollen, überwacht er selbst.

SPANIEN

Die Geschichte des spanischen Branntweins

Für die Angelsachsen ist der Begriff spanischer Brandy gleichbedeutend mit «süß und klebrig». Diese zutiefst vorurteilsbeladene Einschätzung stammt aus der eingewurzelten Überzeugung, daß alle nicht in Frankreich hergestellten Spirituosen unbedeutend, irgendwie unsauber und minderwertig sein müßten. Die spanischen Brandy-Erzeuger führen solche Fehlurteile ad absurdum.

In Spanien wird mehr Branntwein erzeugt als in Frankreich oder überhaupt sonstwo in Europa. Zwischen 1975 und 1985 setzten die spanischen Brandy-Erzeuger 162 Millionen Flaschen im Inland und 21,7 Millionen im Ausland ab. Dabei ist die Qualität im Grund ziemlich hoch, teils schon deshalb, weil Spanien eines der wenigen Länder Europas ist, wo unter «Brandy» ausschließlich Branntwein verstanden wird, der aus Trauben ohne Zusatz von neutralem Alkohol gewonnen ist. Das Durchschnittsniveau der Qualität hält sich auf hohem Stand oder ist sogar im Steigen, da sich das Geschäft auf ein rundes Dutzend Firmen konzentriert, von denen die meisten Sherry-Erzeuger sind. Sie haben im Welthandel eine starke Position und sind natürlich auch sehr daran interessiert, ihr Qualitätsrenommee zu wahren, ob sie nun Sherry oder Brandy verkaufen. 92 % des Inlandsumsatzes und 96 % des Exports entfallen allein auf die Erzeuger von Jerez-Brandy. Seit mehr als einem halben Jahrhundert beherrscht der spanische Brandy den lateinamerikanischen Markt. In neuerer Zeit tritt er auch auf anderen Märkten, vor allem in Deutschland und Italien, der französischen Hegemonie entgegen. Seiner Qualität nach kann er durchaus darauf hoffen, sich überall dort durchzusetzen, wo nicht reine Versessenheit auf die ganz allgemein herbere Art französischer Spirituosen vorherrscht.

Der spanische Brandy bietet eine breite Palette an Qualitäten, Stilen und Herstellungsmethoden. Vor allem muß zwischen der großen Mehrheit der von den Sherry-Firmen hergestellten Brandys und zwei in Katalonien von Torres und Mascaro produzierten Marken unterschieden werden. Die beiden letzteren gehören zu den interessantesten Spirituosen Spaniens; wie aber auch aus der Einzelbesprechung in der nachfolgenden Liste hervorgeht, herrscht bei ihnen der französische Einfluß vor. Sie werden in Brennanlagen der Cognac-Bauart aus völlig ungenießbar sauren Weinen gewonnen, während die Hersteller in Jerez seit eh und je der Auffassung sind, auch der Brennwein müsse durchaus trinkbar und nicht übertrieben sauer sein. In Jerez haben sich eigene Stile herausgebildet, und diese unterscheiden sich nicht nur vom französischen, sondern auch untereinander.

Abgesehen von den beiden Erzeugnissen Kataloniens ist spanischer Brandy nahezu immer wärmer, voller, reichhaltiger und in vielen Fällen bewußt süßer als alles, was in Frankreich auf diesem Gebiet hergestellt wird. «Nach Ansicht der Fachleute», schreibt Manoel Gonzalez y Gilbey, «lauten die drei Regeln für guten Brandy: Er muß feurig auf der Zunge, samtig am Gaumen und warm im Magen sein.»* Bei Befolgung dieser Regeln kann zwar die Subtilität eines alten Cognacs oder Armagnacs nicht erreicht werden, aber es entsteht eine viel höhere Gleichmäßigkeit als bei den meisten französischen Spirituosen und darüber hinaus — was die von Gonzalez zitierten Fachleute den Produkten des eigenen Landes nicht zugestehen wollten — eine unverwechselbare eigene Samtigkeit auf der Zunge und im Duft.

Die arabische Tradition

Der spanische Branntwein ist zugleich älter und jünger als französische Spirituosen. Vor allem die Südspanier lernten viel von den Arabern, die dem von ihnen jahrhundertelang besetzten Land die Zivilisation brachten. Jerez im Süden wurde im 13. Jahrhundert von den Christen zurückerobert und bildete dann lange Zeit das Grenzland zum arabischen Spanien — daher auch der Name Jerez de la Frontera. Doch der maurische Einfluß durchdrang die politischen Grenzen. Neben vielen anderen Dingen lernten die Christen so die Kunst des Alkoholdestillierens. Aus dem Arabischen ist nicht nur das Wort «alcohol» in die spanische Sprache gekommen, sondern auch die Begriffe «alambique» und «alquitara» für einen Destillierapparat.

In Spanien wird der Ursprung des Alkoholbrennens meist mit einem berühmten Arzt aus dem 13. Jahrhundert namens Arnaldo de Vilanova in Zusammenhang gebracht. Doch ist es laut Manoel Gonzalez nicht möglich, genau zu sagen, ob nun Vilanova die Grundlagen schuf und den Arabern sein Wissen mitteilte, oder umgekehrt. Aber auch die Brandy-Hersteller in Katalonien dürfen einen Vilanova für sich in Anspruch nehmen, der im vorigen Jahrhundert über *esperit de vin* schrieb — diesen Namen trägt die 1985 geschaffene Appellation für katalonischen Brandy.

Im 16. Jahrhundert schon war das Destillieren eine so gewinnbringende Tätigkeit, daß die Jesuiten sie mit einer Abgabe belegen und den Erlös zur Gründung eines Kollegs in Jerez verwenden konnten. In den folgenden zwei Jahrhunderten wurde eine bestimmte Art von Spirituosen als *holandas* bekannt. Ursprünglich wurden diese wohl — wie der Name vermuten läßt — aus Holland importiert, um den Jerez-Wein aufspriten zu können, bevor er als Sherry exportiert wurde. Um die Mitte des 19. Jahrhunderts destillierten dann die Jerezanos ihren eigenen Branntwein — vorwiegend aus dem nachgepreßten Most der Sherry-Gewinnung — und exportierten diesen wiederum nach Holland als *holandas*. Er war auf nur 65 — 70 % gebrannt, also anders als die konzentrierteren

* Im Kapitel Brandy in «Sherry: The Noble Wine»

Rohbranntweine, die damals schon als «aguardiente» bzw. «destilados» bezeichnet wurden.

Die ersten kommerziellen Branntweine

Im letzten Viertel des vorigen Jahrhunderts wuchs der spanische Branntwein dann allmählich aus der Rolle des reinen Rohmaterials oder Verstärkungsmittels heraus und wurde zum eigenständigen Produkt. Es geht die Legende, daß Pedro Domecq Lustau aus der berühmten Sherry-Händlerfamilie einmal keinen Käufer für ein paar Faß Sherry finden konnte, so daß diese einige Jahre lang in Vergessenheit gerieten. Danach soll er über das Bukett und den Geschmack dieses Weins so verblüfft gewesen sein, daß er beschloß, ihn als Brandy zu destillieren. So entstand angeblich der Fundador, der erste Vorläufer des spanischen Brandy, der 1874 erstmals auf den Markt kam und in vielen angelsächsischen Ländern noch immer als Inbegriff für spanischen Branntwein gilt.

Der Zeitpunkt hätte nicht besser gewählt sein können. Im Jahr, bevor Domecq seinen ersten Brandy verkaufte, hatte die Reblaus ihr Vernichtungswerk begonnen. Gegen Ende der 1870er Jahre wurden die Vorräte an echtem Cognac knapp, und die Käufer (aber auch die weniger skrupelbehafteten unter den Cognac-Häusern) suchten verzweifelt nach Ersatz in Gegenden, die noch nicht von der Reblausplage befallen waren. In Jerez begann dieser Schädling erst in den 1890er Jahren aufzutreten, und so erlebte die Region einen allerdings nur kurzen Boom.

Führend im Pseudo-Cognac-Handel war der bekannte Sherry-Händler Francisco Ivison O'Neale, der mit voller Absicht einen recht verschwommenen Markennamen, nämlich La Marque Spéciale, wählte, aus dem weder der Lieferant noch die Herkunft des Branntweins ohne weiteres erkennbar waren. Natürlich folgten alle anderen Sherry-Häuser seinem Beispiel. Das Haus Terry etwa begann gleich nach seiner Gründung 1883 einen Brandy zu destillieren und behauptete, er sei «aus den besten Weinen von Jerez» hergestellt. 1908 wurde das Wort «coñac» offiziell in den spanischen Sprachschatz aufgenommen und blieb neben «brandy» der gebräuchliche Ausdruck für Branntwein bis zum Beitritt Spaniens zur Europäischen Gemeinschaft im Jahr 1985, als der für Frankreich geschützte Name offiziell gestrichen werden mußte.

Während des Booms wurden viele Destillieranlagen des Cognac-Typs, oft nach französischen Konstruktionen, gebaut, allerdings habe ich bei Gonzalez auch Brennanlagen gesehen, die so eingerichtet sind, daß der Brennwein nur einmal erhitzt wird. Der Brandy reifte damals wie heute in einer Solera, also in demselben System, wie es auch für Sherry Anwendung findet. Der ausgereifte Branntwein wird aus der untersten Reihe eines ganzen Stapels von Fässern entnommen. Die unterste Faßreihe wird aus der darüberliegenden wieder aufgefüllt, diese wieder aus der darüberliegenden und so fort bis zur obersten

Reihe, in die dann der frischgebrannte Jerez-Brandy kommt. Eine solche Solera kann, wie beim Sherry auch, über hundert Jahre alt sein. Bei Gonzalez Byass habe ich einen Brandy aus einer Solera gekostet, die im Jahr 1886 angelegt worden war. Er hatte eine wunderbare, tief kastanienbraune Farbe mit rotem Schimmer und einen herrlichen warmen Duft, aber im Geschmack war er, wie zu erwarten, ziemlich bitter von allzuviel Tannin.

Der auf solche Weise ausgebrochene Wohlstand konnte nur von kurzer Dauer sein. Die Reblaus überfiel Jerez, als in Cognac begonnen wurde, die Weinberge mit auf amerikanische Unterlagen gepfropften Reben wieder neu zu bestocken. Doch es blieb ein gewisser Rest des einst blühenden Geschäfts erhalten. In den 30er Jahren unseres Jahrhunderts konnte Manoel Gonzalez feststellen, daß der «einheimische Brandy auf dem Inlandsmarkt praktisch die Alleinherrschaft besaß und auch im Ausland durchaus gewürdigt wurde». Die Handelsverbindungen waren fest geknüpft, der Produktionsprozeß war inzwischen verbessert worden. Gonzalez schreibt:

«Ein Teil der in Jerez verwendeten Holandas sowie reiner Weingeist in kleinen Mengen werden ebenfalls gebrannt, aber der für das Aufspriten der Weine zumeist benutzte neutrale Alkohol wird allgemein aus anderen Bezirken Spaniens (hauptsächlich aus Ciudad Real und La Mancha) bezogen, wo billigerer Wein zu haben ist als in Jerez, da der Sherry von Natur aus teurer ist als einfacher Tafelwein.»

Der Brennwein kam also nicht mehr aus Jerez, sondern aus weniger noblen Bereichen; es wurden verschiedene Sorten — zum Teil relativ rein, zum Teil charaktervoller —, aber nur in kleineren Mengen gebrannt.

Dann kamen neue Schwierigkeiten, diesmal hausgemachte, dem spanischen Brandy zu Hilfe. In den Jahren von 1936 bis 1939 sorgte der Bürgerkrieg für eine Belebung der Nachfrage nach Branntwein, um den Kampfgeist der Truppen beider Seiten zu stärken. Während der Misere der zwanzig Jahre nach dem Bürgerkrieg dienten große Mengen an billigem Branntwein, nicht nur aus Jerez, sondern auch aus Murcia und Nordspanien, als bewährte Energiequelle für hart arbeitende Menschen in einem kalten Klima — und spanische Winter können sehr kalt und entsetzlich verregnet sein. Von der Mitte der 40er bis in die 60er Jahre verdoppelte sich die Produktion in Jerez, da sich die spanischen Arbeiter angewöhnt hatten, morgens einen *cafe-coñac* mit zur Arbeit zu nehmen. Im Baskenland braucht man nur einen *completo* zu bestellen und bekommt einen Kaffee, einen Brandy und eine Zigarre. Der große Aufschwung aber kam in den 60er Jahren. 1970 erreichte der Jahresverbrauch in Spanien 140 Millionen Flaschen, das entspricht $3^{1}/_{2}$ Flaschen pro Kopf, mehr als in irgendeinem anderen Land der Welt (mit Ausnahme von Hongkong).

Die Jerez-Firmen

Am meisten profitierten davon ein paar Firmen in Jerez. Seltsamerweise ignorierten die Marketing-Experten der internationalen Konzerne, die so viele Sherry-Handelshäuser kontrollieren, dieses Geschäft ganz und gar; sie waren zu sehr besessen von der Idee, daß nur der Cognac einen bereitwilligen Markt vorfinden könne. So überließen sie das Feld ganz einigen wenigen einheimischen Firmen, vor allem Domecq, Osborne, Bobadilla, Terry und Gonzalez Byass, die heute wie damals den spanischen Branntweinmarkt beherrschen. Es waren auch allein die Gewinne aus dem Brandy, die es einigen von ihnen ermöglichten, in den schlechten Zeiten am Ende der 70er Jahre unabhängig zu bleiben, als der größenwahnsinnige Ruiz Mateos den Preis (und die Qualität) des Sherry scheinbar unaufhaltsam drückte. Hätte er dem Brandy mehr Beachtung geschenkt, dann hätte er sich vielleicht auch über Wasser halten können — er erwarb aber nur einen größeren Brandy-Erzeuger, nämlich die Familienfirma Terry, die er dazu benützte, mit den Branntweinvorräten anderer aufgekaufter Firmen eine neue Marke zu schaffen: Grand Duque d'Alba (siehe Bodegas Internacionales).

Als Folge dieser Entwicklung ist dieser Geschäftszweig heute fest unter der Kontrolle der auf den Seiten 148—157 genannten Firmen. Den EG-Bestimmungen zufolge dürfen sie den magischen Namen *coñac* nicht mehr benutzen, und sie sind sich auch im klaren darüber, daß ihnen der französische Cognac, der heute noch in Spanien so teuer ist, daß er praktisch nicht verkauft werden kann, doch bald Konkurrenz machen wird.

Auf dem Inlandsmarkt ist freilich im Augenblick noch die Konkurrenz von draußen die kleinere Sorge, vielmehr beunruhigt ein stetiger Rückgang des Markts insgesamt. Wie bei so vielen anderen Spirituosen, die eng mit einer bestimmten Generation und einem bestimmten Stadium in der sozialen und wirtschaftlichen Entwicklung eines Landes verknüpft sind, stagniert seit etwa zehn Jahren der Absatz von Brandy in Spanien, da die Arbeitsbedingungen leichter geworden sind und die Arbeiter diese Energiequelle auch als Trost in der Misere ihres Daseins nicht mehr so nötig benötigen.

Wie aus der Tabelle auf Seite 148 hervorgeht, hat sich diese Stagnation unter wilden Schwankungen verborgen, die stoßweise durch Steuererhöhungen auftraten, obwohl diese wiederum nicht so scharf waren, daß nicht viele Käufer sich vorsichtshalber größere Vorräte angelegt hätten. Nach und nach stieg der Abgabenanteil für einen Liter Branntwein von 20 Pesetas im Jahr 1970 auf 550 Pesetas 1986, aber es wird noch einiges nachkommen, wenn Spanien schließlich die EG-Regeln über die Abgabenangleichung erfüllen muß. Auf Branntwein muß natürlich auch Mehrwertsteuer sowie in steigendem Maß Luxus- und Wohlfahrtssteuer entrichtet werden, so daß heute bereits etwas mehr als die Hälfte des Verkaufspreises für eine Flasche billigen Branntwein auf Steuern entfällt.

Der spanische Geschmack

In Spanien haben sich die Verhältnisse in letzter Zeit geändert. Spanischer Brandy ist heute nicht mehr so süß wie um 1930, als Gonzalez noch bemerkte, daß «viele Märkte außerhalb Spaniens weniger süße Brandys bevorzugen als der spanische Verbraucher». Aber auch das Sozialverhalten hat sich gewandelt. Früher war der Brandy-Verbrauch eindeutig auf Gaststätten konzentriert, in den letzten zehn Jahren dagegen hat sich der Daheimverbrauch allmählich gesteigert und erreichte 1975 einen Stand von 47 %, das waren 10 % mehr als 1965. Dieser Wandel hat sich zugunsten von Firmen wie Osborne und Gonzalez Byass ausgewirkt, deren Vertriebsorganisation sich in hohem Maß auf den Lebensmittelhandel und immer mehr auch auf Supermärkte ausgerichtet hat. Dagegen hat Domecq eindeutig darunter zu leiden gehabt. Diese Firma war früher Marktführer bei den billigeren Branntweinen, auf die doch immer etwas über drei Viertel des Gesamtumsatzes entfallen. Domecqs Vertriebspolitik war so katastrophal, daß inzwischen Terry mit Centenario, Osborne mit Veterano und vor allem Gonzalez Byass mit Soberano den Marktsektor beherrschen. Auf Soberano entfällt heute ein Viertel des Markts für billigere Brandys; die drei meistgekauften Marken teilen sich in drei Fünftel des Gesamtumsatzes. Bobadilla mit 103 White Label hat ein Zehntel Anteil, und rechnet man Fundador, Garveys Esplendido und Agustin Blasquez' Felipe II hinzu, dann machen diese sieben Marken zusammen 90 % des Marktes aus.

Der Handel hat die Typen Reserva und Gran Reserva als hochwertige Kategorien eingeführt, und der Gesetzgeber vollzieht dies nun nach. Selbstverständlich wird versucht, den allgemeinen Umsatzrückgang bei den billigeren Kategorien durch vermehrten Absatz dieser Qualitätsbranntweine zu kompensieren. Die Produktion an Reservas macht 2 Millionen Kisten und damit ein Fünftel der Gesamterzeugung aus (das entspricht allein mehr als dem Doppelten der gesamten Armagnac-Produktion). Der Sektor wird von dem höchst gewinnbringenden Magno von Osborne beherrscht, während der Lepanto von Gonzalez — ein Brandy ganz anderer Art — die meistverkaufte Gran Reserva ist; allerdings entfallen auf alle Gran Reservas zusammen nur knapp 100 000 Kisten. Alle drei Sektoren werden von einer Handvoll Marken beherrscht, die meist immer wieder denselben Firmen gehören — allerdings gilt der Cardenal Mendoza von Sánchez Romate als das absolute Spitzenprodukt.

Export

Die Brandy-Firmen versuchen die Stagnation im Absatz auf dem heimischen Markt dadurch zu kompensieren, daß sie die übrige Welt für den spanischen Branntwein zu erwärmen trachten. Das ist freilich nichts Neues; schon in den 30er Jahren stellte Gonzalez fest, daß Brandy nur in solche Länder exportiert werden könne, «wo der Preis nicht durch Importzölle zu sehr in die Höhe getrieben wird». Das ist die immer wiederkehrende Beschwerde bei einem Produkt, das seine natürlichen Absatzgebiete in Lateinamerika sieht. Mehrere Firmen, u. a. auch Domecq, haben inzwischen dort Brennereien aufgebaut oder importieren konzentrierten Branntwein aus Spanien, der dann im Land verdünnt und abgefüllt wird. Jahrelang bezog Domecq den größten Teil seiner Gewinne aus seiner Tochterfirma in Mexiko, die noch immer jährlich über 4 Millionen Kisten Brandy Presidente produziert, der damit der bei weitem meistverkaufte aus Trauben gewonnene Branntwein der Welt ist.

Auch andere Firmen besitzen mehr oder weniger gewinnbringende Brennereien in vielen Ländern wie Venezuela, Brasilien, Kolumbien und Argentinien, wo Terry vor 15 Jahren 250 000 Kisten Brandy produzierte. Heute sind diese Märkte zum größten Teil für Importe gesperrt. Dagegen gibt es keine Abhilfe, außer man schmuggelt (auf diesem Gebiet besteht ein lebhafter Verkehr zwischen Texas und Mexiko über den Rio Grande) oder indem man konzentrierten Branntwein importiert und im Land verdünnt und abfüllt.

Auf lange Sicht setzen die Spanier große Hoffnungen auf die Liebhaber in Deutschland und Italien. Beide Länder sind große Absatzmärkte, und in beiden gibt es die angelsächsische Voreingenommenheit nicht. Bisher wurde der Handel allein dadurch beeinträchtigt, daß die spanischen Firmen kostbare Devisen aufwenden mußten, um ihre Produkte einzuführen und Werbung dafür zu treiben, was immer mit hohen Kosten verbunden ist.

Die meisten Schwierigkeiten haben die Spanier vermutlich damit, die bisherigen ethnischen Grenzen zu sprengen, die allerdings schon recht weit gesteckt sind, wenn man beispielsweise berücksichtigt, daß sie einerseits die reichen Kubaner einschließen, die in Miami dem spanischen Brandy recht wacker zusprechen, und anderseits auch die spanischen Gastarbeiter, die ihren heimischen Brandy in Deutschland so bekannt gemacht haben, daß inzwischen auch die Deutschen auf den Geschmack daran gekommen sind.

DIE HERSTELLUNG

Über 90 % aller spanischen Brandys stammen von den Sherry-Firmen in Jerez. Ihre Erzeugnisse unterscheiden sich deutlich von denen der beiden einzigen anderen Firmen, die in Spanien Branntwein brennen — Torres und Mascaro —, deren besonderer Stil in der Liste der Erzeuger noch gewürdigt wird. Die hier gegebene Beschreibung gilt nur für den Jerez-Brandy.

Ursprünglich wurde er von Trauben gebrannt, die in der Gegend von Jerez gewachsen waren; heute wird er dort nur noch gelagert und zur Reife gebracht. Der Brennwein besteht fast ausschließlich auf der recht charakterlosen Airén-Traube, die in La Mancha, der weiten, dürren Hochebene 150 km südlich von Madrid, angebaut und zu Wein verarbeitet wird. Das Destillieren geschieht in Tomelloso, einer breit hingestreckten staubigen Stadt mitten in diesem Weinbaugebiet. Jancis Robinson zufolge ist die Airén die meistangebaute Traube der Welt, weil der Bedarf der spanischen Branntweinindustrie so groß ist. La Mancha ist ein trockenes Land, und das spanische Weingesetz erlaubt keine Bewässerung; daher werden die Weinstöcke in sehr großen Abständen gepflanzt — 1600 bis 1800 auf einen Hektar. Auch der Ertrag ist mit 25 bis 28 hl/ha sehr niedrig; es wird also eine halbe Million ha Reben benötigt, um den Bedarf von Jerez zu decken.

Die Ernte beginnt hier schon Ende August, und der Wein fällt mit 12 bis 14 % Alkohol stärker und auch nicht so säurereich aus wie das für die Herstellung von Cognac oder Armagnac verwendete Ausgangsmaterial (deshalb werden auch die darin enthaltenen Aromastoffe beim Brennen nicht in demselben Maße verstärkt wie in Frankreich). Auf 70 % Alkoholgehalt gebrannt, ist der Airén-Wein nur um das Fünffache konzentriert, während der Ugni-Blanc-Wein in Cognac mit seinen 8 bis 9 % bis zum Achtfachen konzentriert wird. Hinzu kommt, daß infolge der ungeheuren Mengen, die hier zu verarbeiten sind, in La Mancha die Brennsaison nicht im Frühjahr endet, sondern weit bis in den heißen spanischen Frühling und Sommer hinein dauern kann. Je später der Wein abdestilliert wird, desto mehr geht sein Säuregehalt zurück und um so notwendiger wird auch die Behandlung mit Schwefeldioxid. Zwar wird nun der Schwefel beim Destilliervorgang wieder ausgeschieden, leider aber nicht so vollständig, daß er nicht doch noch eine gewisse Rauheit im Hals verursacht.

Dennoch hat die Konzentration des spanischen Branntweingeschäfts auf wenige Firmen dazu beigetragen, daß ein gewisser Mindeststandard an Qualität aufrechterhalten bleibt. Diese Firmen bauen in La Mancha nicht selbst Reben an, sondern kaufen den Wein von den riesigen Genossenschaftskellereien (von denen eine allein 100 Millionen kg Trauben im Jahr verarbeitet), die aber nur ein Minimum an Qualität gewährleisten. Anders liegen die Dinge beim Destillieren. Weil jede der Firmen ihre eigenen Wünsche und Forderungen hat, haben viele von ihnen entweder eigene Brennereien eingerichtet oder (wie Osborne) einen eigenen Brennereibetrieb gekauft. Wenn frisch gebrannte Spirituosen zugekauft werden müssen, wird doch auf die Erfüllung strenger Standards durch die Brennerei geachtet. Die Firma Domecq, die bisher weitgehend die Maßstäbe in der Branche gesetzt hat, achtet ganz besonders genau darauf, daß Butanol und Äthylbutyrat, die dem

Brandy einen üblen käsigen Beigeschmack verleihen, vollständig ausgeschieden werden.

Die Methoden

Zu den Eigentümlichkeiten des spanischen Brandy gehört es, daß er nach einer von vier Methoden gebrannt werden darf: kontinuierlich, entweder auf sehr hohe Konzentration oder auf Cognac-ähnliche Stärke; außerdem kann bei Verwendung von Destillierapparaten nach Cognac-Bauart entweder einmal oder zweimal destilliert werden. Die Fachterminologie gibt ebenfalls wenig Aufschluß über den genauen Stil. Das spanische Wort *aguardiente* gilt für alles unterhalb praktisch reinem Alkohol; in den einzelnen Firmen scheint jeweils nur eine Handvoll Techniker über die Zusammensetzung der verschiedenen Marken Bescheid zu wissen. Derzeit teilen die spanischen Gesetzesbestimmungen die frisch gebrannten Spirituosen lediglich in drei Typen ein:

Holandas — Baja Graduación — unter 70 %
Aguardientes — Media Graduación — 70 bis 80 %
Destilados de Vino — Alta Graduación — 80 bis 95 %

Die EG-Bestimmungen

Da es in den EG-Bestimmungen heißt, daß frisch destillierte Spirituosen maximal einen Alkoholgehalt von 86 % haben dürfen, gibt es in der Zukunft nur noch zwei Typen: Holandas und Destilados de Alta Graduación. Doch schon bisher hatten die Destilados mit 95 % noch immer einiges von den fruchtigen Qualitäten der ihnen zugrundeliegenden Trauben aufzuweisen und sind deshalb keinesfalls als neutraler Weingeist anzusehen. Frisch gebrannter Destilado hat etwas von Medizin an sich (das kommt vom Äthylacetat), man erkennt ihn aber dennoch sofort als destillierten Wein, und diese weinige Qualität wird noch deutlicher hervortreten, wenn die maximale Alkoholstärke von 86 Volumenprozent eingehalten wird. Diese Herabsetzung wird sich vor allem auf die Qualität der billigeren spanischen Branntweine auswirken, die ja größtenteils oder ganz aus solchen Destilados bestehen und deren Charakter dann mehr oder weniger durch einen Reifeprozeß und durch Zusatzstoffe bestimmt wird. Sie dürften künftig von Natur aus einen traubigeren Charakter besitzen und daher weniger Zusatzstoffe benötigen.

Die für die Herstellung der Destilados benutzten kontinuierlichen Destillieranlagen besitzen bis zu 60 Böden zum Rektifizieren des Destillationsprodukts. Das sind dreimal soviel wie bei der Erzeugung von Holandas, die als Grundlage für die meisten spanischen Branntweine der Mittelklasse dienen. Nirgendwo sonst in der Welt wird auf kontinuierlichem Weg ein so niedrigprozentiges Destillat mit infolgedessen so hoher traubiger Fruchtigkeit gewonnen. Nichtsdestoweniger sind die Holandas nicht etwa absichtlich als Grundlage eines besonderen spanischen Stils gewählt worden, vielmehr kann man sie als das Ergebnis eines historischen Zufalls betrachten. Die Spanier belieferten ursprünglich die Holländer mit 65- bis 70%igem Branntwein aus Destillierapparaten der in Cognac üblichen Bauart und behielten sozusagen aus alter Gewohnheit diese Alkoholstärke bei, als sie auf kontinuierliche Destillieranlagen umstellten. Die Fruchtigkeit der frisch gebrannten Holandas kann noch gesteigert werden, indem wie bei Domecq mit eingesprühtem heißem Wasser die «Schlempe», d. h. die am Boden des Destillierapparats sitzende Trub- und Hefemasse, aufgelockert wird. Diese «Hydroselektion» erhöht die Esterkonzentration. Frisch gebrannte Holandas sind stets erstaunlich voll und ölig und versprechen einen hohen Gehalt an Aromastoffen.

Trotzdem bleiben die Firmen in Jerez für ihre besten Brandys bei dem Destillierapparat nach Cognac-Bauart und gewinnen aus ihm die sogenannte «alquitara». In den allermeisten Fällen werden dabei separate Rektifikationskammern verwendet, um direkt auf die erforderlichen 65 – 70 % destillieren zu können, wobei das Wort *alquitara* unterschiedslos für einfach und doppelt gebranntes Destillat angewandt wird. Dieses Verfahren ist selbstverständlich kostspieliger als die kontinuierliche Destillation, und zwar um 5 bis 8 Pesetas pro Liter.

Auch hier liefert die Geschichte, allerdings verstärkt durch die Erfahrung mit den gehaltvollen Weinen von Jerez und den reifen, wenn auch charakterlosen Trauben aus La Mancha, den eigentlichen Grund dafür, warum nur einmal gebrannt wird. Gonzalez schreibt hierzu: «Bestimmte Weine mit schwächerem Bukett erbringen bessere Ergebnisse, wenn sie nur einmal destilliert werden, und das so gewonnene Destillat hat ein schöneres Bukett. Dies ist der Fall bei fast allen Weinen, mit Ausnahme der an der Charente bereiteten.» Gonzalez beschreibt, daß in der Nähe des Austritts am Siedegefäß Rektifikationsböden angebracht waren, die von außen mit fließendem Wasser gekühlt wurden, wobei der Kühlwasserfluß nach Belieben gesteigert, verringert oder ganz abgestellt werden konnte. Man kann diese drei Böden heute noch an den nicht mehr in Betrieb befindlichen hundertjährigen Destillieranlagen der Cognac-Bauart in den Gonzalez-Bodegas sehen.

Die für die Alquitara-Erzeugung benutzten Destillieranlagen haben etwa dieselbe Größe wie in Cognac und besitzen ein Fassungsvermögen von rund 25 hl Brennwein. Sie werden aber noch mit Holz befeuert, was in Cognac längst nicht mehr geschieht. Das Holz muß übrigens aus einiger Entfernung herbeigeschafft werden, denn auf der Hochebene von La Mancha gibt es kaum noch Bäume. Es wird allerdings zugegeben, daß bei einmaligem Brennen in einem Destillierapparat dieser Bauart unter Verwendung separater Rektifikationskammern oder Rektifikationsböden zur Erhöhung der Alkoholstärke eine Einbuße an potentieller Fruchtigkeit gegenüber dem Cognac-Verfahren in Kauf genommen werden muß. Nichtsdestoweniger ist auch der einfach gebrannte Brandy aus solchen Destillierapparaten noch immer besser als der aus kontinuierlichen Brennanlagen, insbesondere wenn — wie bei Domecq oder Bobadilla — ausschließlich im Winter gebrannt wird, wodurch das Schwefeln auf ein Mindestmaß beschränkt werden kann. Wie in Cognac wirkt sich auch hier das Kupfer, aus dem die Brennanlagen gebaut sind, als Katalysator für die Entstehung fruchtiger Ester aus, und so ähnelt das Destillat einem frisch gebrannten Cognac, roh und ölig wie Grappa. Sein zarter, an Tee erinnernder Duft eröffnet schönste Aussichten auf bevorstehende Genüsse. Wird der Wein, wie es wiederum bei Domecq geschieht, mit dem Trub- und Hefesatz gebrannt, dann entsteht ein potentiell noch reichhaltigeres und konzentrierteres Destillat.

Das Solera-System

Frisch gebrannter spanischer Brandy hat nicht dasselbe Maß an Charakter wie Cognac oder Armagnac. Die Trauben sind nicht so säurereich, die routinemäßige Weinbereitung kann auf Schwefeln nicht ganz verzichten. Der Schlüssel zur Eigenart des spanischen Brandy liegt bei allen Stilen im Holz der Fässer und in den Zusatzstoffen. Die meisten Brandys reifen in sogenannten Soleras, das sind reihenweise übereinandergestapelte Eichenfässer von 500 l Fassungsvermögen, in denen vorher Sherry gelagert worden war. Beim Brandy wird wie beim Sherry der Inhalt der Fässer fortwährend von oben nach unten umgefüllt. In der obersten Reihe wird frisch gebrannter Brandy nachgefüllt, und aus der untersten Faßreihe wird ausgereifter Brandy entnommen. In den Tagen, als Gonzalez schrieb, wurden die besseren Branntweine zunächst in kleinen Eichenfässern eine Zeitlang gelagert und dann auf 44 % verdünnt, mit etwas Zuckersirup gesüßt und dann zur schnelleren Reifung in die Solera gegeben. Heute kommt der größte Teil sofort in die Solera und durchläuft darin den gesamten Reifeprozeß, der auf diese Weise ganz anders vor sich geht als anderswo.

Der erste Unterschied liegt schon im Tempo der Reife. Das Jerez-System der Solera ist im Gegensatz zum «statischen» System in Cognac als «dynamisch» zu bezeichnen. Die endgültige Qualität kann beeinflußt werden durch die Häufigkeit, mit welcher der Branntwein von Faß zu Faß umgefüllt wird — das kann drei- bis viermal im Jahr geschehen. Aber auch wenn das Umfüllen weniger häufig stattfindet, beschleunigt doch das dynamische System den Reifeprozeß erheblich. Einjährige Holandas stehen schon an der Schwelle zur Genießbarkeit, und eine Alquitara aus einer Solera ist im Alter von zwei Jahren schon ebenso reif wie ein drei bis vier Jahre alter Cognac. Entscheidend ist beim Brandy ebenso wie beim Sherry, daß die Solera fast stets einen einheitlichen Stil gewährleistet.

Das Holz der Fässer

Ein weiterer Unterschied zu französischem Branntwein stammt vom Holz der Fässer. In Jerez wird heute ausschließlich amerikanische Weißeiche benutzt (allerdings wurde bis vor kurzem auch viel portugiesische Eiche verwendet, weil die amerikanischen Eichenfässer für die Sherry-Erzeuger zu teuer waren). Dieses Holz aber hat auch, wenn es frisch ist, nur etwa ein Drittel des Tanningehalts der französischen Eiche. Trotzdem richtet sich der endgültige Stil in der Hauptsache nach der Art des ursprünglichen Branntweins und der Länge seines Aufenthalts im Solera-System — durch Beimischen von etwa 20 % Destilados wird die Reifezeit reiner Holandas stark verkürzt. Aber es sind noch andere Faktoren beteiligt: Fässer, in denen früher Oloroso-Sherry gelagert wurde, verleihen einem Brandy natürlich einen ganz anderen Charakter als ehemalige Fino-Fässer (der Cardenal Mendoza von Sánchez Romate ist ein eindeutiges Beispiel für einen Brandy im «Oloroso-Stil»).

Im statischen System bildet sich in chemischer Hinsicht nahe beim Holz in der Flüssigkeit eine Schicht grober Moleküle aus, weil die kleineren Wassermoleküle das Holz durchdringen. Wird der Brandy umgefüllt, wie es im dynamischen System geschieht, kommt er mit der Luft in Berührung, die Moleküle werden durchgemischt, und die Aldehydbildung wird gefördert. Derselbe Effekt entsteht bei Verwendung von Schwefeldioxid im Wein bzw. bei erhöhter Oxidation infolge der Berührung mit Luft (je mehr die Flüssigkeit umgerührt wird, desto stärker ist die Reaktion beim Alkohol im Faß).

Obgleich das Holz nicht mehr frisch ist, so wurde es doch von seinem früheren Inhalt nicht so stark beeinflußt wie das Holz von Fässern, in denen auch vorher schon Spirituosen gelagert waren. Dies schon allein deshalb, weil Sherry-Wein von Natur aus viel weniger Alkohol enthält als z. B. frisch gebrannte Holandas. Nun ist aber das Holz sowieso chemisch ziemlich neutral; entscheidend ist vielmehr seine Porosität. So hat jede Firma ihre eigenen Vorstellungen über das Holz, das sie verwenden möchte; diese richten sich weitgehend nach dem beabsichtigten Stil des Brandys. Bobadilla strebt nach Leichtigkeit und verwendet deshalb neuere Fässer für die billigeren Brandysorten und erst nach längerem Gebrauch für die Mittelklasseprodukte. Die Lage auf diesem Gebiet wird jedoch immer schwieriger. Bis noch vor kurzem konnten sich die Brandy-Hersteller darauf verlassen, einen stetigen Nachschub an alten Sherry-Fässern zu haben; inzwischen aber ist in der Sherry-Erzeugung weitgehend von Holzfässern auf Edelstahltanks umgestellt worden. Und so ergeht es den spanischen Brandy-Brennern wie den schottischen Malz-Whisky-Brauern — es fehlt ihnen an alten Fässern.

Die neuen Gesetze

Im Augenblick gibt es für den spanischen Brandy keine gesetzlichen Vorschriften. Entsprechende Bestimmungen mit Mindestkriterien, analog den Angaben auf Seite 142 für die drei Kategorien der von spanischen Firmen angebotenen

Branntweine, sind aber derzeit in Vorbereitung. Allerdings setzen die spanischen Bodegas schon heute ihre eigenen Maßstäbe höher an, als die neuen gesetzlichen Mindestbestimmungen dies fordern werden. Diese sind so bescheiden, daß geschäftstüchtige Neulinge den eingeführten Firmen scharfe Konkurrenz machen können, wenn sie Brandy entsprechend den gesetzlichen Mindestforderungen auf den Markt bringen. Das könnten sie freilich nur bei den billigeren Brandysorten ausnützen, denn wenn die neuen Gesetzesbestimmungen in Kraft treten, werden die besseren Qualitäten einer Geschmacksprüfung unterworfen.

Lagerung und Abstimmung

Wie alle gewissenhaften Branntweinhersteller der Welt wählen auch die in Jerez die Art und Weise und den Zeitpunkt der Verdünnung ihrer Spirituosen mit größter Sorgfalt. Sie können allerdings nicht damit rechnen, daß sich die Alkoholstärke im Lauf der Lagerungszeit von selbst verringert, wie dies beim Cognac und Armagnac der Fall ist. Theoretisch müßten trockene Bodegas für den Brandy ungünstig sein. Jerez und Puerto de Santa Maria liegen nahe am Meer, die relative Feuchte der Luft ist ziemlich hoch — im Durchschnitt 65 bis hin zu 95 % —, daher müßte der Brandy eigentlich im Lauf der Jahre an Alkoholstärke und nicht an Quantität verlieren. Soweit die Theorie; in der Praxis aber verhält es sich so, daß er sehr wenig an Alkoholstärke einbüßt (vermutlich weil die Temperatur in den Bodegas höher ist als in den klassischen Regionen Frankreichs). Deshalb sind die Firmen geneigt, ihren Brandy schon sehr früh auf eine marktgängige Stärke zu verdünnen, damit er sich setzen kann. Da die einfacheren Sorten schon relativ jung verkauft werden sollen, werden sie aus Destilados und Holandas gemischt und auf 63 % gebracht, ehe sie überhaupt ins Faß kommen. Die endgültige Abstimmung auf etwa 40 %, also knapp über dem Verkaufsniveau, geschieht dann offenbar ganz allmählich, so daß sich Branntwein und Wasser in aller Ruhe innig vermengen können. Bei den besseren Sorten, die von vornherein schwächer sind, weil sie keine Destilados enthalten, sondern nur aus Holandas und Alquitara mit 65 und 70 % bestehen, wird vor dem Einfüllen in die Solera meist auf 45 % verdünnt.

Den Vorschriften entsprechend kann der fertige Brandy zwischen 35 und 45 % verkauft werden — diese Spannweite bestand schon in Gonzalez' Tagen, obwohl damals wie heute größere Mengen zwischen 58 und 60 % exportiert wurden, um Importzölle im Bestimmungsland zu sparen. In den letzten Jahren hat sich beim spanischen Brandy die Tendenz zu weniger Alkoholstärke und weniger Süße durchgesetzt. Ein klassisches Beispiel hierfür ist der Centenario von Terry. Er kam ursprünglich mit 42 % auf den Markt. Vor zehn Jahren wurde er auf 40 % heruntergesetzt, und heute wird er mit 36,5 % angeboten. Die meisten anderen Brandys werden zwischen 37 und 38 % verkauft, obgleich Spitzenmarken 40 % und mehr Alkohol haben können. Die Bandbreite wird schmaler werden, wenn die EG-Bestimmungen zur Anwendung kommen. Sie beschränken den Alkoholgehalt auf die Spanne zwischen 37 und 40 %.

Aber nicht nur in der Alkoholstärke hat es Änderungen gegeben. Bis noch vor kurzem war in Spanien der Glaube fest eingewurzelt, Brandy müsse voll, stark und süß sein. Für die Hersteller war das recht bequem, denn auf diese Weise ließ sich die grundlegende Rauheit der Destilados gut kaschieren, «wie man Kindern eine Pille mit Zucker versüßt», sagte einmal ein Önologe dazu. Aus der Beschreibung der einzelnen Firmen und ihrer Erzeugnisse wird erkennbar, daß heute alle — Osborne ist ein gutes Beispiel dafür —, die noch einen traditionellen, vollen Stil anbieten, mit den Zusatzstoffen, die sie verwenden, nicht mehr nur diese Rauheit kaschieren. Bei Osborne sind sie dazu bestimmt, die Fruchtigkeit zu steigern, während die meisten übrigen Firmen außer *boisé* wie beim Cognac Zusatzstoffe überhaupt meiden oder die volleren Weine aus Jerez und Rioja verwenden.

Beispiele können aber auch in die Irre führen. Beim spanischen Brandy sind die Variablen viel größer als sonstwo. Die Varianten sind zahllos, weil sie schon mit den vier verschiedenen Typen von Destillaten beginnen, die Lagerungszeit, das Holz der Fässer sowie die Menge und Art der Zusatzstoffe beinhalten. Vergrößert werden die Unterschiede noch dadurch, daß nur ein halbes Dutzend Firmen den Großteil des spanischen Branntweins auf den Markt bringen. Manchmal scheint es, daß die einzige Stilähnlichkeit in den Namen zu finden ist, die sie ihren Erzeugnissen geben. Sie erinnern alle an die große Zeit Spaniens, z. B. an Lepanto, die siegreich bestandene Seeschlacht gegen die Türken, oder an Pizarro, den Eroberer Perus, an den kriegerischen Cardenal Mendoza, der die Mauren aus Spanien vertrieb, oder an den Gran Duque d'Alba, den Schwarzen Herzog, dessen Grausamkeit die Niederlande zum Abfallen von der Krone Spaniens brachte. Die Erzeugnisse, die unter diesen Namen laufen, sind überaus unterschiedlich. Darum soll hier nicht weiter über den Stil der einzelnen Häuser Verallgemeinerndes gesagt werden, es ist besser, sie sich individuell vorzunehmen.

DIE VORGESCHLAGENEN SPANISCHEN GESETZESBESTIMMUNGEN

Brandy de Jerez Solera: 6 Monate Faßreife, 200 mg Aromastoffe auf 100 cm^3 wasserfreien Alkohol (800 mg pro Liter Brandy mit einem Gewicht von 950 g bei 40 %).
Brandy de Jerez Solera Reserva: 1 Jahr, 250 mg.
Brandy de Jerez Gran Reserva: 3 Jahre, 300 mg pro 100 cm^3.

SPANIEN

ERZEUGER UND HANDELSHÄUSER

Die Struktur des spanischen Branntweingeschäfts läßt es zweckdienlich erscheinen, daß die nachstehenden Erläuterungen auf die einzelnen Firmen bezogen und mit Querverweisen auf die Namen ihrer Erzeugnisse versehen werden.

Die Prozentzahlen nach den Markennamen geben die Anteile von Holandas (H), Destilados (D) und Alquitara (A) im jeweiligen Produkt an. Fehlen diese Angaben, dann darf vorausgesetzt werden, daß der billigste Brandy größtenteils aus Destilados mit meist etwa einem Drittel Holandas, die mittlere Qualität überwiegend aus Holandas und die teuerste Sorte oft rein aus Alquitara besteht. Die Altersangaben sind wegen des Solera-Systems oft unbestimmt.

Der Alkoholgehalt ist bei allen Brandys 38 %, der Verkauf erfolgt in 0,7-l-Flaschen, soweit nicht ausdrücklich anders angegeben.

Alle Firmen sind nach Voranmeldung gern bereit, Besuchern ihre oft bemerkenswerten Kellereien zu zeigen.

DIE BEKANNTESTEN SPANISCHEN BRANDYS 1986
(in 1000 Kisten zu 12 Fl. = 9 l)

	Marke	Firma	Menge
Standard	Soberano	Gonzalez Byass	2050
	Veterano	Osborne	1725
	Centenario	Terry	1150
	103 Blanco	Bobadilla	1100
	Esplendido	Garvey	800
	Fundador	Domecq	500
Medium	Magno	Osborne	925
	Torres	Torres	440
	Carlos III	Domecq	400
Premium	Carlos I	Domecq	45 +
	Independencia	Osborne	18
De Luxe	Lepanto	Gonzalez Byass	22
	Gran Duque d'Alba	Bodegas Internacionales	16
	Cardenal Mendoza	Sánchez Romate	10

ABOLENGO
Siehe Sánchez Romate.

ALFONSO EL SABIO
Siehe Valdespino.

BOBADILLA
Carretera Circunvalación s/N, Jerez   Tel. (56) 34 86 00

103 **White Label (D/H)** 3 + · 103 **Black Label (A)** 5 + ·
Gran Capitan (A) 25

Bobadilla ist eine klassische Familienfirma, der es gelang,
die Qualität ihrer Sherrys dank der Gewinne aus dem
Brandy-Geschäft, das 60 % des Umsatzes ausmacht, auch
in der schlechten Zeit zu halten. Vor 50 Jahren führte Bobadilla einen leichten, trockenen Brandy ein — das war
damals ein revolutionäres Konzept, jedoch typisch für den
höchst bemerkenswerten Önologen Don Gonzalo Bobadilla, der das Familienunternehmen 50 Jahre lang leitete,
bis er schließlich in der Mitte der 70er Jahre als 80jähriger
in den Ruhestand trat. Sein Sohn, Don Xavier Fernandez,
hält die von ihm begründeten Traditionen aufrecht.

Die Firma besitzt seit 30 Jahren Destillieranlagen in La
Mancha. Zusatzstoffe werden den Brandys vor der Einla-
gerung nicht beigemischt, damit sie ihre vollen inneren
Qualitäten entfalten können. Nach Beendigung der Reifezeit werden PX und Mistelo als natürliche Zusätze beigefügt, die den traubigen Charakter nicht verändern.

Der 103 White Label ist leicht, verfügt aber über genügend Holandas-Anteile, um natürliche Süße zu erzeugen.
Der 103 Negro (Black Label) ist dunkler, alkoholstärker,
schwerer und hat Nuancen von Nüssen und Toffee sowie
eine gewisse Herbheit aufzuweisen, die von Traubenstielen
stammen könnte. Im Glas mildert sich dies alles zu echter,
fruchtiger Traubigkeit.

Der Gran Capitan besteht aus viel volleren Brandys,
was sich in Tiefe und cremiger Fülle niederschlägt.

BODEGAS INTERNACIONALES
Bodegas Diez-Merito, Apartado 7, Jerez
Tel. (56) 33 60 54
Gran Duque d'Alba 40 % 8 +

Ein von dem Unternehmer José-Maria Ruiz-Mateos neu-
geschaffener Markenname, den er aus den Brandy-Vorrä-
ten der von ihm Anfang der 80er Jahre in großer Zahl auf-
gekauften Sherry-Bodegas aufstellte. Nach dem spektaku-
lären Konkurs seines Rumasa-Konzerns und einer Periode
unter staatlicher Verwaltung wurde die Firma an einen ge-
heimnisumwitterten baskischen Geschäftsmann namens
Marcos Equizabal verkauft.

Es ist unvermeidlich, daß das Durchschnittsalter der
einzelnen Bestandteile in dem Maß sinkt, wie die älteren
Brandys aus den Soleras entnommen werden. Der Gran
Duque d'Alba wird heute aus zugekauften Holandas hergestellt, die mit Color und PX gemischt werden. Er ist ein
voller, aber sonst nicht weiter bemerkenswerter Brandy.

CARDENAL CISNEROS
Siehe Sánchez Romate.

CARDENAL MENDOZA
Siehe Sánchez Romate.

CARLOS I
Siehe Domecq.

CARLOS III
Siehe Domecq.

CENTENARIO
Siehe Terry.

CONDE DE OSBORNE
Siehe Osborne.

CONDE DUQUE
Siehe Gonzalez Byass.

DOMECQ
Pedro Domecq, San Ildefonso 3, Jerez 30
Tel. (56) 33 18 00
Fundador (H/D) 3 · Carlos III (A) · Carlos I (A) ·
Marqués de Domecq (A)

Domecq, gegründet 1730, ist eine der ältesten und berühmtesten Sherry-Firmen und leistete auch beim Brandy
Pionierdienste. Der 1874 herausgebrachte Fundador ist in
vielen Ländern noch immer der Inbegriff des spanischen
Branntweins. Daher exportiert Domecq ein Drittel seiner
Produktion und unterhält produzierende Tochterfirmen in
vier Ländern, deren größte in Mexiko das Stammhaus weit
in den Schatten stellt. Sie ist nämlich mit einem Jahresaus-
stoß von 7 Millionen Kisten mit Abstand der bedeutendste
Brandy-Produzent der Welt. Die anderen Tochterunternehmen bestehen in Kolumbien (250 000 Kisten), Brasilien
(150 000) und Venezuela (100 000).

In Spanien verfügt Domecq über die größten Bestände
an alten Brandys, die bei den besseren Marken des Hauses
gut genutzt werden. Vier Fünftel des Brennweins stammen
von der Airén-Traube in La Mancha, die restlichen 20 %
von der ebenso neutralen Jean aus Terra de Barros. In 16
Destillieranlagen der einfachen Bauart werden täglich
16 000 l und in fünf kontinuierlich arbeitenden Anlagen
90 000 l gebrannt.

Der Fundador ist noch immer der Standard-Brannt-
wein der einfachen spanischen Art. Anders als bei den meisten Konkurrenten besteht er zu Hälfte aus Holandas. Er
hat schöne Fülle aufzuweisen, aber keine Anzeichen von
Karamel in Farbe, Duft oder Geschmack. Carlos III ist
leichter als der Fundador und erinnert sehr an einen jungen Cognac; offenbar ist er in einer Destillieranlage nach
Cognac-Bauart gebrannt, doch hat er stets mehr Fülle als
ein gleichaltriger Cognac. Carlos I zeichnet sich durch geschmeidige, volle, eigenständige Art aus, zeigt aber wie alle
Domecq-Brandys keine Hinweise auf Karamelisierung
oder künstliche Aufbereitung.

Die feinste Marke des Hauses, Marqués de Domecq, ist
ein klassisches Beispiel für beste moderne Praktiken in

Spanien; er besitzt die volle, aus der Weinigkeit des Holzes stammende natürliche Süße.

DON NARCISO
Siehe Mascaro.

EL CESAR
Siehe Sánchez Romate.

EL SABIO
Siehe Valdespino.

ESPLENDIDO
Siehe Garvey.

ESTILO FINE MARIVAUX
Siehe Mascaro.

FABULOSO
Siehe Palomino y Vergara.

FARAON
Siehe Hidalgo.

FONTENAC
Siehe Torres.

FUNDADOR
Siehe Domecq.

GARVEY
Callé Divina Pastora 3, 11402 Jerez   Tel. (56) 33 05 00
Esplendido 3 · Gran Garvey 5 · Renacimiento 20 ·
Alle 0,75 l
Ein altes Sherry-Haus, 1780 von einem Iren namens William Garvey Power gegründet. Es nimmt für sich in Anspruch, schon 1758 den ersten spanischen Brandy nach England geliefert zu haben. Später wurde die Firma vom Rumasa-Konzern übernommen, dann eine Zeitlang verstaatlicht und schließlich an eine deutsche Gesellschaft verkauft. Die Firma hat schon immer Holandas von unabhängigen Brennereien bezogen. Die einfache Marke Esplendido hat gängige, volle, süße Art — in Spanien ein Verkaufsschlager. Die besseren Garvey-Marken sind trockener, delikater, aber kein so großer Erfolg.

GONZALEZ BYASS
Manuel M. Gonzalez 12, Jerez   Tel. (56) 34 00 00
Soberano (D/H) 1 · Insuperable (H/D) 3 + · Conde
Duque 5 + · Lepanto (H) 15 +
Gonzalez Byass ist eine der ältesten und bekanntesten Sherry-Firmen, eine der wenigen, die sich noch im Besitz der Gründerfamilie befinden. Die Gonzalez-Brandys sind leicht und elegant, nicht typisch spanisch. Sie stammen alle aus der Produktion der drei firmeneigenen Brennereien in

Tomelloso (La Mancha) und in Estremadura. Der Soberano — der meistverkaufte spanische Brandy, auf den
90 % der Gonzalez-Branntweinproduktion entfallen —
zeigt deutlich die Grenzen eines weitgehend aus Destilados
gewonnenen reinen Brandys. Sein Geruch ist sehr ölig,
Grappa-ähnlich, ohne jede Subtilität oder Frucht. Der Insuperable, der Gonzalez-Beitrag zur Reserva-Klasse, ist
entschieden dunkler, hat Olorosofarbe und ein volles, mit
Holz und Karamel durchsetztes Aroma. Der Geschmack ist
nachhaltig, im Abgang aber etwas medizinisch. Der selten
anzutreffende Conde Duque ist eher von klassischer spanischer Art: voll und altmodisch, mit Toffee in Duft und Geschmack, fast arzneihaft süß. Der Stolz von Gonzalez, der
Lepanto — verdientermaßen der Bestseller in der Spitzen-
klasse — besteht rein aus zum Teil von Sherry-Trauben gebrannten Holandas. Er zeichnet sich durch sehr helle, klar-
goldene Farbe und schön ausgereiften Vanilleduft aus. Der
Geschmack ist voll und ölig, aber nicht fett oder *rancio*.

GRAN CAPITAN
Siehe Bobadilla.

GRAN DUQUE D'ALBA
Siehe Bodegas Internacionales.

GRAN GARVEY
Siehe Garvey.

GRAN RESERVA
Siehe Torres.

HIDALGO
**Vinícola Hidalgo, Banda de la Playa 24, Sanlucar
Tel. (56) 36 05 16
Faraon**
Kleines Familienunternehmen mit einer Produktion von
bloß 4000 Kisten eines Prestige-Brandys «Faraon», der nur
in Spanien auf den Markt kommt.

IMPERIO
Siehe Terry.

INDEPENDENCIA
Siehe Osborne.

INSUPERABLE
Siehe Gonzalez Byass.

LEPANTO
Siehe Gonzalez Byass.

MAGNO
Siehe Osborne.

MARIVAUX
Siehe Mascaro.

MARQUES DE DOMECQ
Siehe Domecq.

MASCARO
Antonio Mascaro Carbonell, del Casal 9, Villafranca del Penedès, Barcelona   Tel. (3) 90 16 28
Estilo Fine Marivaux 1 +   · Narciso Etiquette Bleu 3/4 ·
Don Narciso 8/10

Antonio Mascaro gehört zu den interessantesten spanischen Brandy-Herstellern (einer von nur zwei in Katalonien, der andere ist die viel größere Firma Torres, s. dort). Mascaros Vater begann 1945 mit der Branntweinherstellung, konzentrierte sich aber auf die billige Klasse. Sein Sohn arbeitet heute mit zwei einheimischen Traubensorten, dem mittelmäßigen roten Tempranillo und für seine besseren Marken mit der säurereichen, fruchtigen Parellada.

Die Trauben werden in Schneckenpressen gekeltert, die auch einen guten Teil der Öle aus den Kernen mit auspressen. Der Brennwein wird bei Mascaro in Destillieranlagen nach Cognac-Bauart doppelt gebrannt, wobei der Inhalt der Destilliergefäße mit Dampfrohren und nicht von außen beheizt wird. Der Reifeprozeß wird nach der «statischen» Methode *(à la Charentaise)* unter Verwendung verschiedener Fässer, z. T. auch aus frischer Limousin-Eiche, durchgeführt. Die so entstehenden Brandys sind stets voller als vergleichbare Cognacs, können aber bemerkenswerte Delikatesse aufweisen. Selbst der z. T. von Tempranillo gebrannte Tresterbranntwein ist voll und fein — er erinnert stark an Marc de Bourgogne. Die billigere Marke des Hauses, Estilo Fine Marivaux, ist jung ein wenig rauh und *boisé*; der ältere Narciso Etiquette Bleu hat bereits einiges an Vanillin und Fülle zugelegt, ist aber im Grund noch jung und feurig. Der Don Narciso läßt sich mit einem guten 15jährigen Cognac vergleichen. Er hat einen tiefen, vollen Duft ohne die Art von Künstlichkeit, die in dem Wort «karamelartig» steckt. Zum eigenen Vergnügen stellt Mascaro noch delikatere Brandys her, die beweisen, daß sich die Parellada in ihrer Eignung für Brennzwecke durchaus mit dem Colombard oder der Folle Blanche vergleichen läßt.

MIGUEL I
Siehe Torres.

MIGUEL TORRES
Siehe Torres.

NARCISO
Siehe Mascaro.

OSBORNE

Fernan Caballero, Puerto de Santa Maria, Cádiz
Tel. (56) 85 52 11
Veterano 3 · Magno 5 · Independencia 10 · Conde de
Osborne (A) 20

Klassisches Sherry-Unternehmen in Familienbesitz, gegründet 1772. Wie der Name verrät, kamen die Osbornes
ursprünglich aus England, im Lauf von zwei Jahrhunderten aber ist die Familie in die spanische Nobilität einge-
reiht worden und verfügt über einen von Pius IX. im Jahr
1869 verliehenen päpstlichen Titel. Als die Firma in den
1970ern in finanzielle Bedrängnis geriet, wurde sie durch
ihre Brandy-Produktion über Wasser gehalten (insbesondere durch den überaus gewinnträchtigen Magno).

Die Firma Osborne stellt ihre Brandys mit Hilfe der eigenen Brennerei Jonas Torres in Tomelloso her. An Zusatzstoffen werden auch traubenfremde Substanzen beigegeben. Schon ziemlich früh im Reifeprozeß kommen eingemaischte Pflaumen, Mandeln und weitere nicht näher
bezeichnete Früchte und Nüsse zur Anwendung, die bei
Osborne selbst zubereitet werden, um einwandfreie Reinheit und Qualität zu garantieren. In die Soleras kommt
dann die endgültige, schon vor der Reifezeit abgestimmte
Mischung, um gute Durchreifung zu erzielen. Die Luft in
den Bodegas wird absichtlich trocken gehalten, um sicher-
zustellen, daß der Brandy seine Alkoholstärke behält.

Es überrascht nicht, daß sämtliche Osborne-Brandys
von einem bestimmten Stil des Hauses geprägt sind. Der
einfache Veterano ist noch jung und Grappa-ähnlich im
Geruch und hat leicht bittere, an Nußkerne erinnernde
Untertöne. Die eingemaischten Früchte sind deutlich her-
auszuschmecken und hinterlassen einen angenehm warmen Nachgeschmack. Der Magno ist fruchtig im Duft und
hat fruchtiges Nußaroma auf der Zunge und im Nachgeschmack, und zwar ohne jede bittere Note. Beim Independencia ist das Aroma wesentlich intensiver, voll, mit schönem Nußgeschmack, aber ohne Karamel. Carabela ist noch
voller, mit schöner Wärme und Nußnote wie ein leicht
karamelisierter Armagnac. Der Conde de Osborne — der
Stolz der Familie — wird in einer undurchsichtigen, blau-
grauen, seltsam asymmetrisch geformten Flasche nach einem Entwurf von Salvador Dalí angeboten; er ist ein reiner 20jähriger Alquitara und zeichnet sich durch kräftigen
Rancio-Duft und karamelisierte Fülle im Geschmack aus.

PALOMINO Y VERGARA

Fabuloso

Die alte Familienfirma ist vor kurzem an Allied-Lyons
übergegangen, nachdem sie im Besitz des Rumasa-Konzerns stark gelitten hat.

PRIMERO

Siehe Terry.

RENACIMIENTO
Siehe Garvey.

ROMATE
Siehe Sánchez Romate.

SÁNCHEZ-ROMATE
Lealas 26—28, PO Box 5, Jerez   Tel. (56) 33 22 12
Abolengo 40 % 3 · El Cesar 5 · Cardenal Cisneros 12 ·
Cardenal Mendoza (A) 45 %
Eine kleine Firma im Besitz von drei einheimischen Familien, denen es ihr Reichtum gestattet, eigene Wege zu gehen. Das Unternehmen bringt mit dem Cardenal Mendoza
den einzigen spanischen Brandy mit weltweiter Anhängerschaft hervor. Es ist auch die einzige Firma in Jerez, deren
Produktion zum größten Teil exportiert wird. Das ist nicht
überraschend, wenn man den allgemein hohen Qualitäts-
stand berücksichtigt. Alle Erzeugnisse des Hauses sind aus
einem Guß und im traditionellen Sinn sehr spanisch. Im
Stil ist ein Hauch Oloroso unverkennbar, der von den Fässern stammt, in denen früher Oloroso-Sherry lagerte.

Der einfachste Brandy des Programms, der Abolengo,
ist zwar noch jung im Geruch, erinnert im Geschmack aber
an feine Milchschokolade. El Cesar zeichnet sich durch
die echte Sánchez-Romate-Oloroso-Duftnote aus und
schmeckt auf der Zunge wie Schokolade und Karamel —
ebenso der zusätzlich mit kräftigen Vanille- und Holz-
nuancen ausgestattete Cardenal Cisneros.

Das Spitzenprodukt des Hauses ist der Cardenal Mendoza. Er wurde ursprünglich schon in den 1880er Jahren
für die Familien der Besitzer und ihre Freunde gebrannt
und ist daher ganz auf den traditionellen Geschmack reicher — und kultivierter — spanischer Patrizier abgestellt.
Dieser Brandy besitzt überwältigend tiefe, natürliche Süße
und eine ebenso überwältigende Fülle — ein reiner, destillierter Oloroso-Sherry ohne auch nur eine Spur von Zusatzstoffen. Er wird doppelt gebrannt, sofort auf 45 % verdünnt, bis zu fünf Jahre lang in Eichenfässern gelagert und
dann in die ausschließlich aus ehemaligen Oloroso-Sherry-
Fässern bestehenden Soleras umgefüllt, wo er weitere 15
Jahre verbleibt. In den letzten 30 Jahren ist der Cardenal
Mendoza zuerst in Lateinamerika, dann bei den kubani-
schen Emigranten in Florida, darauf in Spanien und inzwischen immer mehr auch in Italien und Deutschland zum
Prestigegetränk geworden.

SOBERANO
Siehe Gonzalez Byass.

SOLERA SELECTA
Siehe Torres.

TERRY

**Fernando A. de Terry SA, Apartado de Correos 30,
Puerto de Santa Maria   Tel. (56) 86 27 00**
**Centenario (D) 1 · 1900 (D/H) 3 · Imperio (H/A) 5 ·
Primero (H)**

Das 1883 gegründete Haus nahm sofort die Brandy-Erzeugung auf und belieferte den spanischen Markt schon sehr früh in maßgeblicher Weise mit typisch vollen Branntweinen.

Die heutigen Besitzer, Allied-Lyons, haben das Terry-Programm neuerdings in überarbeiteter Verpackung herausgebracht.

Die Firma verfügt seit 30 Jahren über eigene Brennereien in Tomelloso, darunter sechs Destillieranlagen für die Herstellung von Holandas.

Terry erweist sich vor allem in der Herstellung schöner Ausgewogenheit in den Frucht- und Nuß-Aromastoffen als Meister. Es werden eingemaischte Früchte beigemischt, jedoch erst einige Tage vor dem Abfüllen. Der Centenario ist ein klassischer Brandy im spanischen Stil, von Natur aus ein Destilado. Seine Rauheit wird gut von Toffee-ähnlichen Aromastoffen überspielt, die sich auch in der Farbe bemerkbar machen; die angenehme Note von Nußkernen ist unverkennbar. Der 1900 ist ähnlich in der Art, hat Grappa-haftigkeit im Duft, ist aber ansonsten sauberer, dunkler, voller als der Centenario und hat auch weniger Nußaroma. Der Imperio ist ein Brandy nach französischem Muster mit dem vollen Aroma eines drei bis vier Jahre alten Cognacs, aber ohne dessen Strenge: Ein erfreulicher Kompromiß zwischen Cognac und «Coñac». Der Primero zeichnet sich durch den nußählichen Duft des Holandas, eine schöne Fülle und durch hellere Farbe als der 1900 aus; auch er ist ein klassischer spanischer Brandy, voll, mild, warm und dabei lebendig im Nachgeschmack.

TORRES

**Bodegas Miguel Torres, Apartado 13 — Commercio 22,
Villafranca del Penedès   Tel. (89) 00 100**
**Torres 5 · Torres 10 Gran Reserva · Fontenac · Solera
Selecta · Miguel Torres · Honorable · Miguel I**
**Alle in 0,75-l-Flaschen mit 39,2 % (außer Miguel I mit
40,5 %)**
*Besichtigung von 9 bis 12 Uhr und 13 bis 17 Uhr montags bis
freitags.*

Die größte und bekannteste Weinfirma in Katalonien befaßt sich seit 1920 auch mit der Brandy-Herstellung, bringt aber erst seit relativ kurzem ein breites und sehr hochwertiges Programm auf den Markt, das auf der säurereichen einheimischen Parellada-Traube beruht. Sie eignet sich sehr gut für Brennzwecke, insbesondere wenn — wie bei Torres — Trauben aus Hanglagen vom oberen Penedès verwendet werden, die einen Brennwein mit nur 8 % Alkohol ergeben. Zur Wahrung der hohen Qualität achtet Torres darauf, daß bei der Weinbereitung ohne Schwefel gearbeitet und der Brennwein nur bis zum Mai destilliert wird (mit dem Bodensatz zur Erzielung größerer Fülle).

Das breitgefächerte Torres-Programm ist zweigeteilt. Torres 5 und Torres 10 bestehen aus Holandas und sind in Soleras aus amerikanischer Eiche gereift. Der Torres 5 ist recht routinemäßig, aber der Torres 10 besitzt bereits Fülle und Vanillearoma. Die teureren Brandys werden alle *à la Charentaise* gebrannt und gereift. Der Fontenac ist rein aus der Parellada-Traube gewonnen und mit dem Nachlauf auf lediglich 61 % gebrannt, wodurch ein voller, fruchtiger, mit VSOP-Cognac vergleichbarer Brandy entsteht. Der Miguel Torres wird von Parellada und Ugni Blanc gewonnen und sechs Monate lang in frischer Eiche gelagert; er zeichnet sich durch vollen, rosinenähnlichen Duft aus und zeigt von dem 1%igen Karamelzusatz und dem 2%igen *Boisé*-Zusatz die entsprechende Note. Der Miguel I wurde ursprünglich ziemlich stark mit *boisé* versetzt, ist jetzt aber reiner und hat natürliche Fülle. Das Spitzenprodukt Honorable, ebenfalls von Parellada und Ugni Blanc gewonnen, hat vollen *Rancio*-Duft, eine starke Vanillenote und ist alles in allem sehr füllig, sehr erdig, hochklassig und sehr teuer.

VALDESPINO

A. R. Valdespino, Pozo del Olivar 16, PO Box 22, Jerez
Tel. (56) 33 14 50
1850 5 + · Alfonso el Sabio 10 + · Brandy mit 40 % in 0,75-l-Flaschen

Eines der ältesten Sherry-Häuser. Don Alfonso Valdespino soll schon 1516 eine Brennerei und Bodega besessen haben. Die Firma ist noch heute im Besitz seiner Nachfahren; sie kauft frische Destillate auf (u. a. eine gewisse Menge auch von Palomino-Trauben) und verarbeitet diese zu Brandy in eindeutig nichttraditionellem Stil. Der 1850 ist nach dem Jahr benannt, zu dem Daniel Wilson nach England zurückkehrte und der Familie seine Bodega mitsamt den Vorräten verkaufte; die Bodega und die Limousin-Eichenfässer von damals sind heute noch im Gebrauch. Der 1850 schmeckt allerdings sehr jung, weil in ihm nur wenig Holandas zur Milderung der Destilados eingesetzt sind. Der Alfonso el Sabio ist ein reiner Alquitara mit viel, z. T. recht bitterem Sherryfaß-Aroma.

VETERANO
Siehe Osborne.

1900
Siehe Terry.

103 WHITE LABEL, 103 BLACK LABEL
Siehe Bobadilla.

PORTUGAL

Die Portugiesen könnten Branntweine brennen, die ebenso gut wären wie andere in der Welt, allein schon weil sie über reichliche Erträge an säurereichen Weißweintrauben verfügen, die sie aber zu Vinho Verde verarbeiten. Leider haben bisher nur wenige Firmen, an ihrer Spitze Avelada, dieses Potential erkannt. Auf die in Oporto beheimateten Portweinhändler ist in diesem Zusammenhang nicht zu rechnen, weil sie fast ausschließlich dunkle oder aber zuckersüße weiße Trauben verarbeiten; für die in Anadia, im Herzen des Vinho-Verde-Lands ansässigen Firmen gilt dies nicht. Sie verwenden nur allzu oft die Baga, eine dickschalige, überaus herbe dunkle Traube, aus der auch hauptsächlich der Bairrada- und ein Teil des Dão-Weins gekeltert wird, als Grundlage für Brandy. Zumeist wird ein Tresterbranntwein *(bagaceira)* mit knapp über 40 % sowie ein Branntwein *(aguardente)* mit 39 % hergestellt.

ALIANCA

Caves Alianca

VS Antiqua · VSOP · Antiquissima

Der VS hat einen leichten, angenehmen Duft, eine gute, saubere, helle Farbe, einige Fülle, alles in allem viel Ähnlichkeit mit einem vier bis fünf Jahre alten Cognac. Der VSOP ist voller und karamelreicher, und der Antiquissima hat noch mehr Fülle und einen sehr komplexen Duft.

AVELADA

Gut: Sociedade Agricola e Comercial da Quinta de Avelada, 4560 Penafiel Tel. (55) 22041/2/3

Büro: Rua Sa da Bandeira 819−820, 4002 Porto Tel. (2) 381350/317247

Bagaceira 41 % · Adega Velha 39 % 10 + (70 cl)

Bedeutendes Familiengut und einer der größten Vinho-Verde-Erzeuger. Seit 16 Jahren nutzt die Familie diese Grundlage, um sich auch in der Brandy-Herstellung eine gute Position zu schaffen; die Vorräte übersteigen derzeit den Absatz. Es werden Loureiro-, Trajadura-, Pedernão- und Azal-Trauben aus der ganzen Vinho-Verde-Region aufgekauft; in einer neu angeschafften kontinuierlich arbeitenden Destillieranlage wird Tresterbranntwein hergestellt, und eine ebenso neue große Cognac-Destillieranlage (35 hl) dient zur Brandy-Erzeugung. Das junge Destillat wird in Limousin-Eichenfässern gelagert. Der Brandy aus alkoholschwachen, sehr säurehaltigen Weinen ist relativ dunkel und schwer, verfügt aber über sehr ansprechende, traubige, natürliche Süße, die auch den Bagaceira auszeichnet.

BORLIDO

Caves Borlido, Apartado 10, Sangalhos, 3780 Anadia Tel. (34) 741512

Aguardente Velha 38 % 3 · **Aguardente Velhissima** 38 % 5
Bedeutender Weinerzeuger und -händler in Bairrada. 1930
gegründet; begann fünf Jahre später mit der Brandy-Herstellung. Verarbeitet werden Nacerão- und Bica-Alberta-
Trauben in zwei neuen großen kontinuierlichen Destillieranlagen, von denen jede stündlich 1 hl mit 77 % Alkoholgehalt abgibt. Das Destillat wird sofort mit heißem Wasser
verdünnt und anschließend in 600- bis 800-l-Eichenfässern
gelagert.

CONSTANTINO
4400 Vila Nova de Gaia   Tel. 300866
Brandy Constantino 3 — 5
Tochterunternehmen der bekannten Portwein-Firma Fer-
reira und zweitgrößte Brandy-Handelsfirma in Portugal.
Sie kauft frischen Branntwein in Estremadura ein und läßt
ihn in längerer Faßlagerzeit reifen.

DALVA
Siehe Da Silva.

DA SILVA
C. Da Silva, Rua Felizardo de Lima 247, PO Box 30,
4401 Vila Nova de Gaia. Tel. 394128
Dalva: XXXXX 3 · VO 12 · VSOP 30
Da Silva: 10 Jahre
Saint-Clair 40
The Douro Fathers 10
Der bedeutende Portweinerzeuger kauft für seine Brandy-
Produktion, auf die ein Fünftel seines Umsatzes entfällt,
Destillat beim portugiesischen Staatsmonopol ein.

IMPERIO
Caves Imperio, Apartado 9, Sanghalos, 3783 Anadia
Tel. (34) 741204
Bagaceira Fina 48 % · Bagaceira Paraiso 41 % ·
Bagaceira Zimbreira 48 % · Imperio VSOP 4 ·
Reliquia 6 · Mousinho · Aguardente Velha · Anniversario
Reserva Especial 20
Große Firma, noch immer im Besitz von einigen der sechs
Familien, die 1942 an der Gründung beteiligt waren. Der
von Grundwein für die Schaumweinherstellung abge-
zweigte Brennwein wird hier doppelt gebrannt, darauf in
5000-l-Eichenfässern gelagert und über die Reifezeit sorg-
fältig gepflegt.

MOUSINHO
Siehe Imperio.

NETO COSTA
Caves Neto Costa, Apartado 13, 3781 Anadia
Tel. (34) 52013/4

Aguardente, Bagaceira, Grappa, Marc 50 % · XXXXX
Old Brandy 5 · Aguardente Velha 38 % 8 · VSOP Fine
Old Brandy 10
Die Firma begann 1931 mit der Produktion von Schaum-
wein und Likör und nahm in den 40er Jahren Wein und
Brandy in das Programm auf. Starker Tresterbranntwein
(Bagaceira) wird fertig zugekauft; für die Brandy-Produk-
tion dagegen bezieht die Firma Wein, vermutlich zumeist
Baga, aus Bairrada und brennt ihn in einer kleinen 8-hl-
Charentaise-Anlage; die Lagerung erfolgt in Eichenfässern
verschiedener Größe. Auf diese Weise entstehen «helle,
trockene, geschmeidige, nicht zu aromatische Brandys».

NIEPOORT
Rua Infante D. Henrique 39—20, 4000 Oporto
Tel. 21028
Brandy 3 · Casteles 3 · Aguardente Velha 25
Das Portweinhaus verkauft auch etwas Aguardente nach
Lagerung in Portweinfässern.

PALACIO DA BREJEIRA
Maria Herminia d'Oliveira Paes, Palacio da Brejeira,
Pinheiros, 4950 Moncão   Tel. 56129
Aguardente Velha · Aguardente de Bagaco (Bagaceira)
Die Familie d'Oliveira nützte ursprünglich den bei der
normalen Weinerzeugung ausgeschiedenen nachgepreßten
Wein zur Brandy-Herstellung. Der Bagaceira wird als Agu-
ardente mit reinem Aroma und sehr geringem Methylalko-
holgehalt bezeichnet. Es handelt sich um seriösen Brandy,
der aus eigenen, ansonsten für Vinho Verde benutzten
Trauben gebrannt wird, und zwar in einer neuen kontinuierlichen Destillieranlage. Die Lagerung erfolgt sodann
in kleinen (700 l) Fässern aus französischer Eiche über eine
Reifezeit von sieben Jahren.

PARAISO
Siehe Imperio.

QUINTA DO RIBEIRINHO
Amoreira da Gandara, 3780 Anadia   Tel. (34) 58156/96432
Die Familie Moreira Pires e Pato begann 1972 mit dem
Destillieren der Trester und Sedimente aus der Weißwein-
bereitung. Den Verkauf fing Luis Alberto erst 1970 an. Die
stark zuckerhaltigen Rückstände werden in einer kleinen
Destillieranlage der Cognac-Bauart (4 hl) doppelt gebrannt
und anschließend in 600-l-Eichenfässern mindestens sieben Jahre gelagert. Der so entstehende Brandy ist geschmeidig und mit starkem Eichenholzaroma ausgestattet.

RELIQUIA
Siehe Imperio.

RITTOS
Rittos, Irmaos, Rua Padre Antonio Vieira 68, 4300 Porto
Tel. (2) 50864/51377/560624
Brandy · Brandy VO (numerierte Flaschen)
Brandys aus der Produktion bekannter Portweinfirmen.

SAINT-CLAIR
Siehe Da Silva.

SÃO DOMINGO
Caves do Solar de São Domingo, Apartado 16, 3781 Anadia
Tel. (34) 3152068
Brandy 36 % · Bagaceira 46 % · Aguardente Velha
42 % 2 · Aguardente Velhissima 41 % 5
Die Firma wurde 1942 ausdrücklich zur Herstellung von
Schaumwein und Brandy gegründet. Der Bagaceira ist in
Lissabon berühmt, der «Brandy» ein mit Zucker gesüßtes
Gebräu; die übrigen Branntweine werden in einer eigenen
kontinuierlichen Destillieranlage aus Baga-Wein gebrannt
und anschließend in Eichenfässern gereift. Die Bagaceiras
werden bei Brennereien der Gegend zugekauft.

ZIMBREIRA
Siehe Imperio.

ITALIEN

Italien verfügt über zwei ganz verschiedenartige Traditionen in der Herstellung von Spirituosen. Die eine ist industrieller Art und findet Ausdruck in einer Handvoll von Firmen, die sich im Laufe der letzten 100 Jahre etabliert haben und sowohl Branntwein als auch Grappa — den italienischen Tresterbranntwein — herstellen. Die andere Tradition ist die bäuerliche, also die Nutzung der vorhandenen Preß- und Gärrückstände aus der Weingewinnung zur Herstellung hausgemachter Grappa.

Weder der Branntwein noch die Grappa sind jedoch in letzter Zeit vom Glück verwöhnt. Bis 1983 waren die Hersteller gegen die Konkurrenz aus dem Ausland abgeschirmt, weil die Abgaben auf importierte Spirituosen viel höher waren als auf die heimischen. Schließlich setzte die EG aber doch die Angleichung durch, und nun haben sich die Italiener an eine größere Auswahl gewöhnt, vor allem an den Malzwhisky. Der Absatz von Branntwein in Italien, der schon vor der Abgabenangleichung im Rückgang war, ist von 4 Millionen Kisten im Jahr 1979 auf 3,3 Millionen im Jahr 1985 gesunken, und der Export von nicht einmal ganz einer Million Flaschen ist da keine große Stütze. Der Grappa-Absatz ist so ziemlich in derselben Größenordnung gefallen, und zwar von 3,8 Millionen Kisten 1979 auf 3,2 Millionen 1985. Wenn es den größeren Firmen nicht gelingt, im Export bessere Erfolge zu erzielen, dürften sie einen weiteren Niedergang erleben, weil sie einem Markt, der immer mehr nach außergewöhnlichen Produkten verlangt, nichts Originelles zu bieten haben.

Branntwein

Die Italiener weisen auf das Piemonteser Wort «branda» hin, um deutlich zu machen, daß der Begriff Brandy auch bei ihnen historisch begründet ist. Als Hersteller von Branntwein verdanken sie ebenso wie die Spanier den Anfang einer größeren Blüte eigentlich der Reblaus, die in Cognac ihre Verheerungen viel früher anzurichten begann als in den Mittelmeerländern.

Übrigens nannten die Italiener bis 1948 ihren Brandy einfach «Cognac». Der Branntwein wird in Italien durch ein eigenes Institut sehr genau kontrolliert. Denkt man an die Skandale, die dem italienischen Wein so viel geschadet haben, dann kann man es nur als einen Glücksfall bezeichnen, daß die Vorschriften für den Branntwein eher für pharmazeutische Produkte als für alkoholische Getränke gedacht zu sein scheinen: Die Brennweine dürfen nur aus genau bestimmten Gebieten stammen und werden vor der Destillation einer Analyse unterzogen; sie dürfen nur bis auf eine relativ geringe maximale Stärke gebrannt werden, um zu gewährleisten, daß die Fruchtigkeit der verwendeten Trauben erhalten bleibt; Brandy muß mindestens ein Jahr lang gealtert werden — jüngere Spirituosen, die nur in ita-

lienischen Gaststätten verkauft werden, heißen *aquavite,
distillato* oder (ein von dem Dichter D'Annunzio gebrauch-
ter Name) *arzente*; als Zusatzstoffe dürfen ausschließlich
Karamel sowie 1 % eines Süßstoffs verwendet werden. Das
für italienischen Branntwein angegebene Alter entspricht
dem des jüngsten Bestandteils im Mischungsrezept. Übrigens fördert der Staat die Qualität, indem er nach dem
Alter gestaffelte Steuervergünstigungen einräumt: Nach einem Jahr sind es 18 % und nach acht Jahren 88 % (nur
wenige italienische Branntweine werden noch länger aufbewahrt, weil sie sonst zu tanninherb würden). Alles in allem ist der italienische Branntwein selbst bei hohem Quali-
tätsstand (zum Teil wegen der Konzentration auf relativ
wenige Firmen) nicht weiter bemerkenswert. Er trinkt sich
angenehm, ist aber oft ziemlich nichtssagend und ohne besonderen Charakter.

Herstellerfirmen

Der Markt wird von zwei Firmen, Buton und Stock, beherrscht, auf die zusammen 1,7 Millionen Kisten entfallen.
Ein weiteres rundes Dutzend Hersteller teilt den Rest unter sich auf. Trotz der steuerlichen Anreize reifen die Produkte meist nicht gerade allzu lange; die Vorräte entsprechen etwa dem Verbrauch von 10 Monaten. Es handelt
sich um ein Saisongeschäft, denn die Hälfte des Absatzes
wird kurz vor Weihnachten getätigt.

BUTON
Viale Angelo Masini 24, 40126 Bologna   Tel. (51) 359672
Vecchia Romagna Etichetta Nera · Vecchia Romagna
Etichetta Oro · Vecchia Romagna Etichetta Bianca

INGA
Via Garibaldi 10, 15069 Seravalle Scrivia
Tel. (143) 65965
Inga 1—3 · Riserva Impero 36 % 7+
Das alteingeführte Familienunternehmen hieß ursprünglich Gambarotta (der Name wurde 1982 an Buton verkauft). Trester und Wein von Barbera (90 %) und Dolcetto
(10 %) werden kontinuierlich gebrannt und dann in Eichenfässern mit 400 bis 10 000 l Inhalt gelagert.

ORO PILLA
Siehe Pilla.

PILLA
Via Ronco 1, Castelmaggiore, Bologna   Tel. (51) 700235
Oro Pilla White Shield 2+ · Scudo Nero Black Shield
5+ · Gold Shield 8+
Die 1920 im Veneto gegründete Firma wurde ursprünglich
durch ihren Aperitif Select bekannt. 1954 verlegte der neue
Besitzer, Leonida Zarri, den Sitz in ein schönes Landhaus
bei Bologna und führte eine Reihe von Weinen und Spiri-

tuosen ein, u. a. drei Brandys, die heute das viertmeist verkaufte Programm in Italien bilden.

STOCK

Via Lionello Stock 2, Trieste 34100   Tel. (40) 414181
'84 Originale · '84 VSOP · XO

1884 gründete Lionello Stock in Triest eine Genossenschaft aus mehreren Brennereien, um aus der von der Reblaus verursachten Knappheit an Cognac Nutzen zu ziehen.
Die ursprüngliche Abhängigkeit von mittel- und osteuro-
päischen Märkten erwies sich als folgenschwer, doch seit
dem Krieg hat sich Stock überall in der Welt erstaunlich
gut erholt.

Der Brandy wird in von außen beheizten (gasbefeuer-
ten) Destillieranlagen nach Cognac-Bauart einmal gebrannt. Die einfachste Marke '84 VSOP wird vier Jahre
lang in Fässern gelagert, hat eine schöne orangegelbe
Farbe, reifen traubigen Duft, eine Vanillenote auf der
Zunge und Feuer im Nachgeschmack. Auf manchen Märkten bietet Stock einen XO an, der sich durch Fülle bei
nicht übertrieben viel Karamel und eine gute Mischung
aus «Feuer und Samt» in 8- bis 10jährigen Blends auszeichnet.

VECCHIA ROMAGNA

Siehe Buton.

Grappa

Grappa war ursprünglich ein bäuerliches Getränk, das
Trost und Kraft spenden sollte; gebrannt wurde es meist
von den armen Bergbewohnern Norditaliens, für die es zugleich als heilkräftiges Mittel gegen die Beschwerden des
Alters galt. Grappa war so stark, daß schon wenige Tropfen
in einer Tasse Kaffee die Lebensgeister weckten.* Seit dem
Krieg sind die besten Produkte dieser Art verdientermaßen
zu modernen «Kultgetränken» geworden — teilweise aus
reinem Snobismus wie auch die eigenartige Begeisterung
für ehemals ganz und gar bäuerliche Speisen wie Gnocchi
und Tagliatelle, in der sich allerdings die Suche unausge-
füllter städtischer Intellektueller nach verläßlicher Lebens-
grundlage in der guten Tradition spiegelt. Fairerweise muß
hinzugefügt werden, daß sie auch den Weg aufzeigt, auf
dem die bäuerliche Tradition am besten die wesentlichen
Qualitäten mancher der feinsten, obzwar manchmal ver-
nachlässigten Traubensorten Italiens vor dem Aussterben
bewahren kann (beispielsweise die u. a. von Marolo zum
Brennen benutzte Arneis).

Die Grappa hat seit jeher regionale Varianten, selbst im
Namen. Im Veneto wie in den Regionen, die früher zum
österreichisch-ungarischen Kaiserreich gehörten, heißt sie
sgnappa, in Piemont *branda.* Nur in der Lombardei (Ro-

---

* Grappa kann man auch inhalieren, indem man ein paar Tropfen wie Par-
fum in die Handfläche einreibt oder in heißes Wasser gibt und die Dämpfe
einatmet.

mantiker wie Luigi Veronelli bestätigen es)* blieb man dem italienischen Wort für Traube treu und sagte *grappa*. Die berühmteste Grappa kommt aus Bassano, einer Stadt am Monte Grappa, der angeblich den Grappa-Geruch verbreiten soll. Der Wein, der hier wuchs, eignete sich ganz besonders zum Brennen, und die Proletarier Venedigs liebten den Bassano, weil er angeblich die Verdauung förderte; er wurde sogar als Arznei und als Desinfektionsmittel empfohlen. Durch diesen mannigfaltigen Gebrauchswert der Grappa wurde Bassano bald zu dem von Nardini (s. dort) beherrschten Zentrum ihrer Herstellung.

Heute konzentriert sich der Absatz weitgehend auf Norditalien, wo 90 % der gesamten Inlandsverkäufe an Grappa getätigt werden. Die «industrielle» Grappa ist in zwei Typen unterteilt: Pregiate (bessere Qualität) und Correnta (Standardqualität). In den letzten Jahren haben die in ganz Italien angebotenen teureren Pregiate-Typen gegenüber den regionalen Correnta-Marken in einem Preiskrieg an Boden verloren, so daß die letzteren jetzt über drei Fünftel des Markts verfügen. Es ist auch kein Zufall, daß sich der Absatz auf die Supermärkte konzentriert, wo inzwischen zwei Drittel des Gesamtumsatzes anfallen.

Die traditionellen Hausbrennereien brachten oft beachtliche Produkte zuwege, vor allem, weil es für die Grappa keine wirklichen Vorschriften gab. Einige *consorzi* in Norditalien versuchten zwar, eigene regionale Regelungen durchzusetzen, doch gelang das nur im Trentino in größerem Maß. In anderen Gegenden ist es nur der Name des Erzeugers, der als Qualitätsgarantie gelten darf. In Norditalien werden die Trester mit Wasser angefeuchtet, wodurch eine 4- bis 5%ige destillierbare Flüssigkeit entsteht. Ein Grund, weshalb in anderen Regionen eine minderwertigere Grappa gebrannt wird, liegt darin, daß die allzu stark ausgepreßten Trester nur einen Ausgangsstoff mit 2 bis 2,5 % Alkohol abgeben. Es werden 15 bis 20 kg Trester selbst feinster Qualität für einen Hektoliter Brennwein benötigt. Die Trester bestehen zu etwa 47 % aus Traubenschalen, zu 28 % aus Stielen und zu 18 bis 30 % aus Kernen, wobei diese Anteile die Qualität des Trestermaterials beeinflussen.

Die bäuerliche Hausbrennerei kann frische Trester verarbeiten (laut Veronelli sollten sie nicht älter sein als einen Tag, die Brennerei darf also nicht weiter als 10 km entfernt sein). Da nun die meisten Winzer natürlich versuchen, möglichst viel Most aus ihren Trauben zu gewinnen, kommt es auch darauf an, ob der Winzer, der die Trester liefert, nicht zuviel Fruchtzucker herausgezogen hat.

Grappa wird zum Teil in Destillierapparaten der Cognac-Bauart gebrannt, meist aber in Verdampfersystemen, die der in der Champagne üblichen *Calandre*-Bauart entsprechen. Der Schlüssel zur Qualität liegt aber nicht nur in

---

* Die Ausführungen in seinem bei Giulio Bolaffi erschienenen *Catalogo Bolaffi delle Grappe* waren bei der Ausarbeitung dieses Abschnitts von unschätzbarem Wert.

der raschen Anlieferung, d. h. also dem frischen Zustand der Trester, sondern auch in der langsamen und schonenden Verarbeitung, damit die optimale Umsetzung des im Trester enthaltenen Fruchtzuckers gewährleistet wird, und beim Brennen müssen Vor- und Nachlauf sorgfältig überwacht werden. Hierbei ist der geschlossene Destillierapparat, der einen niedrigeren Destillierungsgrad und daher geringere Rektifikation und bessere Kontrolle über den Vorgang ermöglicht, eigentlich ideal, doch nur für die hausgemachte Grappa zu verwenden.

Der endgültige Stil richtet sich zum Teil nach dem Destillationsverfahren, zum Teil nach den Traubensorten und zum Teil auch nach der Herkunft. So gilt die Grappa aus dem Trentino als jung, frisch und lebendig, die aus Piemont als trocken, vollmundig und kräftig (die Einheimischen sagen, «wie unser Dialekt»), der Grappa aus dem Veneto wird Konzentration und Samigkeit nachgesagt, aber auch, daß sie mehr verspricht als hält, während an der Grappa aus Friaul Lebendigkeit und Rundheit gerühmt werden. Klar zu unterscheiden ist auch zwischen dem Typ, der möglichst sofort nach dem Brennen abgefüllt wird, um möglichst die Fruchtigkeit zu erhalten, und dem, der bis zu sieben Jahre in Fässern aus Eiche (oder gelegentlich auch Akazie) aufbewahrt wird.

Grappa-Firmen

Grappa-Erzeuger gibt es zu Hunderten. Ich habe hier nur die größten Firmen aufgeführt sowie eine Auswahl von kleineren, die nach «Hausmacherart» arbeiten und daher für ihre jeweilige Region typisch sind.

BAROZZI ERNESTO

Lizzana di Rovereto   Tel. (46) 433713
Grappa Riserva 40 % · Graspamara 40 %
Beide reifen drei Jahre in Eichenfässern. Die Riserva ist eine hochgeschätzte Grappa nach Trentino-Art.

BERTOLO

Lorenzo Bertolo, Via del Carmine 2bis, 10122 Torino
Tel. (11) 512400
Grappa di Moscato 43 % · Grappa Stravecchia 43 % ·
Taurinese 42 %
Familienunternehmen mit u. a. einem Grappa-Programm, das fertig abgefüllt «von einem alten Brenner» in Piemont bezogen wird.

BOCCHINO

Distilleria Canellese, Via G. B. Giuliani 30, Canelli
Tel. (41) 182266
Sigillo Nero 42 % · Grappa Gran Moscato 42 % · Grappa di Nebbiolo 42 % · Grappa della Grappa Cantina Privata 45 %
Einer der größten Grappa-Erzeuger. Die einfachste Art, Sigillo Nero, wird von Wein aus Piemont gebrannt; die bei-

den nach den Traubensorten benannten Arten sind untadelig, die Spitzensorte Cantina Privata beruht auf Moscato und Barbera.

CANDOLINI

Via Fatebenefratelli 4/A, Gorizia Tel. (4) 812681
Grappa Argento 43 % · Grappa alla Ruta 45 % · Grappa Tokaj 42 % · Grappa Gran Riserva 40 %
Candolini-Grappa stammt von Trauben, die in den Hügeln im Osten von Friaul gewachsen sind. Die Firma brennt in eigenen Destillieranlagen der Cognac-Bauart. Die Gran Riserva gilt als besonders subtil.

CARPENE MALVOTI

Via Carpene 1, Conegliano Veneto   Tel. (43) 823531
Grappa Vecchia 45 %
Eine der meistverkauften Grappa Italiens aus Trauben aus dem Veneto; Lagerung drei Jahre in Limousin-Eichenfässern. Intensiv, aber das Verfahren scheint unsauber zu sein, weil Methylalkohol entfernt werden muß.

DISTILLERIA CERETTO

Località Moretto Treiso d'Alba
Grappa di Dolcetto 45 % · Grappa di Nebbiolo 50 %
Zwei der charaktervollsten Grappamarken Italiens, gebrannt in geschlossenen Anlagen bzw. nach dem *Calandre*-System von verschiedenen Trauben der Gegend; Verkauf fünf Monate nach der Destillierung. Die Grappa von Dolcetto gilt als elegant, die von Nebbiolo als intensiv und trocken, ein Spiegelbild der besten Qualitäten Piemonteser Weine.

SCUOLA ENOLOGICA DI CONEGLIANO

Via Zamboni 8, Conegliano (TV)   Tel. (43) 823248
Aquavite di Vinaccia 50 %
Vorbildliche Grappa aus dem Veneto, von der Weinbaufachschule aus Trauben der Region gewonnen.

DALMATO-FRIULANA DEI MARCHESI RICCI

Via Nazionale, Magnano in Riviera   Tel. (43) 279289
Sgnape Furlane di Ramandul
Im Eichenfaß gereifte Grappa aus Friaul, eine der besten ihrer Art.

DELLA MORTE DISTILLERIE

Via della Contea 23, Pedemonte Valpolicella
Tel. (45) 681088
Grappa Pedemonte DM1 40 % · Grappa Pedemonte DM3 43 %
Die DM1 aus den Traubensorten, aus denen Valpolicella gewonnen wird, wird in Edelstahltanks gelagert und ist ein gutes Beispiel für typische Grappa aus dem Veneto. Die DM3 lagert vier Jahre in Eichenfässern und ist infolgedessen duftiger und intensiver.

FATTOR ANGELO
Ronchia di Faedis Udine   Tel. (432) 728094
Grappa di Faedis 50 %
Typische Grappa aus Friaul; sie wird in Edelstahltanks gelagert.

LANDY
Via Buozzi 1, Rastignano di Pianoro (BO)   Tel. (51) 744444
Grappa la Piave 42 % · Piave Ruta 42 %
Bestseller aus dem Veneto, beide Sorten werden zwei Jahre in Eichenfässern gelagert, sind aber sonst nicht weiter bemerkenswert.

LUNGAROTTI
Cantine G. Lungarotti, Via Mario Angeloni 16, Torgiano
Tel. (75) 982348
Grappa di Rubesco 45 %
Das berühmte Familienweingut brennt in begrenzten Mengen Grappa von den Trestern von Sangiovese- und Canaiolo-Trauben. Der Verkauf erfolgt nach einigen Monaten Flaschenlagerung.

MAGNOBERTA DISTILLERIE
Via Asti 6, Casale Monferrato (AL)   Tel. (1) 422022
Raspa d'Oro Gran Riserva 43 % · Aquavite Stravecchia
60 %
Die billigere Art, Raspa d'Oro, ist eine typische, ordentliche Piemonteser Grappa; Aquavite ist schon seiner Stärke wegen außerordentlich intensiv.

MAROLO
Distilleria Santa Teresa dei Fratelli Marolo, Case Sparse 35,
Mussotto d'Alba (CN)   Tel. (17) 334963
Di Dolcetto 48 % · Di Nebbiolo 49 % · Di Barolo ·
Di Arneis 53 %
Ein feines (und teures) Grappa-Programm einer Piemonteser Familienfirma mit den wohl hübschesten aller Grappa-Etiketten. Die verschiedenen Traubensorten werden sorgfältig auseinandergehalten und ohne Stiele in eigenen *Calandre*-System-Destillieranlagen gebrannt. Die Nebbiolo-Grappa wird sechs Monate in Fässern gelagert, doch die Barolo-Grappa wird (ihrer Vornehmheit entsprechend) zehn Jahre lang in Akazien- oder Eichenfässern gereift. Am außergewöhnlichsten ist die Arneis-Grappa von einer vielgerühmten Lokaltraube mit großer Tiefe und Fruchtigkeit, die manche Kenner an Birnen erinnert.

MASCHIO MARCELLO
Distilleria Agricola Viale Madonna, Motta di Livenza (TV)
Tel. (42) 276008
Boccia d'Oro 42 % · Grappa di Cabernet 60 %
Ausgezeichnete Beispiele für Grappa aus dem Veneto. Goccia d'Oro wird von Tocai und Merlot gebrannt und sieben Jahre lang in Eichenfässern in temperaturgeregelten Kel-

lern gelagert. Die Cabernet-Grappa, eine seltene Variante, reift zehn Jahre lang, was sich in großer Milde ausdrückt.

MASI
S. Ambroglio di Valpolicella (VR) Tel. (45) 681696
Grappa di Recioto Mezzanella 50 %
Grappa von Recioto Mezzanella; reift ein bis sechs Jahre in Eichen- und Akazienfässern.

NARDINI BORTOLO
Ponte Vecchio, Bassano del Grappa Tel. (42) 422104
Acquavite Bianca 50 % · Acquavite Riserva 50 % ·
Acquavite alla Ruta 43 %
Gegründet 1779 von Bartolo Nardini. Er kaufte sich damals in Bassano ein Haus an der Po-Brücke, wo der ganze Verkehr von und nach Venedig vorüberkam und er seine — damals noch billige — Grappa gut loswurde. So entstand die größte Firma der Stadt.

Heute wird die Nardini Bianca kurz nach der Destillation verkauft, die Riserva lagert drei Monate in Eichenfässern; die Alla Ruta ist mit würzigen Gräsern und Kräutern versetzt.

NONINO
Via Acquileia 104, Percuto (UD) Tel. (432) 676333
Acquavite Sauvignon 45 % · Acquavite Sauvignon Optima
45 % · Acquavite Sauvignon alla Genziana 45 % ·
Acquavite Sauvignon al Ginepro 45 % · Acquavite
Sauvignon alla Ruta 45 % · Vuisinar 45 % · Di Ribolla
45 % · Di Schioppettino 45 % · Di Picolit 52 %
Eines der reichhaltigsten Grappa-Programme, größtenteils von den weißen Trauben Friauls gebrannt. Die zum Teil mit Wurzeln und Kräutern versetzten Acquavite sind nicht so interessant wie die bis zu fünf Jahre lang in Fässern aus Wildkirschenholz gelagerte Vuisinar. Die drei aus bestimmten Traubensorten gebrannten Grappa werden nur in Flaschen gelagert. Vor allem die Picolit ist sehr gefragt.

RAMAZOTTI DISTILLERIE
Via Ramazotti 2, Lainate (MI) Tel. (2) 9377
Fior di Vite 41 % · Fior di Vite Bianca 42 %
Billige, weitverbreitete «Industrie»-Grappa; sie wird in einer Tochterfirma des französischen Pastis-Konzerns Pernod-Ricard hergestellt.

SANDRI FIORENTINO
Località Molini, Faedo (TN)
Grappa Molini 48 %
Die außergewöhnliche Grappa schmeckt stark nach der Müller-Thurgau-Traube, von der sie gebrannt wird.

SGNAPE FURLANE DI RAMANDUL
Siehe Dalmato-Friulana dei Marchesi Ricci.

SIBONA DOMENICO

Via Roma 10, Piobesi d'Alba (CN)   Tel. (173) 619629
Grappa Finissima della Langa 49 % · Grappa di Nebbiolo
42 % · Grappa di Nebbiolo Invecchiata 42 % · Grappa di
Nebbiolo Nature Dry 48 % · Grappa di Nebbiolo
Tuttogrado 60 % · Grappa di Barbaresco 52 % · Grappa
di Arneis 49 %
Umfangreiches Programm an relativ einfacher Grappa aus
verschiedenen Traubensorten. Die Arneis (eine vielge-
rühmte Lokalsorte) und die Barbaresco sind gute Beispiele
für jung auf den Markt gebrachte Grappa, wobei die Barbaresco als besonders ausgewogen gilt.

STOCK

Via Lionello Stock 2, Trieste   Tel. (40) 414181
Julia
Einer der größten Brandy-Erzeuger Italiens; bietet auch
die einfache, aber viel verkaufte Grappa Julia von Trauben
aus dem Trentino und Veneto an.

VAL DI ROSE

Tenuta Villanova, Via Contessa Beretta 7, 34070 Farra
d'Isonzo Gorizia   Tel. (481) 888013
Val di Rose · Acquavite di Uve Traminer
Die kleine Familienfirma brennt seit 1932 Grappa, die ein
Jahr lang in Eichenfässern mit 5 bis 10 hl lagert.

ZANI

Via Cividale 7, Faedis (UD)   Tel. (432) 728046
Grappa Friuliana di Faedis Stravecchia 45 %
Ausgezeichnete Grappa aus Friaul, lagert fünf Jahre in Ei-
chenfässern.

ZENI

Azienda Agricola di A & R Zeni, Via Lungo Adige, Grumo
di San Michele all'Adige (TN)   Tel. (4) 663456
Acquavite di Vinaccia di Teroldego 48 %
Die vorzügliche Grappa aus dem Trentino wird von den
Trauben der Gegend gebrannt und jung verkauft.

DEUTSCHLAND UND ÖSTERREICH

In Deutschland ist für den im eigenen Land aus Wein hergestellten Branntwein die Bezeichnung Weinbrand geschützt, und dennoch kann man sagen, daß der deutsche Weinbrand von allen bekannteren Branntweinen der Welt der am wenigsten bodenständige ist. Die Trauben, die in Deutschland selbst wachsen, werden nämlich so gut wie ausnahmslos zu Wein verarbeitet, da bleibt für den Weinbrand nur importierter Wein übrig, der aus Italien oder Frankreich bezogen wird — zum großen Teil aus der Region Cognac. Damit er den Transport besser übersteht, ist er meist schon auf etwa 23 % verstärkt; leider aber ist diese Behandlung dem Geschmack oder Aroma des ursprünglichen Weins und damit auch des Endprodukts nicht gerade zuträglich.

Wenn nun auch der deutsche Weinbrand nicht bodenständig ist, so ist er doch auf jeden Fall gesund, bekömmlich und fein abgestimmt. Gebrannt wird er in kontinuierlich oder nicht kontinuierlich arbeitenden Destillieranlagen. Die Standard-Blends müssen in Behältern mit einem Fassungsvermögen von höchstens 1000 l für die Dauer von mindestens sechs Monaten, «Alter Weinbrand» oder «Uralt» für mindestens ein Jahr gelagert werden. Als Zusatzstoffe sind — wie auch anderswo üblich — Karamel, *boisé* sowie Früchte und Nüsse zugelassen. Alles in allem ähnelt deutscher Weinbrand dem spanischen Brandy der einfacheren Art.

1985 belief sich der Gesamtabsatz auf 11,2 Millionen Kisten, und davon entfielen auf deutschen Weinbrand 8,9 Millionen Kisten, auf Billigimporte aus Frankreich, Spanien und Griechenland 1,3 Millionen Kisten und auf echten Cognac nur 855 000 Kisten. Das Weinbrandgeschäft ist auf einige wenige Firmen konzentriert; die zu ihnen gehörenden Marken sind jeweils dort aufgeführt.

Es befinden sich verschiedene sogenannte «Weinbrand-Verschnitte» mit 32 % Alkohol im Handel, der normale Weinbrand wird jedoch mit 38 % in 0,7-l-Flaschen verkauft, soweit nicht ausdrücklich anders angegeben.

ASBACH
Am Rottland 2 — 10, 6220 Rüdesheim
Asbach Uralt
Gegründet von Hugo Asbach, der 1907 die Bezeichnung Weinbrand schuf, die seit 1971 offiziell für in Deutschland aus Wein hergestellten Trinkbranntwein geschützt ist. Der Asbach Uralt ist mit einem Jahresabsatz von 17 Millionen Flaschen die bei weitem größte Weinbrandmarke auf dem deutschen Markt. Er wird hergestellt aus importierten Brennweinen aus Cognac und Armagnac, die in kontinuierlichen und nichtkontinuierlichen Destillieranlagen in

vier Brennereien — zwei in Deutschland und je eine in Frankreich und Italien — gebrannt werden. Die Lagerung erfolgt auf die Dauer von einem Jahr in kleinen Eichenfässern und anschließend weitere sechs Monate in großen Holzfässern. James Long behauptet, er werde dann «mit Pflaumensaft und einem Extrakt von grünen Mandelschalen gewürzt».

ATTACHE
Siehe Eckes.

BOLS
Sven Lucas Bols, Graf-Landsberg-Straße 3 — 5
4040 Neuss/Rhein   Tel. (02101) 52 42 52
Bols Alter Weinbrand
Tochterunternehmen des holländischen Spirituosenkonzerns. Es kauft Wein in Frankreich und Italien sowie «eventuell auch in Deutschland» auf und destilliert in fünf nichtkontinuierlichen und einer kontinuierlichen Anlage.

BON CHERI
Siehe Spitz.

CHANTRE
Siehe Eckes.

GUSTAV DECKER
Postfach 1260, Schlachthofstraße 14, 6740 Landau/Pfalz
Tel. (06341) 4001
Kaiserberg 2 · Dupont Alter Weinbrand · VSOP 3 ·
Steinalter 7
Das im Besitz von Heinz und Ruth Steiner befindliche Familienunternehmen stellt seit 1860 Weinbrand her. Als Grundlage dienen französische und italienische Weine, die in vier eigenen Brennanlagen mit je 50 hl Fassungsvermögen verarbeitet werden. Außerdem wird eine viel längere Reifezeit eingehalten, als sie sonst in Deutschland üblich ist. Der einfache Kaiserberg ist im Geruch noch sehr frisch und jung, im Geschmack aber schön würzig und warm. Der Dupont wirkt ausgereifter, hat traubige Fruchtigkeit, auf der Zunge aber überwiegt eine Toffee-ähnliche Süße. Steinalter ist gut und traubig, ein wenig arzneibitter und im Abgang feurig.

DIPLOMAT
Siehe Spitz.

DUJARDIN
Siehe Racke.

DUPONT
Siehe Gustav Decker.

ECKES
6501 Nieder-Olm · Tel. (06136) 350
Attaché · Chantré · Mariacron (Alter Weinbrand)
Das 1857 gegründete Haus ist noch immer ein Familienunternehmen und zugleich die größte deutsche Wein-
brandfirma. Heute bilden zwei Marken die Hauptstütze:
Chantré, 1953 eingeführt und nach der Gattin des damaligen Leiters Ludwig Eckes benannt, sowie Mariacron, einer
der meistverkauften Branntweine der Welt; er trägt den
Namen eines von der Familie 1961 erworbenen ehemaligen Klosters. Eckes-Weinbrand wird kontinuierlich destilliert und anschließend 6 bis 12 Monate in 350-l-Fässern
aus Limousin-Eiche gelagert. Der milde, warme Mariacron
eignet sich hervorragend zum Mixen.

KAISERBERG
Siehe Gustav Decker.

MARIACRON
Siehe Eckes.

MEISTERBRAND
Siehe Scharlachberg.

MELCHERS RAT
Siehe Racke.

NORIS
Siehe Pabst & Richarz.

PABST & RICHARZ
An der Weinkaje, 2887 Elsfleth · Tel. (04404) 5010
Noris Dreistern · Tisserand · Stück 1826 · Tisserand
VSOP (Alter Weinbrand) · Prestige · Pfälzer Weinbrand
Alteingeführte Familienfirma, gegründet 1861. Es werden
Weine aus Frankreich, Italien, Spanien und Griechenland
bezogen und in den firmeneigenen Destillieranlagen (drei
dampfbeheizte, eine mit Außenfeuerung) gebrannt. Anschließend werden Blends mit anderen auf höchstens 86 %
gebrannten Spirituosen hergestellt. Vor dem Abfüllen wird
der Weinbrand mit Karamel, Zucker und Pflaumenkonzen-
trat gewürzt (bis zu 1 %). Der Pfälzer Weinbrand ist der
einzige aus in Deutschland gewachsenen Trauben hergestellte Weinbrand, den ich finden konnte.

RACKE
Stefan-George-Straße 20, Postfach 207, 6430 Bingen/Rhein
Tel. (06721) 1880
Dujardin Imperial VSOP (Alter Weinbrand) · Dujardin
Golden Keys · Melcher's Rat
Die große deutsche Wein- und Spirituosenfirma bezieht
Brennwein aus Cognac, der dann in zehn 20-hl-Destillier-
anlagen doppelt gebrannt wird. Der meistverkaufte Wein-
brand, Dujardin Imperial, zeichnet sich durch milde, an-

sprechende Art mit Karamel und Traubigkeit aus. Racke vertreibt auch in Österreich einen Weinbrand; der Dujardin Golden Keys wird nur an die NATO-Streitkräfte geliefert; Melcher's Rat ist eine für den Lebensmittelhandel bestimmte Zweitmarke.

SCHARLACHBERG
**Weinbrennerei Scharlachberg Sturm GmbH & Co.,
6530 Bingen/Rhein
Meisterbrand (Alter Weinbrand)**
Sehr bekannte Weinbrandmarke. Die Lagerung erfolgt in Limousin-Eichenfässern «weit über die Zeit hinaus, die das Gesetz für einen alten Weinbrand vorschreibt».

SPITZ
**Bernaschkeplatz 3, A-4041 Linz   Tel. (7322) 313360
Bon Chéri · Diplomat · Diplomat VSOP
(Alter Weinbrand)**
Eine große, alteingeführte österreichische Firma, gegründet 1857, befaßt sich mit der Herstellung und dem Vertrieb von Lebensmitteln und Getränken verschiedenster Art.

STEINALTER
Siehe Gustav Decker.

STÜCK 1826
Siehe Pabst & Richarz.

TISSERAND
Siehe Pabst & Richarz.

UdSSR UND OSTEUROPA

Einfacher Branntwein: XXX 3 · XXXX 4 · XXXXX 5
Markenbranntwein: KB 6—7 · KBBK 8—10 · KC 10+
«Collection» ist Markenbranntwein, der drei Jahre länger in Eichenholzfässern gelagert wurde.

Die Russen wie auch die übrigen Bewohner Osteuropas konzentrieren sich vor allem auf Spirituosen, die von Pflaumen und sonstigen Obstarten gewonnen werden, doch auch aus Trauben stellen sie Branntwein in großer Auswahl her — in Rußland ist schon seit den Zeiten vor der Revolution das Wort «conac» für Branntwein aus Wein gebräuchlich. In Jugoslawien wird dagegen die korrektere Bezeichnung «vinjak» angewandt.

Die Russen sagen, daß in ihrem Land schon seit 200 Jahren «conac» gebrannt wird. Gewiß ist, daß die erste industrielle Brennerei 1886 in Georgien eingerichtet wurde und daß vor der Revolution in allen weinbautreibenden russischen Provinzen um das Schwarze Meer und im Kaukasus weitere Destillerien entstanden. Unter der kommunistischen Herrschaft wurde die Tradition fortgeführt, und nach neuesten Schätzungen beläuft sich der Absatz — trotz aller antialkoholischen Bemühungen Gorbatschows — jährlich auf 100 Millionen Liter. Damit stehen die Russen als Branntweinerzeuger durchaus mit an der Spitze.

In der UdSSR und in ganz Osteuropa wird Branntwein von den Lokaltraubensorten hergestellt, u. a. von der blumigen, säurereichen Rkatsiteli und den noch blumigeren Sorten Mtsvane und Dimiat. Die Lagerung erfolgt für die Dauer von mindestens drei Jahren in Fässern aus südrussischer Eiche, anschließend wird der ausgereifte Branntwein mit Zucker, Karamel, älterem Branntwein und sogenannten «alkoholversetzten und aromatischen Wässern» angereichert.

BULGARIEN

Pliska 3—5 · Pomorie 5+ · Preslav 7+ · Pliska 1300 12+ · Pliska Aheloy 12+ · Great Preslav 17+ · Black Sea Gold 17+

Beim Branntwein befolgen die Bulgaren dieselben Grundsätze, wie sie es auch beim Wein seit dem Kriegsende mit so großem Erfolg getan haben: Sie wenden moderne Standards und Praktiken auf die Massenproduktion von billigen, aber technisch einwandfreien und akzeptablen Erzeugnissen an. Die Branntweine tragen die Namen von drei Städten im Osten Bulgariens: Pliska und Preslav (beide schon im Mittelalter bekannt) sowie Pomorie an der Schwarzmeerküste.

Die Bulgaren sagen, sie hätten 1945 mit der Branntweindestillation begonnen; allerdings kam als erste Marke der Pliska nicht vor 1954 heraus. Da dieser aber schon nach dem dritten Jahr verkauft wird, datiert sich der vermutliche Beginn auf 1951, wahrscheinlich unter Verwendung der Trauben von unmittelbar nach dem Krieg gepflanzten Weinstöcken. Der Pliska ist so populär geworden, daß sein Name heute schon das Synonym für Branntwein ist. Der Brennwein wird von Ugni Blanc und zwei weiteren Weißwein-Rebsorten, Dimiat und Rkatziteli, ohne Anwendung von Schwefeldioxid gewonnen und auf höchstens 70 % gebrannt, so daß bei allen Branntweinen eine gute Endqualität gewährleistet bleibt. Es kommen vier verschiedene Destillationsverfahren zur Anwendung: in der geschlossenen Destillieranlage durch doppeltes Brennen à la Charentaise; in nur einem Durchlauf, ähnlich dem Verfahren für Alquitara in Spanien; oder in zwei Ausführungen der kontinuierlichen Destillationsanlage, wobei die größere eine zusätzliche Reinigungs- und Konzentrationskolonne aufweist.

Zum Reifen lagern die Branntweine dann in Kellern in Preslav und Pomorie, deren Namen auf den besseren Sorten zu finden sind. Die Reifezeit beträgt stets mindestens drei Jahre in 200- bis 300-l-Fässern aus der im Strandja-Gebirge und im Osten des Balkangebirges vorkommenden Wintereiche *(Quercus sessiflora)*. Nach dem Verdünnen des Destillats auf die Verkaufsstärke (zwischen 40 und 42 %) ruht es ein Jahr lang in großen 80-hl-Eichenfässern.

ZYPERN

ADONIS
Siehe SODAP.

FIVE KINGS
Siehe Keo.

KEO
Franklin Roosevelt Avenue No 1, PO Box 209, Limassol
Tel. (51) 62053
Cocktail 36 % «Young» · VO 38 % 3 · Extra 39 % 8 ·
VSOP 12 · Five Kings 65 cl «Blend of Very Old Brandy»
Eines der ältesten Weingüter auf Zypern, gegründet 1927
auf den Hängen des Troodos-Gebirges. Es gewinnt Brandy
von Lokaltraubensorten, die in zwei schönen, alten Destillierapparaten mit großen Rektifiziergefäßen doppelt gebrannt werden. Die Lagerbehälter präsentieren sich in verwirrender Vielfalt, von elf großen 500-hl-Fässern bis zu
800 kleinen Fässern *à la Charentaise* mit je 205 l Inhalt.
Alle bestehen aus Limousin-Eiche. Vor dem Abfüllen wird
bis zu 1 % Zucker zugegeben.

SODAP
PO Box 6314, Limassol   Tel. (51) 65605
Sodap VO 5 · Sodap VSOP 15 + · Adonis VSOP 15 +
Die größte Genossenschaftskellerei der Insel ist vor allem
durch ihre Weine der Marke Kolossi bekannt geworden,
brennt aber auch schon seit ihrer Gründung im Jahr 1947
Brandy von lokalen Traubensorten. In ihren drei kontinuierlich arbeitenden Destillieranlagen verarbeitet sie
70 % des Brennweins von 10 000 Mitgliedern. Die Destillate reifen in 500-l-Fässern aus französischer Eiche, werden dann mit destilliertem Wasser verdünnt, in großen
Holzfässern nachgelagert und schließlich nach Angabe von
SODAP ohne Zusatzstoffe verkauft.

USA

Praktisch alle amerikanischen Brandys entstehen seit jeher im San Joaquin Valley in Kalifornien. Vor der Prohibition wurden sie oft von den klassischen Cognac-Traubensorten wie Colombard und Ugni Blanc gebrannt, die neue, seit 1934 aufgebaute Brennerei-Industrie stützt sich dagegen mehr auf die sehr ertragreiche, aber neutrale Thompson Seedless. Heute wird der Brandy zum größten Teil kontinuierlich destilliert und auf 50 % verdünnt, bevor er seine Reifezeit in Fässern aus amerikanischer Eiche antritt.

Die Vorschriften zur Spirituosenherstellung sind durchaus streng — z. B. dürfen nur in Kalifornien gewachsene Trauben verwendet werden. Es ist den Brandy-Herstellern gestattet, bis zu 2,5 % «Rektifizierungsmittel» wie Karamel, Flüssigzucker, Pflaumensaft und andere Fruchtextrakte und aufgespritete Weine beizumischen. Die zum Einlagern verwendeten Fässer waren meist vorher für Bourbon Whiskey verwendet worden, wodurch das Aroma bereichert wird. Hierin wie in mancher anderen Hinsicht zeigen die kalifornischen Brandys einige Ähnlichkeit mit den spanischen — wie diese sind sie für ein Publikum gedacht, das eine Vorliebe für Süßes hat.

Allerdings will der spanische Brandy pur getrunken werden, während die kalifornischen Bestseller als zum Mixen besonders geeignet angepriesen werden.

Nun scheint in der amerikanischen Spirituosenindustrie ein solcher Wirrwarr zu herrschen, daß selbst die größten Firmen offenbar nicht so recht wissen, welche Brennereien ihnen gehören und welche Brandys sie brennen. Viele bringen immerhin hochwertige Erzeugnisse hervor, unter denen der Anteil der in geschlossenen Destillieranlagen erzeugten Brandys doch recht groß ist. In neuerer Zeit tritt eine Handvoll Neulinge in der Branche, vor allem Woodbury und RMS (Rémy Martin), mit doppelt gebrannten Brandys von klassischen-Cognac-Traubensorten hervor.

CEREMONY
Siehe Guild.

CHRISTIAN BROTHERS
The Christian Brothers (Mont La Salle Vineyards),
PO Box 391, St. Helena, CA 94574   Tel. (707) 963 4480
Bis die Firma Gallo über den Markt herfiel, wurde der Bestseller unter den amerikanischen Brandys von den Christian Brothers gebrannt und als Teil ihres reichhaltigen Getränkeprogramms angeboten. Sie behaupten auch, über die größten Brandy-Vorräte der USA in ihren Kellern in Reedley (San Joaquin Valley) zu verfügen. Die Trauben werden zugekauft (85 % Thompson Seedless), zu 7%igem Brennwein vergoren und in zwei kontinuierlichen sowie zwei geschlossenen Destillieranlagen gebrannt. Der Stan-

dard-Brandy ist typisch, sauber, leicht, mit einer Spur Süße. Der XO Aged Premium Brandy, zur Hälfte aus geschlossenen Destillieranlagen, zeichnet sich durch Eichenaroma und kräftigen Duft aus.

CRESTA BLANCA
Siehe Guild.

CRIBARI
Siehe Guild.

GALLO
E & J Gallo Winery, PO Box 1130, Modesto, CA 95353
In ihrer Antwort auf unseren Fragebogen wurden die Gebrüder Ernest und Julio Gallo ihrem Ruf, Meister der Geheimhaltung zu sein, durchaus gerecht. Sie teilten lediglich mit, daß der in zwei kontinuierlichen Destillieranlagen gebrannte E & J der in den USA meistverkaufte Brandy ist. Es handelt sich dabei um einen leichten, milden Brandy, dessen Erfolg ganz und gar der brillanten Marketingtaktik der Firma Gallo zu verdanken ist, die ihn als zum Mixen mit Orangensaft besonders geeignet herausstellt.

GUILD
Guild Wineries & Distilleries, 391 Taylor Boulevard, Suite 110, Pleasant Hill, CA 94523 Tel. (415) 798 7722
Cribari 3 · Guild 3 · Ceremony 5 · Cresta Blanca 10
Der Weinbaubetrieb, der zu den größten in Kalifornien gehört, bietet eine reichhaltige Auswahl an Brandys an, die meist aus Produkten geschlossener und kontinuierlicher Destillieranlagen gemischt sind. Einige davon sind nach Angaben der Firma «rektifiziert», was in Kalifornien die Beimischung von «sehr kleinen Mengen mildernder und süßender Stoffe» — z. B. sehr dunkler, schwerer Cream-Sherrys — bedeutet, während «Straight Brandy» nur etwas Karamel zur Farbkräftigung zugesetzt erhält. Alle Guild-Brandys werden in kleinen Fässern aus amerikanischer Eiche gelagert, wodurch eine trockene Note erzielt werden soll. Der Guild ist süß mit starkem Eichenaroma; der gleichaltrige Cribari ist leichter und nicht so eichenaromatisch (er reift in gebrauchten Fässern); der Ceremony ist einfach und trocken; und der Cresta Blanca ist älter, schwerer und wieder stärker mit Eichenaroma ausgestattet.

KORBEL
F. Korbel & Bros, 13250 River Road, Guerneville, CA 95446-9538 Tel. (707) 887 2294
Korbel
Ein Ableger eines sehr bekannten Schaumweinherstellers; im Besitz der Familie Heck, die ihn 1954 von der Firma Korbel kaufte (Korbel-Brandy gab es seit 1889). Die heutigen, u. a. aus Chenin Blanc und Colombard gewonnenen Brandys werden von Brennereien bezogen, die allerdings in ihren kontinuierlichen Destillieranlagen kupferne Bestand-

teile haben müssen. Die Destillate werden drei bis fünf
Jahre in Eichenfässern gelagert, um ein volles und mildes
Endprodukt zu gewährleisten.

PAUL MASSON

**The Seagram Wine Co, 800 South Alta Street, Gonzalez,
CA 93926   Tel. (408) 675 2481**
Die Firma Masson ist ebenso verschwiegen wie die Gebrüder Gallo; es wurde uns lediglich mitgeteilt, daß die Brandys in geschlossenen Destillationsanlagen gebrannt und
sechs Monate bis ein Jahr gelagert werden. Alles übrige
scheint streng geheim zu sein.

RMS

Ursprünglich ein Gemeinschaftsunternehmen von Rémy
Martin mit Jack Davies, dem Hersteller des feinsten amerikanischen Schaumweins, Schramsberg. Ende 1986 kaufte
Rémy Martin die Anteile des amerikanischen Partners.
Wie bei Woodbury wird hier ernsthaft versucht, doppelt
gebrannten Brandy in traditionellen Destillieranlagen der
Cognac-Bauweise herzustellen. RMS hatte mit acht schim-
mernden neuen Anlagen in einer schönen Brennerei südlich vom Napa-Tal einen vielversprechenden Start und experimentierte mit verschiedenen Traubensorten. Die Origi-
nal-Blend bestand zum größten Teil aus der im 18. Jh. in
Cognac beliebten und heute noch in Armagnac angebauten Colombard-Traube. Außerdem wurden Palomino, Chenin Blanc und sogar etwas Muscat mit verwendet. Für sich
allein war der Muscat fast von tropischer Fülle, der Chenin
Blanc und der Palomino dagegen angenehm blumig. Die
Mischung erbrachte klassischen Rémy, voll und trocken,
wenn auch kürzer im Abgang als das französische Original.

WOODBURY

**Woodbury Winery, 32 Woodland Avenue, San Rafael,
CA 94902   Tel. (415) 459 4040**
1971 machte sich Russell Woodbury, damals schon durch
aufgespritete Weine bekannt geworden, daran, einen richtigen Brandy zu brennen. Er arbeitet nur mit Ugni Blanc,
brennt den Wein doppelt in geschlossenen Anlagen und
läßt das Destillat 12 Jahre lang in Eichenfässern reifen.
Das Ergebnis erhielt den Beifall, den es als ein leichter, jedoch ernsthafter Konkurrent für Cognac mit dem von der
frischen Eiche zu erwartenden starken Vanillearoma
durchaus verdient.

LATEINAMERIKA

Es ist dem Einfluß der Spanier zu verdanken, daß die Südamerikaner einen beträchtlichen Konsum an Branntwein haben. Der Markt wird beherrscht von der spanischen Firma Domecq (s. dort), deren mexikanisches Tochterunternehmen laut «International Wine and Spirit Record» einen Absatz von 7,5 Millionen Kisten Brandy erzielt, davon 5,2 Millionen Kisten Presidente, der damit der bei weitem meistverkaufte Brandy der Welt ist; weitere 2,2 Millionen entfallen auf Dom Pedro. Aber weder diese beiden noch die anderen in Südamerika von Domecq und seinen Konkurrenten produzierten Brandys gehören eigentlich in dieses Buch, denn ich vermute (Genaues kann man nicht in Erfahrung bringen), daß sie einfach aus neutralem Alkohol bestehen, der mit etwas Traubenbrandy versetzt ist. Ausnahmen machen lediglich Pisco und die in konzentrierter Form importierten und dann an Ort und Stelle verdünnten und abgefüllten spanischen Brandys.

PISCO

Der Pisco ist ein echter Branntwein, der in einem geschlossenen Brennapparat aus einheimischen Trauben gebrannt wird. Sowohl die Peruaner als auch die Chilenen behaupten, ihn im 17. Jahrhundert erfunden zu haben. Benannt wurde er nach dem Stamm der Pisco-Indianer, die die irdenen Gefäße herstellten, in denen der Pisco aufbewahrt wurde. Der Anspruch der Peruaner stützt sich auf geografische Gründe: Pisco heißt ein kleiner Hafen im Süden von Peru, und von dort aus wurde der Branntwein ursprünglich verschifft.

Da aber die Chilenen heute den besten Wein in ganz Südamerika erzeugen, darf man ihnen wenigstens zugestehen, daß auch ihr Pisco der beste ist. Schon 1931 erließ Chile strenge Regeln für die Pisco-Herstellung — sie zählen zu den ersten Herkunftsbestimmungen für Branntwein überhaupt. Die Trauben müssen aus den Provinzen Atacama und Coquimbo in den Andentälern zwischen der Hauptstadt Santiago und den großen Wüsten im Norden stammen, dort zu Wein vergoren und zu Pisco gebrannt sowie auch dort gelagert werden.

Es werden fünf Traubensorten verwendet, doch der beste Pisco wird vom Moscatel Rosado oder Moscatel de Alejandria (auch Blanca Italia genannt) gewonnen, die beide einen um 15 % höheren Preis erzielen. Der Most wird fünf Tage lang bei 28 bis 30 °C vergoren und ergibt Wein mit einem Alkoholgehalt von 12 bis 14 %, wobei darauf geachtet wird, daß das Aroma der Muskatellertrauben möglichst geschont wird.

Die Bauart der Destillieranlagen entspricht der in Cognac üblichen; mit einem Fassungsvermögen von rund 15 hl sind sie ausgesprochen klein. Die Brenntemperatur beträgt 90 °C. Der Brennwein wird nur einmal destilliert, und zwar auf eine alkoholische Stärke von 55 bis 60 %; Vor- und Nachlauf werden entnommen, mit frischem Wein vermischt und erneut destilliert. Der frisch gebrannte Pisco wird sodann mit destilliertem Wasser auf 30 bis 43 % verdünnt und schließlich 2 bis 15 Monate lang in Fässern aus Eichenholz oder Rauli (südamerikanische Buche) gelagert.

Jan Read, der anerkannte Experte für chilenischen Wein, schreibt: «Pisco ist stets wasserklar, ausgenommen der Gran Pisco, der aus dem Faßholz etwas Farbe annimmt. Duft und Geschmack lassen sich vielleicht am besten als pflaumig mit einer Spur Bittermandel beschreiben. Pisco ist immer trocken, und Gran Pisco hat eine gewisse Eichenholznote, da er länger in kleinen Fässern reift. Am populärsten ist Pisco als ein mit frischem Zitronensaft gemischtes Getränk namens Pisco Sour.»

Das hört sich wahrhaftig nicht schlecht an. 1985 belief sich die Pisco-Produktion in Chile auf rund 50 Millionen Flaschen (es handelt sich um 0,6-l-Flaschen, also um kleinere, als sie sonst üblich sind). 15 Firmen stellen Pisco her und vertreiben ihn unter 24 verschiedenen Marken (oft jeweils noch in verschiedenen Stärken), darunter auch fertig gemischte Pisco Sours. Der Handel wird von zwei Firmen, Pisco Control und Pisco Capel, beherrscht, die zusammen 70 % der Produktion aufbringen. Sie und zwei weitere Unternehmen haben sich in einer gemeinsamen Exportfirma zusammengeschlossen.

Pisco-Hersteller

Pisco wird in vier Güteklassen hergestellt: Selección 30 %, Especial 35 %, Reservado 40 % und Gran Pisco 43 %.

PISCO CONTROL

Cooperativa Agricola Control Pisquera de Elqui
Pisco Control · Pisco Sotagui · Control Sour
Sehr großes Genossenschaftsunternehmen, gegründet 1930, 450 Mitglieder. Der Hauptsitz in La Serena und sechs weitere Betriebe verarbeiten jährlich 36 Millionen kg Trauben und brennen 3,6 Millionen Liter Wein in 30 Destillieranlagen; Lagerkapazität 3,1 Millionen Liter.

PISCO CAPEL

Cooperativa Agricola Pisquera de Elqui
Pisco Capel · Capel Sour
Gegründet 1964 nach der Bildung einer Genossenschaft durch kleine Weinbauern im Elqui-Tal, die mit der Behandlung durch private Brennereien unzufrieden waren. Heute gehören 425 Mitglieder dazu; der Sitz befindet sich in Vicuna, der malerischen alten Hauptstadt der Region Elqui. Das Unternehmen hat etwa zwei Drittel der Größe von Pisco Control; es verarbeitet 22 Millionen Kilo Trauben im Jahr, destilliert 1,5 Millionen Liter Wein in 20 Brennanlagen und lagert 2,5 Millionen Liter Pisco.

AUSTRALIEN

In Australien wird seit 150 Jahren Branntwein von Trauben produziert, ursprünglich um den Überschuß an Sultana-Trauben zu verwerten. Damals wurde auf diese Weise Branntwein für die Erzeugung gespriteter Weine im Land gewonnen. Schon vor dem Ende des 19. Jahrhunderts wurde dann in Australien auch richtiger Brandy hergestellt, und zwar vor allem in Südaustralien, wo ein Kupferschmied einen verbesserten Destillierapparat konstruiert hatte.

Heute noch arbeiten die australischen Brandy-Hersteller mit Sultana und Grenache; sie verwenden aber auch Trauben, die sich für Brennzwecke besser eignen, insbesondere die Sherry-Trauben Palomino und Pedro Ximénez sowie Ugni Blanc (in Australien White Hermitage genannt). Die Produktion unterliegt strengen Vorschriften: Brandy darf frühestens nach zweijähriger Reifezeit verkauft und erst nach mindestens fünf Jahren Lagerung als «Old» bzw. nach zehn Jahren als «Very Old» bezeichnet werden. Das auf dem Etikett angegebene Alter muß dem des jüngsten Bestandteils der Mischung entsprechen.

Für die Brandy-Hersteller war es ein schwerer Schlag, als eine scharfe Steuererhöhung Anfang der 70er Jahre die noch immer in Südaustralien konzentrierte Produktion auf Dauer drosselte. Sie hatte ihren Höchststand mit 4,5 Millionen Liter im Jahr erreicht, ist in den letzten fünf Jahren jedoch auf 1,765 Millionen Liter abgesunken. Zum Glück wurde der Produktionsrückgang durch einen allgemeinen Anstieg der Qualität kompensiert.

HARDY

Thomas Hardy & Sons, Reynell Road, Reynella, Südaustralien 5161   Tel. (8) 381 2266
Black Bottle 37,5 % 3 · VSOP 37,5 % 27
Das 1852 gegründete Familienweingut produziert seit den 1880er Jahren einige der geachtetsten Brandys Australiens. (Der Branntwein wird auch zum Aufspriten der Portweine von Hardy benutzt — sie sind die meistverkauften des Landes.) Die Trauben für Hardy's Brandy — von Muscat bis Riesling — stammen aus Riverland in Südaustralien. Der Brennwein wird zunächst in einer kontinuierlichen Destillieranlage und anschließend in einer von drei geschlossenen Brennanlagen mit 12 hl Fassungsvermögen gebrannt und dann in Holzfässern gelagert. «Die volle Wirkung hat man erst, wenn man den Brandy im Kopfstand trinkt», behauptet der Hersteller. Eine so ausgefallene Haltung ist eigentlich unnötig, denn beides sind durchaus seriöse Brandys: Der Black Bottle ist leicht und hell, fruchtig und aromatisch in Duft und Geschmack, ziemlich trocken wie ein guter Cognac aus den Fins Bois, allerdings etwas arzneihaft im Abgang. Der VSOP hat

Vanille und Nüsse in Duft und Geschmack sowie einen Hauch Nüsse und Toffee im Nachgeschmack.

SAINT AGNES
Angove's Pty., Bookmark Ave. (PO Box 12), Renmark, South Australia 5341   Tel. (85) 85131
XXX 3 · Old Liqueur 8—10 · Very Old 18—20

Der Weinbaubetrieb wurde vor hundert Jahren von einem Neueinwanderer namens Dr. William Thomas Angove gegründet. Die Familie hat seither die Tradition aufrechterhalten und brennt den St-Agnes-Brandy von White Hermitage, Sémillon, Doradillo, Pedro Ximénez und Sultana. Der Brennwein wird in den drei großen geschlossenen Destillieranlagen mit je 82 hl auf weniger als 83 % doppelt gebrannt, anschließend sofort auf 50 % verdünnt, in Eichenfässern gelagert und schließlich vier Monate vor dem Abfüllen noch weiter verdünnt und mit einer Beimengung von Zucker und Karamel versehen.

ISRAEL

Die israelischen Brennereien genießen den großen Vorteil eines überschaubaren Markts, weil sie als einzige koscheren Brandy herstellen. Orthodoxe (und auch viele unorthodoxe) Juden in aller Welt wenden sich daher an sie.

ASKALON
Askalon Wines — Carmel Zion
Ramel Industrial Zone
Büro: 8 Gedera St., Tel-Aviv 65245   Tel. (3) 65770677
Askalon 2 · Grand 41 4
Askalon Wines wurde 1925 von polnischen Einwanderern, den Gebrüdern Segal, gegründet, deren Vorfahren in der russischen Stadt Bobruysk seit 1787 eine Brennerei hatten. Ihre Nachfahren leiten heute das Geschäft. Die Firma kauft Trauben verschiedenster Rebsorten ein und brennt sie in zwei Destillieranlagen, einer kontinuierlichen und einer geschlossenen. Der Askalon besteht etwa zur Hälfte aus Weingeist und zur anderen Hälfte aus niedrigprozentigem Destillat, während der bessere Grand 41, ein traditionelles Familienerzeugnis, zu 100 % aus niedrigprozentigem Branntwein ohne jegliche Zusätze besteht. Er ist ziemlich mild und süß und erinnert kaum an Trauben.

AVDAT
Siehe Carmel.

CARMEL
Société Coopérative Vigneronne des Grandes Caves
Rishon-le-Zion & Zicron-Jacob, Rehov HaCarmel 25,
PO Box 2, Rishon-le-Zion 75100   Tel. (3) 942021
Extra Fine 18 Monate · 777 40 % und 42 % 3 · Avdat
4 — 6 · 100 9
Eine ganz eigene israelische Kombination. 1882 importierte Baron de Rotschild erstmals französische Reben und Erfahrungen in das damalige Palästina. Seine Initiative entwickelte sich zu einer großen Genossenschaft mit 800 Mitgliedern, die 85 % aller Trauben Israels liefert. Die Brandys werden von verschiedenen Traubensorten in sechs Destillieranlagen, zwei kontinuierlichen und vier geschlossenen, gebrannt. Sie wurden alle in der ersten Zeit der Unabhängigkeit Israels gebaut. Die Lagerung der Brandys erfolgt in kleinen (300 l) Eichenfässern; es wird mit Karamel und Zucker gesüßt — neuerdings ist der Stil etwas leichter geworden.

GRAND 41
Siehe Askalon.

SÜDAFRIKA

KWV

XXX · VSOP · 10 · 20, alle 43 %

Brandy hat in Südafrika eine lange Geschichte, wenn auch kein hohes Ansehen. Die ersten Siedler pflanzten auch bald Reben, und die erste Brennerei wurde schon 1672 errichtet. Zunächst wurde aber 200 Jahre lang im Land am Kap nur ein überaus feuriger Tresterbranntwein produziert, der unter verschiedenen Namen wie Dop (kurz für *dopbrandewyn* = «Hülsenbranntwein»), Cape Smoke oder *witblits* (afrikaans, zu deutsch «weißer Blitz») auf den Markt kam.

Im 19. Jahrhundert begannen einige Weinbauern, an ihrer Spitze Francis Collison, ordentlichen Brandy zu brennen — das war nur konsequent, denn sie waren ja auch auf die Qualität ihres damals in England sehr geschätzten Weins bedacht. Die besten dieser Brandys trugen die Namen ihrer Hersteller, z. B. «FS» nach Francis Collison oder «Santy» nach René Santhagens, einem früheren Kavallerieoffizier französischer Abstammung, der den ersten Cognac-Destillierapparat ins Land brachte. Gegen Ende des Jahrhunderts tranken die Südafrikaner jährlich 6 Millionen Liter Brandy (knapp ein Viertel des heutigen Verbrauchs). Der größte Teil davon war, gelinde gesagt, von zweifelhafter Qualität.

Um die Mitte der 1920er Jahre wurden zweckdienliche Vorschriften für das Destillieren erlassen. Es wurde ein «Brandy Board» eingerichtet, und die Destillation wurde auf die neu gebildete Genossenschaft, Ko-operatieve Wijnbouwers Vereiniging van Zuid-Afrika, konzentriert; die KWV beherrscht auch heute noch die Brennerei.

Brandy darf nur mit einem Mindestanteil von 30 % Branntwein aus einer geschlossenen Destillieranlage, der in Fässern gealtert worden ist, verkauft werden. Der Rest kann zum Teil reiner Alkohol sein, jedoch muß es sich dabei um Weingeist handeln, von dem auch genügend zur Verfügung steht, weil die KWV das Recht zum Destillieren überschüssiger Weinbestände besitzt. Als wichtiger Faktor für die Qualitätsförderung hat sich der Steuernachlaß erwiesen, der auf die Brandys aus geschlossenen Destillieranlagen und mit einer dreijährigen Reifezeit — die sogenannten «Rebate Brandies» — gewährt wird. Kontinuierliche Destillieranlagen dürfen nur für Weingeist oder für den Export verwendet werden. Infolgedessen enthalten südafrikanische «liqueur brandies» zu 95 % Destillate aus geschlossenen Brennanlagen und werden bis zu 15 Jahre lang gelagert. Die Brennweine kommen aus Gegenden am Kap, deren fruchtbare Böden hohe Erträge bringen, und es werden die verschiedensten Traubensorten dafür verwendet, sowohl die klassischen wie Ugni Blanc und Colombard als auch Cinsaut, Palomino und Sultana.

REGISTER

187